摆渡者教师书架
课堂的秘密丛书

主编◎刘海涛

课堂 激趣

魅力 课堂的 内在动力

张小娇　叶淑妍　王林发◎著

教育科学出版社
·北京·

出版人 李 东
项目统筹 何 薇 闫 景
责任编辑 闫 景
责任校对 贾静芳
责任印制 叶小峰

图书在版编目(CIP)数据

课堂激趣：魅力课堂的内在动力 / 张小娇，叶淑妍，
王林发著.—北京：教育科学出版社，2016.10
　（课堂的秘密丛书）
　ISBN 978-7-5191-0322-4

Ⅰ．①课… Ⅱ．①张… ②叶… ③王… Ⅲ．①课堂教
学—教学研究—中小学 Ⅳ．①G632.421

中国版本图书馆 CIP 数据核字(2016)第 018528 号

课堂的秘密丛书
课堂激趣：魅力课堂的内在动力
KETANG JIQU：MEILI KETANG DE NEIZAI DONGLI

出版发行　教育科学出版社

社　　址　北京·朝阳区安慧北里安园甲 9 号	市场部电话	010—64989009
邮　　编　100101	编辑部电话	010—64989593
传　　真　010—64891796	网　　址	http://www.esph.com.cn

经　　销　各地新华书店
印　　刷　莱芜市新华印刷有限公司

开　　本　177 毫米×240 毫米　16 开	版　　次	2016 年 10 月第 1 版
印　　张　15.75	印　　次	2016 年 10 月第 1 次印刷
字　　数　210 千	定　　价	35.00 元

创造教师的专业之美

刘海涛

2011 年 10 月，教育部颁布了《教师教育课程标准(试行)》，标志着我国教师教育学科和教师队伍建设进入到一个崭新的阶段。一轮体现时代特征的、适应我国基础教育改革发展的现代教师教育课程体系建设，在《教师教育课程标准(试行)》的引领下向深度和广度挺进。今天的新型教师具有广阔的国际视野和精湛的专业技能，他们创新教师的职业内涵，并将其提升到一个与时俱进的新境界。

叶澜在《教师角色与教师发展新探》里，从生命价值的角度对教师职业做了全新的阐释。教师是一个使教育者和受教育者都变得更完善、更完美的职业。今天的教师不仅"育人"，而且"育己"；不仅"授业"，而且"创造"。教师能将外在的知识和他的创造成果转化为自己成长的养分，努力地追求并实现教师职业的快乐境界。一名教师不仅要养成高尚的师德，也应把教师的专业性发展成职业美。当实现了职业美时，教师就唤醒了自身的生命，也就开启了学生美好的人生。所以，教师要努力培育自己高尚的品德，掌握专业化的教育理论、方法和技能。

富有创造力的教师，能让技术性很强的教学工作呈现一种美的教育智慧；能让专业性很强的教学贯穿一种类似游戏般自由自在的快乐精神；能让生活性很强的体态、口语和情感展现一种具有审美特性的魅力——他们课堂上的口头语言、课堂外的文字语言已上升为一种赏心悦目的教学艺术。

富有创造力的教师，绝不把学生看作被动的接受者，而是努力让学生用主动的精神、积极的情绪来参与教学活动，他们让学生做到了：在主动的参与中生长，在愉快的讨论中飞翔，在自主自立的发展中成熟——他们像苏步青的教育活动那样，以教出超过自己的学生而感到高兴和荣耀。

教师的职业美首先体现在他对美的课堂的创造上。换句话说，优秀教师打造美的课堂是有绝招的。

真正美的课堂，应该是教师所传授的知识符合学生的接受程度，课堂信息量大，能够激发学生的求知欲，能够让学生通过教师传授的方法，开展真正意义上的探究性学习；授课教师的语调、语速能够凝聚学生的注意力，并富有较强的感染力……这样的优秀课堂的境界，我们虽然不能时时刻刻达到，但是时时刻刻心向往之。这是一个教师专业化和职业化的具体体现。本丛书提出了各种课堂问题，比如：精彩课堂的有效捷径——"课堂导学"如何开展；魅力课堂的内在动力——"课堂激趣"如何形成；高效课堂的思维激荡——"课堂讨论"如何实施……这些课堂技能的学习和训练，相信可以帮助教师运用专业化的方法和技巧来创造美的课堂。

若要成长为一个能上优质课、能创造美的课堂的教师，就需要从每一堂课的精心准备、长期积累开始。一堂好课要做哪些准备呢？一个卓越的教师通过什么样的学习和训练培养自己扎实深厚的教师素养，并在此基础上备好一堂课呢？"课堂的秘密"将会给您答案——

首先，寻找最好的教学资源。比如课程标准、优质课件、教学数据库等。只有找到了本课程最好的教学资源，备课才能从一开始就站在较高的起点上。正像双方交战的部队，如果你的武器装备比别人的好，你就有了打一次胜仗最基本的条件。最好建设一个可以满足你教学需要的课程网站。课程网站海量般的储存功能，会让你的教学以一种新颖、生动的数字化形态展现在学生面前。

其次，设计完整的教学方案。青年教师第一轮备课时，最好能做到把课堂上要讲的主要内容都事先准备好，写下来。据一些教学理论专家研究：青年教师讲授一次课(两课时),一般需要用 12－14 小时来备课。你只有做了充分准备,才有可能在课堂教学中从容、镇定,而只有进入从容、镇定的状态,这堂课才可能会有超水平的发挥。详细的、完整的教案,包括教学设计、案例分析、课堂讲稿、阅读清单、作业设计、考试试题、课后小札等。教师应通过仔细研读课标、教材,明确课程的结构体系,把握各个知识点之间的内在关系,掌握本课的教学重点、难点,并选择好教学方法。

再次,撰写系统的教学反思。当教学经验有一定的沉淀后,你就要有一个远大的并富有创造性的教学理想——深入研究,系统阐述。如果有了这个念头,你就可以做这样的事情:你教什么,就研究什么;反过来,你研究什么,就教什么。在今天的信息化校园里,你可以启动"把详细的教案改造成教材和专著"的工作,可以考虑"占领"一个教学制高点——让现代教育理念支撑你的教育活动。

最后,构建先进的教育平台。比如在"微时代"和互联网时代,你可以下载"云阅读"里的资源,并将之改造成为自己所用的教学资源,然后通过"云笔记"进行研究、编辑、写作,通过微博发布来引导学生开展课堂内外的探究性学习。这样的教育平台会让你觉得课堂教学是一件很快乐的事情。你可以随时在微博、微信上发表自己的教研成果或教学成果,可以随意转载你在网上看到的、觉得对你的教学有用的教学素材。学生的及时跟帖、评论会开辟一个课堂以外的的师生交流的空间。

无论是教学,还是教研,当你获得了学生的认可、业界的赞同,你将会从中体验到一种做教师的愉悦感和成就感。我认为,这种愉悦感和成就感在各个不同层次、不同类型的学校是等值的,是无论用多少金钱都买不来的一种人生的快乐和职业的快乐。这正是"课堂的秘密"想追求和实现的教育理想、教学目标和教育境界。

2015 年 9 月 23 日

目　录

导 论

课堂激趣，让智慧闪光

　　乐学的本质是通过合理满足学生的各种需要，来调动学生的学习兴趣，促进学习过程的积极化。人们往往更容易接受自己感兴趣的事，因而在教学过程中应该把教学内容融入学生感兴趣的事物中，或者用学生乐于接受的方式来实现教学目标，这就是"寓教于乐"。寓教于乐的"乐"，就是快乐的意思，借指学生感兴趣的事物或方式。下面的案例就可以说明老师在课堂上机智幽默的引导会起到四两拨千斤的作用。

趣味引导①

师：今天这么多老师来听课，你们紧张吗？

生：不紧张。

师：不紧张？好，那谁敢到黑板上写几个字？（学生无人举手）

师：你们不是说不紧张吗？（有一个学生举起手）

师：好，你过来。我就喜欢勇敢的孩子！（学生走上来）请你把今天要学的课题写在黑板上。（学生写字，但"晏子使楚"四个字写得大小不匀，台下学生哄堂大笑）

师：你们别笑，也许他这样写是有所考虑的。我们今天学的这一课里主人公是谁？（生答："晏子。"）所以嘛，他把"晏子"两个字写得很大！（众

―――――――――――――

　　① 周丽松，徐学政. 挥洒自如　游刃有余：著名特级教师支玉恒教学特色一二 [EB/OL].（2011-12-05）[2014-12-05]. http://yuwen.chazidian.com/xiangxi—223799/.题目为作者所加。

笑）你讨厌不讨厌楚王这个人？（生答："讨厌。"）所以他把"楚"字写得最小！（众笑）

支玉恒老师与学生的对话充满情趣，学生很是放松。"谁敢到黑板上写几个字？""我就喜欢勇敢的孩子！"学生受到鼓励，自然充满信心；面对未曾想到的"'晏子使楚'四个字写得大小不匀"的尴尬，支老师从容自若，富有教育机智地解释"他这样写是有所考虑的"，化难堪为保护，维护了学生的自尊；"喜'晏'字大，恶'楚'字小"，趣味的引导，机智的教学，欢乐的笑声，无不激发学生的学习兴趣。

教师充满关爱的睿智幽默，鼓励孩子自信，这种融洽和谐的师生关系，激发学生的学习兴趣，调动学生的学习动力，促进学生积极主动学习。

第一节　课堂激趣的基本内涵

一、刻不容缓：传统课堂呼唤乐趣

（一）传统课堂，老气横秋

我们或许看到过这样的画面：一位中年教师戴着黑框眼镜，穿着长袖灰衬衣、黑色长裤子，表情严肃，站在讲台上手拿教科书，眼看参考书，像一名威严的指挥官，踱着方步，照本宣科，单调索然地解说着教学内容，偶尔停住在黑板上用粉笔板书几字；我们的"观众"则在下面正襟危坐，面无表情，百无聊赖地"观赏"着老师主演的"独角戏"。整个教学从开始上课到下课都是教师枯燥无味地在讲、在说、在谈、在论，"一讲到底"，课堂成为教师的"一言之堂"。

（二）传统课堂，呼唤乐趣

如此课堂，沉闷、封闭、单调，乏味，没有一丝活力，没有张扬的生命力。

如此课堂，教师"居高临下"，掌握着绝对的权威，"唯教案为上"，指挥支配着学生，怎样讲、什么时候问、学生怎样答、标准答案是什么……整个教学过程都是教师按照教案一一实施。

如此课堂，学生"呆若木鸡"，唯唯诺诺，沿着老师制定的学习路线，服从老师制约，被动接受老师灌输、填充的内容，无须开动脑筋思考，唯有被动接受、接受、再接受。学生没有自己个性的见解、言论与情感，感官、思维长久受到压抑和束缚，长期处于静止状态，严重缺乏学习的积极性、主动性、创造性。

如此课堂，教师教学越来越低效，学生学习越学越低能；如此课堂，教师越教越乏味，学生越学越无趣；如此课堂，教师失去激情，学生失去梦想；如此课堂，扼杀学生智慧，摧残学生个性；如此课堂，阻碍师生全面健康发展，导致师生关系紧张对立。

如此课堂，亟待改革，广大师生亟须富于乐趣、富于智慧、富于活力、富于生命力的课堂，亟须学习主权真正属于学生的课堂。

二、与时俱进：转变传统课堂，是社会发展和教育发展的需要

（一）社会发展的需要

1. 当今社会需要创新人才

21世纪是一个崭新的高科技时代。随着科学技术的迅猛发展，新兴高科技领域的不断拓展延伸，人们在学习、工作、生活、娱乐、思维、情感、价值观等方面也发生着巨大的变化。高科技时代的社会发展对人才的要求也在不断提高。高素质的创新人才，推进社会的进步；高科技的社会，促进高素质人才的发展。为符合时代的要求，适应当今社会飞速发展的需要，教育必须优化人才，大力开发人才资源，培养思维敏捷、具有个性、富有活力的高素质的创新人才。

传统课堂，由于教师的"一堂包办"，学生失去了学习兴趣，思维得不到发展，个性得不到张扬，创造力被禁锢，创新精神严重缺乏。社会的发展需要创新人才，而创新人才的培养则迫不及待地对传统课堂教学提出了挑战。教育必须还学生一个以学生为主体的课堂；必须还学生一个发展个人特长的课堂；必须还学生一个激发创新思维的课堂。

2. 当今社会需要全面发展人才

高新、尖端的科学技术促进了经济的发展和社会的进步。社会的进步对公民综合素质的要求越来越高，因而社会对人才的培养提出新的要求，对教育内容的要求也越来越丰富广泛。党的十八大报告对我国教育工作提出了

"立德树人，全面实施素质教育，培养德智体美全面发展的社会主义建设者和接班人，让每一个孩子都能成为有用之才"的根本任务。联合国教科文组织国际教育发展委员会编著的《学会生存》一书指出："未来的文盲，不再是不识字的人，而是不会学习的人。"教育应该培养学生热爱祖国、诚实善良、遵纪守法、感恩社会、孝敬父母、文明礼貌等良好的道德品质和正确的人生观、价值观；培养学生广泛的学习兴趣，帮助学生掌握学习的知识与技能、方法与过程、情感态度与价值观，发展学生的智力因素和非智力因素；培养学生坚强的意志，鼓励学生积极进行体育锻炼，拥有强健的体魄；培养学生通过劳动发现美、创造美、鉴赏美的能力。最终将学生培养为情操高尚、素质文明、身心健康、学识丰富、特长鲜明等综合素质全面发展的对社会有用的人才。

传统课堂，教师对学生认知、记忆的内容强调一味灌输，注重学生智力因素的培养，而忽视学生学习过程中情感态度与价值观等非智力因素的培养。从而导致学生普遍出现"高分低能"的现象："妈妈陪同读大学"、"脏衣脏袜邮回家"等屡见不鲜，"云南大学马加爵事件"、"西安音乐学院药家鑫事件"、"复旦大学投毒事件"等极端事件也绝非个例。这不能不说是教育在"情感态度与价值观"培养方面的缺陷。社会的发展需要全面发展的人才，而全面发展人才的培养则迫不及待地对传统课堂教学提出了挑战。教育必须还学生一个培养高尚品德的课堂；必须还学生一个促进身心健康发展的课堂；必须还学生一个全面发展的课堂。

（二）教育发展的需要

1.《义务教育课程标准（2011年版）》规定

《义务教育课程标准（2011年版）》（简称新课标）在第一部分前言中指出："时代的进步要求人们具有开阔的视野、开放的心态、创新的思维……为学生形成正确的世界观、人生观、价值观，形成良好个性和健全人格打下基础；为学生的全面发展和终身发展打下基础"（语文）；"作为促进学生全面发展教育的重要组成部分，数学教育既要使学生掌握现代生活和学习中所需要的数学知识与技能，更要发挥数学在培养人的思维能力和创新能力方面的不可替代的作用"（数学）；"培养具有创新能力和跨文化交际能力的人才，提高国家的国际竞争力……促进思维发展，形成正确的人生观、价值观和良好的人文素养"

（英语）。

时代的进步、社会的发展，对教育提出了崭新的要求。培养具有实践能力、创新能力、跨文化交际能力，具有良好个性和健全人格的全面发展的人才，培养提高国家国际竞争力的人才，是教育面临的最紧迫的任务。

2. 《中华人民共和国义务教育法》规定

《中华人民共和国义务教育法》第三十四条明确规定："教育教学工作应当符合教育规律和学生身心发展特点，面向全体学生，教书育人，将德育、智育、体育、美育等有机统一在教育教学活动中，注重培养学生独立思考能力、创新能力和实践能力，促进学生全面发展。"教育应"以生为本，全面发展"。遵循科学规律，差别化教育、活动教育、素质教育，促进学生的全面发展，是教育的重要任务，更是教育工作者的义务和责任。

无论是新课标，还是《中华人民共和国义务教育法》，都明确提出了教育要面向全体学生。作为学习组织者、引导者和合作者的教师，要善于创设教学情境，激发学生学习兴趣和调动学习积极性，让学生在生动活泼、积极主动且富有个性的学习过程中，认真听讲、积极思考、动手实践、自主探索、合作交流，促进学生思维发展，培养学生创新能力，帮助学生认识自我、建立信心，形成良好的个性和健全的人格，促进学生全面和谐发展，终身发展。

（三）富有趣味活力的课堂

在一个宽敞明亮的教室里，一位头扎马尾辫，身穿连衣裙的年轻老师，手刚一点击电脑屏幕，屏幕上就马上直观形象地演示起"一个直角三角形以一条直角边为轴顺时针旋转一周形成一个圆锥体"的画面来。如何由前面所学习的圆柱体的体积推算出圆锥体体积的计算公式呢？学生们在老师的引导下，结合前面所掌握的圆柱体的体积计算公式，以六人为一小组围坐在一起，兴趣盎然，展开热烈的讨论：或在本子上写写画画，或你一言我一语争论，或动手操作移动拼凑……教师在观察学生讨论的过程中，走到学困生面前，对他进行适时的鼓励；对表达观点好的学生竖起大拇指，给予及时的赞扬和肯定；看到学生挠头抓腮时，微笑地指点提示……经过学生的自主探索与合作研究，最终得出了"一个圆锥的体积等于与它等底等高的圆柱的体积的1/3"的结论。

这就是充满趣味、智慧与生命力的课堂。

第一，教师着装：教师衣着打扮简洁大方、赏心悦目，不但自己心情愉快，学生也会眼前一亮。

第二，课堂气氛：课堂气氛自然轻松、和谐快乐；教师关心、爱护学生，尊重学生人格；学生尊敬老师、热爱学习。师生之间民主平等、相互尊重。

第三，教学观念先进、科学，符合时代特点：

首先，教师正确把握自己的角色定位，教师只是课堂的组织者、引导者、合作者，学生才是真正的学习主体。

其次，教学过程中，教师面向全体学生，根据教学内容，灵活选择教学方法。教师通过电脑的直观演示，激发学生的学习兴趣，创设有助于学生自主学习的问题情境，给学生足够的时间和空间，鼓励学生积极探讨研究，启发学生思维；学生在教师的指导下，大胆观察、猜测、计算、推理、实践等，活泼愉快、自觉主动、富有个性地学习。

再次，学习过程是学生发现问题、提出问题、分析问题、解决问题的过程；是"师生平等对话"和"生生平等对话"的研究性学习、参与性学习、体验性学习的过程；是开阔学生思维、开发学生智力的过程；是学生实现智慧火花的碰撞、教师发现并挖掘学生潜能的过程；是学生亲身体验知识的产生，掌握科学方法，培养科学精神的过程；是学生增强自信，发挥特长，形成正确情感态度与价值观的过程；是培养创新人才，培养学生全面发展的过程；是师生交往互动、共同发展的过程。

最后，现代化教学手段辅助教学，大大提高了课堂效率。

三、神通广大：课堂激趣的独特内涵

（一）动力十足：课堂激趣的定义

1."激趣"的基本含义

"激"即激发的意思；"趣"有兴趣、趣味、情趣的意思。"激趣"在这里是指教师在课堂教学中激发学生的学习兴趣。

2."激趣"的相关概念

对于"激趣"的概念，需要加强对"兴趣"的理解：

首先，兴趣即兴致，是学生对学习由爱好、喜欢而产生的愉快情绪。

其次，兴趣是一种具有浓厚情感的志趣活动。它促使学生深入钻研、集中精力去主动学习，获取知识，并创造性地学习和完成所感兴趣的学习任务。例如，学生如果对物理学科感兴趣，他就会刻苦钻研，并且创造性地思考。这不仅会使他的学习成绩大大提高，而且会大大改善他的学习方法，提高学习效率。

第三，兴趣是一种求知的内在动力。它可以使学生的智力得到提升，知识得以丰富，眼界得到开阔，潜能得以发挥，自信得到增强，对学生的个性形成和健康发展起着巨大的作用。

3. 古今中外"激趣"的名人名言

教学过程中激发学生学习兴趣，可以激活学生用眼睛观察、用手操作实践、用口表述传达的感官活动；可以激活学生开动脑筋去思考、探索、创造、归纳的思维活动；可以激活学生热爱学习的情感活动。古今中外的很多教育家、思想家都阐述了激发学生学习兴趣对于学生学习的重要性。

春秋孔子："知之者不如好之者，好之者不如乐之者。"

宋代程颐："未见意趣，必不乐学。"

宋代张载："人若志趣不远，心不在焉，虽学无成。"

现代陶行知："学生有了兴趣，就肯用全副精神去做事体，所以'学'和'乐'是不可分离的……所以设法引起学生的兴味，是很要紧的。"

现代郭沫若："兴趣出勤奋，勤奋出天才。"

俄国托尔斯泰："成功的教学所需要的不是强制，而是激发学生的兴趣。"

俄国乌申斯基："没有丝毫兴趣的强制性学习，将会扼杀学生探求真理的欲望。"

英国莎士比亚："学问必须合乎自己的兴趣，方才可以得益。"

（二）功效显著：课堂激趣的用途

"激趣"在课堂教学中的确魅力无穷。

1. 课堂激趣，体现教育人本精神

"一切为了学生的发展。"学生是学习的主体，一切教育活动围绕"促进学生全面发展、全体发展、主动发展、个性发展和终身发展"而开展。课堂激趣，教师面向全体学生，创设各种教学情境，设置各样教学问题，激发全体学生学习兴趣；课堂激趣，既关注学生知识与技能的培养，又关注学生能力与品质的培养，促进学生全面发展；课堂激趣，学生主动学习、主动发展，

发挥特长，发展个性，掌握方法，终身发展。

2. 课堂激趣，提升教师教育能力

教师是学生思想引导者，教师必须通过不断学习，培养高尚的道德素质修养，"为人师表"、"躬行实践"、"身正为范"，以其正确的世界观、人生观和价值观，去感染、引导和影响学生；教师是学生学习的引导者，教师必须通过不断学习，掌握精湛的课堂教学艺术，创设学习情境，乐观民主、妙趣横生、新颖机智，激发学生主动学习的兴趣。一个深受学生欢迎的教师，肯定是一个热爱学生的教师，是一个充满智慧的教师，是一个富于创造的教师。

3. 课堂激趣，凸现学生主动学习

符合学生本能、兴趣和需要的趣味课堂，学生身心愉悦，学习兴趣浓厚，学生活泼、好奇、探究的天性自然展现、焕发，由内到外、自觉、主动参与学习全过程，体现出对学习的无限热情。

4. 课堂激趣，培养学生创新精神

充满趣味的课堂，学生乐在其中，思维活跃。"质疑是创新的起点。"学生善于质疑、乐于思考、勇于探索、敢于创造，个性得以自由张扬、丰富发展，潜在的创新能力得到充分培养和发挥。

5. 课堂激趣，促进学生全面发展

充满趣味的课堂是富有生机、富有生命活力的课堂。学生学习乐不可支，精神抖擞；学习活动开发智力，提升智慧，培养品质；教师通过鼓励表扬，促进学生自信自强，全面发展。

教学激趣，符合当今社会发展、教育发展的需求，是培养创新人才，促进学生全面发展、终身发展的一种切实可行、高效高能的教学方法。

（三）事半功倍：让课堂激趣更有效

你最喜欢跟什么样的人交流谈话？答案当然是那些风趣诙谐、幽默睿智且富有涵养的人。你这样想，你的学生也是这样想的。课堂激趣作为课堂教学的一种高效的课堂方法，许多教师还不能很好地掌握，但必须要马上学习并逐步改进和提高。

1. 趣味性

（1）幽默创造轻松氛围。幽默是润滑剂，生动形象的语言，能创造轻松愉快的学习氛围；幽默是缓冲器，它可化解学生紧张的学习情绪，使课堂氛围活跃轻松；幽默是助跑机，在学生的欢声笑语中激发其学习兴趣。

（2）有趣减轻学习压力。轻松的课堂，可使学生心情愉悦，心胸开阔，思路敏捷，可以达到知识的共鸣；有趣的课堂，可促进学生大脑高级神经活动的兴奋性，减少疲劳，减轻学习压力，增强其克服困难的勇气和信心。

（3）各学科知识的综合利用。如教学古诗杜甫的《绝句》："两个黄鹂鸣翠柳，一行白鹭上青天。窗含西岭千秋雪，门泊东吴万里船。"为激发学生学习兴趣，教师在黑板上用黄色、绿色、白色粉笔简洁勾勒出一幅黄鹂鸟在柳枝上欢快鸣叫，白鹭展翅飞上青天的画面。通过指导学生模拟小鸟鸣叫，动静结合，把语文、美术、音乐等学科知识综合利用，既达到对各学科知识的整合，又达到生动有趣地完成教学任务的目的。

2. 和谐性

教师从内心里真正热爱学生，就能自然而然地散发出来一种亲和力，每一次真诚的微笑，每一句激励的话语，每一个赞许的眼神，都能让学生感受到老师对自己的尊重和信任；课堂中，师生平等对话，教师认真倾听孩子的观点、情感、困惑，有时点头微笑，有时给予引导，这样的交流能让彼此敞开心扉，从而形成和谐课堂。教师既要允许学生"犯错"，更要关注对学生优点的肯定与发挥，因材施教，绝不厚此而薄彼，让每一个学生都带着被尊重、被关爱、被重视的幸福心情而学习；教师对学生"以身作则"的热爱，潜移默化地教育着学生，因此，学生会更加尊敬、热爱老师，对老师更加信赖、敬佩和爱戴，从而把老师当自己的良师益友。

师生之间彼此尊重、民主平等的和谐关系，可以使学生心情愉悦，对学习产生浓厚兴趣，思维更加敏捷，并最终迎来学习的最佳状态。

3. 激励性

激励是世界上最美丽的花朵；激励是世界上最动听的歌曲；激励是世界上最灿烂的阳光；激励是世界上最温暖的话语。

学生回答问题，答对的，答好的，教师或竖起的大拇指，或点头、微笑，或赞同地拍拍手，都能给予学生充分的赞扬和激励，促使学生更加自信、更加自强、更加自立；学生回答问题，答不出的，答不好的，教师或轻柔地摸摸头，或温和地拍拍肩，或一句温馨的"你能行"，也能给予学生充分的鼓励和信任，促使学生更加积极、更加进取、更加努力。

激励，给了学生花一样美丽的心情。学生情绪快乐，思维活跃，智力得到充足的发展，有利于形成积极进取的学习态度，使课堂更加生动有趣，课堂教学更容易达到最佳效果。

4. 活动性

素质教育是培养学生全面发展和不断提高的一种全方位、多层次的实践活动过程。教师根据教学内容，尊重学生活泼好动、率真好奇的特点，创设宽松的活动空间，组织学生开展丰富多彩的课内外活动，留给学生足够的活动时间；让学生的学习融入活动，在活动中学习；让活动走进学生的学习，在学习中活动；让学生在学习活动中观察、合作、探究、积累、创新，亲历知识的产生过程。活动中，既培养了学生知识和技能的综合应用能力，又培养了学生实际操作能力、解决问题能力、创新能力、实践能力、合作能力，并促进了情感、态度与价值观等非智力因素的发展。

第二节　课堂激趣的构成要素

课堂教学主要是由四种因素构成：教师、学生、学科内容和教学资源。这四种因素相辅相成，相互作用，缺一不可。

一、德才兼备：教师教育能力大提升

新课程改革，一方面是为了适应社会的发展而对教学材料进行的改革，另一方面是为了培养适应社会发展的人才，教师的教育理念与教学行为的改革。

作为素质教育的主阵地，课堂教学必须充满趣味，充满活力，充满智慧。作为先进教育理念的贯彻者、实施者，作为自己教学行为的探究者、实践者，作为教学内容的研究者、实现者，作为学生发展的引导者、促进者，教师需要不断提升自己的教学品质和魅力，不断丰富自己、完善自己，德才兼备，

只有这样才能创造生动有趣的课堂教学，培养全面发展的创新人才。

（一）锤炼自身素质

要想让学生对教学充满兴趣，那教师就要让学生"亲其师而信其道"。

1. 为人师表，尊重学生

一个人衣着打扮得体大方，是尊重他人的表现。教师对学生也一样。教师每天都要面对学生，如果教师衣着随便邋遢，颜色单调沉闷，过于保守且脱离时代，这种间接的消极因素会影响学生的学习情绪，学生必然不喜欢；如果教师每天都注意仪表，或帅气或美丽，整洁大方，端庄典雅，色彩和谐，教师优雅自信、符合身份的打扮也会让学生心情愉悦。

一个注意穿着细节的教师，自是一个热爱生活的教师。这样的教师，以自身的行为让学生感受到尊重，感受到美的熏陶和教育；这样的教师，是可爱、可亲、可敬的，学生必"亲其师而信其道"。

2. 和蔼可亲，关爱学生

教师温暖的笑容传递给学生的是信任；教师和煦的话语传递给学生的是理解；教师真诚的鼓励传递给学生的是宽容。教师只有真正成为学生学习的合作者，才能理解学生的兴趣爱好，才能宽容学生的缺点不足，才能信任学生的自我发展。和蔼、可亲，关爱学生的教师所营造的民主、平等、和谐的师生关系，自然能使学生思想轻松，思维活跃，敢于表达自己的想法和观点。教师的理解、宽容与信任，给予了学生鼓励与自信，促使学生"亲其师而信其道"。

教学案例

亲其师而信其道[①]

师：同学们认识我吗？我姓薛。仔细看看我，有些什么特点？

生1：你人长得很高、很瘦。

师：高好啊！站得高，看得远嘛！

---

① 李琴. 教师如何让课堂更加生动有趣［M］. 长春：吉林大学出版社，2010：52. 题目为作者所加。

生2：你的头很小。

师：头小，智慧多。

生3：你的牙齿有点凸出来。

生4：眼睛小小的。

生5：脖子很长。

师：脖子长好啊！天鹅的脖子多长，那是高雅！（众笑）

生6：你有点驼背。

师：这是我向骆驼学习的结果。当然，我只能成为单峰骆驼。（众大笑）

生7：你的字写得很漂亮。

师：（与学生握手）谢谢你，只有你夸奖我！要不然，我真的会感到很自卑的。

这是著名特级教师薛法根执教《我应该感到自豪才对》的课前交流教学片段。面对陌生的教师上课，学生感到既紧张又新鲜。薛老师拉家常似的谈话，使学生倍感亲切，心情愉悦，激发了学习的兴趣；师生交流的欢声笑语拉近了彼此的距离，薛老师以他渗透教育的富有特色的幽默言语与和蔼亲切的人格魅力影响着学生。与薛老师一起学习是一件非常轻松愉快的事情，学生必"亲其师而信其道"。

3. 知识渊博，吸引学生

课堂上要吸引学生的注意力，激发学生学习的兴趣，教师丰富的专业知识是必备条件之一。教师教学语言简明、睿智、幽默、富有感情；专业知识丰富，各学科知识融会贯通；关心时事，目光敏锐，思维敏捷，或谈古论今，或针砭时弊；无论是教学内容整体的再整合，还是局部细节的再创造，都善与社会现实相结合，新颖深刻，时代感强。这样博学多才的教师，学生崇拜、喜欢、模仿、信任，对教师兴趣浓厚，必"亲其师而信其道"。

（二）转变教学观念

作为当代教育理念的贯彻者、实施者，要激发学生学习兴趣，教师必须转变自己的教学观念，充分认识到自己只是学生学习的引导者、促进者，把课堂还给学生，学生才是课堂学习的真正主人。

为了激发学生的学习兴趣，教师要善于思考、乐于思考，把工作当乐趣，根据学生的共性及个性，因材施教，想方设法结合学习内容，创设激趣情境，放飞学生思维，激活学生创新潜能，引导和促进学生积极主动学习，学生必"亲其师而信其道"。

教学案例

认识角

案例 A

1. 复习，给图形分类（圆形、正方形、长方形、三角形）。

2. 认识角。

(1) 教师黑板上画角。

(2) 教师讲解角的特点。

(3) 教师板书：角有一个顶点，两条边；角的写法、读法；角的大小与边的长短无关，与张口大小有关。

3. 练习。

案例 B

1. 让学生找出生活中的角。

2. 让学生展示用自己喜欢的材料做成的角。

3. 引导学生认识角：学生用眼睛观察角、用手摸角的边、用角尖轻触小脸。

4. 学生得出：角是由两条直线组成，有一个尖尖的顶点。

5. 教师引疑：一个两条边很长的角与一个两条边很短的角，让学生说说哪一个角大，哪一个角小？

学生经过观察、猜测、合作、比较、实验，得出"角的大小与边长无关，与角的张口有关，张口越大，角就越大；张口越小，角就越小"的结论。

6. 分层练习。

同样教学《认识角》，同样的教学内容，但两个教师，两种教法。案例 A 中，教师根据教材内容，按照自己所预设的教案，带着学生跟着自己的思路走。学生只是被动接受老师的灌输，没有自己的思维活动，学生的学习兴趣不高，学习效率也必定不高。

案例 B 中，教师根据教学内容，先让学生找出生活中的角，让学生懂得生活中处处有数学，数学就在现实生活中。然后让学生学会做一个角，学生有的用木棒，有的用细绳，有的用纸条，有的用吸管……做出了各种形状的角，这些是不是都是角呢？教师引导学生通过眼观、手摸、脸触等探究方法认识角，最后学生得出角的特点。教师的引疑更使学生思维迸发。整整一堂课，学生的思维始终处在活跃状态，学生学习兴趣浓厚，学习效率高。

要激发学生学习兴趣，教师必须转变教学观念，在设计教学预案时，要突出学生的主体地位。

（三）改进教学技巧

一堂成功的课堂教学，需要教师在课堂教学中运用机智，统筹兼顾各个教学环节，使课堂教学的各个环节既充满技巧性，又有艺术性。还以《认识角》为例，一教师在启发学生"认识角"的教学过程，有一个教学环节特别新颖，让人难忘。

教 学 案 例

直角认识更透彻

师：同学们真棒！都会用两条小木棒做成一个角。现在我们来玩一个游戏，看能不能用绳子来做一个角呢？

老师请来一个学生，师生合作，用一条绳子开始做角。

老师请学生双手拿住绳子的两端，老师从绳子中间捏拉开，与学生一起把这条绳子拉成一个三角形。

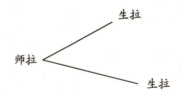

师：同学们，这是角吗？

生1：是。

师：为什么？

生1：有两条直线，且连接一起，有一个顶点。

师：同学们，继续观察，现在开始变魔术了。

只见老师在刚才中间捏住的地方，用拇指和食指把顶点撑拉开，成为以下这个图形：

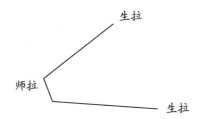

师：同学们，这个是角吗？

生2：不是。

生2：两条直线没有连接一起，没有顶点。

师：同学们观察得真仔细！来，魔术魔术继续变！

只见老师继续跟学生合作，老师跟学生拉紧其中一边绳子，成为直线，另一边却弯垂着，如下图。

师：同学们，这个是角吗？

生3：不是。

生4：其中一条线不是直的。

生5：顶点要尖。

……

教师紧紧围绕角的特点，通过师生合作，以直观的演示让学生观察、推理、比较、判断，强化对角的认识，学生印象更深刻，理解更透彻。这一环节的教学设计，跟前面案例B的这一环节比较，这种方法更灵活创新。通过绳子的不同演变，学生对角的认识由形象直观升华到抽象概括。这使后面的分层练习，对角的特点的判断水到渠成。这种方法既有趣又有效，受到学生的青睐。只要教师在教学中多开动脑筋，不断改进技巧，不断总结创新，我们的课堂教学一定更加精彩，学生的学习兴趣一定更加浓厚，课堂教学的效率也一定提高得更快。

二、欢欣踊跃：学生，课堂学习的主人

激趣，顾名思义，在这里是指激发学生学习的兴趣。在课堂教学中，除了教师想方设想激发学生学习兴趣等客观因素之外，最重要的还是学生自身主观因素，如对学习重要性的正确认识，学生积极、主动、自觉学习才是激趣的根本。

（一）树立正确的学习观念

要形成全民学习、终身学习的学习型社会，促进人的全面发展。这就从深度和广度两方面对学习提出了更高的要求。

当今社会发展日新月异，知识更新迅速，人们需要不断适应由科技飞速发展而引起的社会变化。只有不断学习，活到老，学到老，终身学习，才能跟上时代的步伐，不被社会所淘汰。

学习将伴随人的整个生活历程，从幼年，少年，青年，中年直至老年，并影响人一生的发展。每个人在任何阶段都要学习，不断更新、深化和充实知识，只有这样才能时刻保持知识的时代性、社会性、实用性、先进性，保证自己的知识不落伍，才能不断提高自己的能力，使自己能够更好地适应快速发展的社会需求，实现自己的价值。

学习意义重大。教师、家长要培养孩子终身学习的意识，引导孩子向终身学习的方向发展，让孩子自觉树立终身学习的观念，让学习成为孩子的一种生活习惯。

（二）积极主动地快乐学习

有了对学习重要性的深刻认识，有了终身学习的观念，学生就会产生强烈的求知欲望，就会产生无限的学习动力，从而积极主动地学习，快乐地学习，真正成为学习的主人。

自主学习，快乐学习使学生的学习兴趣更加浓厚，让学生在课堂学习中发挥更为积极的作用。他们善于学习、主动学习、思想活跃、动手实践、合作探究、与文本人物的深入对话、巧解生活的数学问题、设计美观实用的手工作品……他们把学习当乐趣，发展思维，创新学习，不断探索科学的学习方法，不断丰富自己的知识，不断发挥自己的潜能，不断使自己发展更全面、更健康。

三、精彩绝伦：教学内容再创造

作为课堂激趣的一个构成因素，课堂对教学内容的再创造提出了更高的要求。如果教师只是把现成的教学内容，表面浅层的意思灌输给学生，没有真正触及教材所要表达的深层内涵，没有做到培养学生自主学习的能力；没有开发学生智力、激发学生思维，学生没有在学习过程中体验知识的产生过程，获得科学的学习方法，那么，学生就只能是被动学习，没有丝毫学习兴趣可言。

要激发学生学习兴趣，教师就要在尊重教材、尊重教学内容、以完成教学任务为前提的基础上，深入分析知识之间的内在联系，活用教材，站在各层次学生的思维高度，从学生实际出发，相信学生的各种潜能，对教学内容进行再加工、再创造，让静态的学科内容"动起来"。

对于教学内容的再创造，教师要在原来教学内容的基础上，拓展、渗透与之相关的更丰富、更能激发学生思维的学习内容，使学习内容更有广度、深度，以激发学生学习兴趣，挖掘学生潜能，培养学生创新能力。

四、物尽其用：教学资源的开发利用

本书所论述的教学资源，主要是指能够直接为教师课堂教学和学生学习服务的辅助资料，例如，广播影视节目、音像资料、书刊报纸、网络信息、仪器设备、教学挂图、多媒体课件等。

"学校即社会。"人的成长离不开学校教育，人的生活离不开现代社会。学校教育要与社会发展紧密联系；课堂教学要与社会生活、学生生活紧密相连。小小的、薄薄的一本教材，狭隘的、单调的、片面的一节课是无法满足学生发展的需要的。所以，教师要充分开发、利用各种有利于课堂教学、能激发学生学习兴趣的自然资源、社会资源、家庭资源、科技资源，如真实生动的影视节目、直观形象的多媒体课件、博物馆、实验室等，把学校、家庭和社会的教育素材以及师生的生活和经验融入教学过程，加强课程内容与现代社会、科技发展与学生生活的联系，丰富教学内容，培养学生主动参与、探究发现、交流合作的兴趣，激发学生的学习积极性和主动性，满足学生个性发展、全面发展的需要。

教师、学生、学科内容和教学资源四要素，在课堂教学中相得益彰，不可或缺，是达到激发学生学习兴趣、挖掘学生内在潜力、促进学生思维发展、培养学生全面发展的决定性因素。

第三节　课堂激趣的常见类型

一、魅力四射：激趣引人入胜靠创意

为什么有些激趣方法的效果特别好，而有些激趣方法却达不到预计的效果？主要问题在于激趣的内容、表现形式及创意。

（一）什么类型的激趣最吸引学生

吸引学生的激趣类型很多，这完全可以在学习别人的方法的基础上，结合自己教学实践中所用的方法，创造归纳出多种类型。总体来说，吸引学生的激趣类型主要有以下几类。

1. 新鲜型

班会课上，班主任李老师开门见山："同学们，为筹集更多的红领巾'爱心基金'，帮助更多的贫困小朋友，学校决定下周五开展'红领巾跳蚤市场义卖活动'。到时我们五年级同学在学校操场义卖商品，六年级同学当顾客购买物品，所卖款项全部捐献给红领巾'爱心基金'。"李老师的话还没说完，同学们就纷纷议论起来："什么是跳蚤市场？""我知道，电视上看过。就是把自己多余的或不再使用的东西拿出来卖。""卖东西啊，我最在行，太好了！""义卖就是把卖东西所得的钱捐献出去帮助别人。""卖什么？卖谁的东西？""怎样卖？"……看着同学们那股好奇、急切的新鲜劲儿，李老师趁热打铁："请同学们认真看屏幕上的活动要求，然后根据自己的特点和爱好选择自己的工作岗位，大家共同努力，一起完成好这次活动任务。"

这就是新鲜型激趣方法。学生第一次开展"义卖活动"，感觉非常新鲜，生活中商店的营销活动搬到了学校活动中，此举把买卖东西、讨价还价等生活中最基本的生活情境融入教育活动，教育活动跟实际生活紧密联系，学生通过亲身体验去感受生活。这样的活动既可以锻炼自己，又可以帮助别人，同学们非常激动。经过一个多星期的充分准备后，"爱心小超市"开张了。同学们给自己带来的书籍、学习用品、玩具、自己的手工制作等义卖商品定好合理价格，根据各自的特长、爱好，同学们选出了售货员、会计、推销员、环保员以及安保人员等。"售货员"黄小丽正跟"顾客"热火朝天地在讨价还价；"推销员"李伟康、黄军也在热情地大声吆喝："同学们，你的行动就是对山区小朋友的爱，心动不如行动，快来买了，快来买!""便宜大甩卖，买够五元钱，赠送一支铅笔! 买够十元钱，赠送一本书! 快来买了，快来买!"……用最少的钱就可淘到自己梦寐以求的《成长不只是简单的长大》这本书，"顾客"刘璐璐爱不释手、惊喜万分；为避免拥挤发生安全问题，"安保人员"陈云飞、庞华强在维持现场秩序……

跟爸爸妈妈在生活中才能看到、体会到的销售活动，却能在校园内由自己策划开展，这多么令人兴奋。这种新鲜的活动给学生带来了极大的激情与活力，学生兴趣高涨，乐此不疲，与同学分工合作，在实践活动中锻炼自己、表现自己、发展自己。

2. 趣味型

语文课，黑板上贴着写有编号的生字卡片。陈老师说："同学们，我们来玩个打电话的游戏，好不好?"陈老师示范："丁零零，丁零零，电话打给李子淇，请说出④号卡的名字。"李子淇："'蜘蛛'，对不对?"全班同学："'蜘蛛'，对对对!"李子淇："丁零零，丁零零，电话打给黄心怡，请说出①号卡的名字。"黄心怡："'蚯蚓'，对不对?"全班同学："'蚯蚓'，对对对!"黄心怡："丁零零，丁零零，电话打给陈志健，请说出⑥号卡的名字。"……

打电话接力游戏，富有生活情趣，符合小学生爱玩、爱表现的心理特点，学生竞相举手，学习兴趣浓厚，既有模拟日常生活情境"打电话"中礼貌用语的教育，又达到了检查学生认读生字的目的。

3. 专业型

科学课，林老师小结："同学们，通过刚才的实验，我们知道含有淀粉的食物遇到碘酒就会变成深蓝色或者紫色。下面的这些食物哪些含有淀粉，哪些没有淀粉，请说出理由。"刚才的实验，学生意犹未尽，还沉浸于亲身操作实验而发现科学道理的喜悦之中。现在林老师又提出了新的科学问题，同学们激动、兴奋，马上又动起手来。手握滴管的同学小心翼翼地往课桌上老师早已准备好的黄瓜片、马铃薯片、白萝卜片、玉米块、馒头块等食物上滴碘酒，旁边的同学则目不转睛地盯着这些食物，大家都在观察、推测、议论、探讨这些食物的变化，灵活运用刚刚掌握的新知识解决新问题。学生思维活跃，举一反三，触类旁通，理性而科学地解决了新的问题。

可以通过自己的实验活动，解决生活中科学、专业的问题，这是一件很值得探索、值得骄傲的事情。学生们跃跃欲试，在活动中动手操作实验，动脑探究思考，动口讨论归纳，亲历实验，获得知识。

4. 神秘型

物理课，徐老师开门见山："同学们，古有'姜太公钓鱼，愿者上钩'，今有'刘谦魔术，见证神奇'。今天，我要合两者之智，'徐太公钓鱼，见证神奇'。"这一开课，同学们就被深深吸引住了，大家伸长脖子，目不转睛地盯着徐老师，徐老师葫芦里卖的什么药？接着徐老师故弄玄虚："同学们，见证神奇的时刻到了。"只见徐老师拿出十条大小不一的用各种彩纸剪贴成的纸鱼，把它们散放在桌子上，然后从门后取出一支挂着小铁钉的钓鱼竿，站在一米多远的位置上钓起纸鱼来。说来奇怪，这些纸鱼有的真不愿上钩，可有的在小铁钉离它还有二三十厘米的时候，就蠢蠢欲动，急着往上"跳"。同学们边看边惊叫："徐太公直钩钓纸鱼，神奇神奇！"

这纸鱼是怎样被钓起来的呢？这一神秘的魔术紧紧抓住了同学们的好奇心理，激起了同学们的求知欲望。"磁现象"的教学水到渠成，而学习了"磁现象"之后，同学们也自然用科学的态度解开了老师"直钩钓纸鱼"的谜团。

5. 感人型

思品课，《与挫折同行》的教学正在进行中。"同学们，人的一生不可能一帆风顺，有时难免会遇到这样的困难，那样的挫折。面对挫折，不同的态度会产生不同的结果，我们应该以怎样的态度对待所面临的挫折呢？同学们，请看一段视频。"这时屏幕上播放起2005年春节联欢晚会上由邰丽华等21位聋哑演员表演的舞蹈《千手观音》。看着聋哑演员们精彩绝伦、整齐如一的表演，同学们的心灵受到了深深的震撼，无不为演员们坚强不屈、积极进取的拼搏精神而感动。

这感人肺腑的画面，净化了学生的心灵，深化了学习的主题。同学们从21位聋哑演员的身上懂得了：生活中的困难、挫折和逆境并不可怕，只要树立积极向上的人生信念，保持开拓进取的精神，提高战胜挫折的能力，养成勇于克服困难的品质，人生就一定会变得更加精彩、更加有意义。

（二）创意从何而来

如果只是为了捐款而叫学生捐款，那么学生的兴趣一定不大，一定筹集不到足够的基金，一定达不到锻炼学生的目的；如果只是为了检查学生学习生词的情况而叫学生枯燥拼读，那么学生的学习兴趣一定不大，一定达不到让学生主动学习的目的；如果老师只是照本宣科地讲解哪些食物含有淀粉，乏味地讲解抽象的磁现象，学生的学习兴趣一定不大，一定达不到学生自主探索、自主发现的目的；如果老师只是理论性地总结与挫折做斗争的雄心斗志，学生的学习兴趣一定不大，一定无法产生由学生情感的内化所产生的强大震撼。

以上五种激趣类型之所以能吸引学生入情、入境、入迷、入胜，主要是靠创意。那么，创意又从何而来呢？

1.　善于积累，厚积薄发

善于观察并开发有利于学生健康成长的各种因素，还有长期对各种知识的积累，是教师激趣创意的源泉。这些大量的、积极的、有意义的信息一直记忆在大脑里，不断留下深刻的印象，然后随着时间的推移，许多信息就可以在某一时刻联系在一起，也许那时创意自然而然就出来了。

2.　善于思考，灵感迸发

激趣，当然不是为了激趣而激趣，激趣一定要达到真正激发学生学习兴趣，达到真正激发学生自觉、主动参与学习的目的。所以，若要产生激趣内容或形式的创意，教师平时就要根据教学内容，经常思考如何有新意地激发学生学习兴趣。这不一定非要苦思冥想，最重要的是教师的思想要经常处于活跃的状态。只有不断地思考，才会有奇思妙想，才会迸发出灵感的火花。

3.　善于捕捉，顺势挥发

在我们的生活中，每天都有各种各样的事件发生，就看教师是否有敏感性，是否能抓住某个热点事件并与自己的教学结合起来。有些热点事件本身就具有很高的感召力，所以顺势发挥其力量的激趣方法更能强化学生内心的感受，更能激发学生学习的兴趣。

二、分门别类：不同类别的方法要设计

教学实践中，无论是对教学内容的整体设计，还是教学过程每个环节的

局部设计，教师总是千方百计地设计激趣方法，以达到激发学生学习兴趣的目的。我们这里所谈的激趣方法主要有以下几类。

（一）疑问类

思维是从疑问和惊奇开始的。要启发和培养学生思维能力，教师必须关注学生求知动机，制造悬念，巧设疑问，鼓励学生大胆质疑，诱发学生的探究欲望，激发学生去学习、去观察、去实践的热情，激活学生的智慧潜能，培养学生的创新思维。

（二）导入类

著名特级教师于漪说："课的第一锤要敲在学生的心灵上，激发起他们思维的火花，或像磁石一样把学生牢牢地吸引住。"一个精彩的导入设计，好像大磁石般让学生的精神集中，思维聚拢，激发他们的学习兴趣，调动他们的学习积极性，促使他们进入最佳学习状态；一个成功的导入设计，如同金钥匙般开启学生求知的大门，触发他们情感的体验，点燃他们智慧的火花，启迪他们主动获取知识，从而为授课的成功奠定良好的基础。课堂激趣导入的方法有很多，本书在第三章主要从故事导入、影视导入、对比导入、插图导入和音乐导入五种方法来进行论述。

（三）活动类

要使教学活动富有情趣，吸引学生的注意力，激发学生求知的欲望，教师在教学过程中开展各类学习活动不失为一种行之有效的教学方法。根据学习内容，鼓励学生在课堂上大胆表达自己的想法、见解。从教学效果来看，师生之间、生生之间的讨论探究能够让学生的思维得以碰撞、得以发展，其个性也能够得以张扬。此外，针锋相对的辩论活动及形神兼备的角色扮演活动，不仅活跃有趣，还能深化、内化学生对学习内容的理解，从而激活学生的思维，促进学生的发展。

（四）评价类

学习活动中，教师在理解、尊重、公平的原则上正确、客观地评价学生，既要看到学生的共性，又要看到学生的个性；既要看到学生的优势，也要看到学生的不足。尊重差异，因材施教；关注过程，个性发挥；自主学习，激发思维；科学评价，全面发展。科学评价激发学生学习兴趣的方法有很多，本书在第五章主要从诊断性评价、发展性评价、表现性评价三个方面来进行论述。

（五）比赛类

比赛，是运动员以积极的情绪克服各种困难，力争获得胜利的活动。比赛时，人的心理活动保持着高度的紧张和集中。这时，人的观察力更敏锐，记忆更迅速，思维更活跃，思路更开阔，各种能力的创造性也会大大提高。教师可以根据运动员比赛时这种特殊的心理状态，结合学生追求成功、不服输的心理特点，在教学中创设比赛活动，鼓励学生敢于比赛、勇于比赛、乐于比赛，激发学生学习兴趣，树立自信心，提高学生的思维能力，并最终促进学生的全面发展。

（六）情境类

教学过程中应以学生发展为本，创设各种教学情境。或创设求异情境，培养学生的想象能力、创新能力；或创设生活情境，回归生活，在学生生活中关注学生内心的体验，促进学生智力因素与非智力因素的全面发展；或创设问题情境，激起学生的认识冲突，引导学生发现问题、思考问题、解决问题，并借助探究和经历知识的产生过程，培养学生的探究能力和实践能力。

"教有法而无定法。"激趣的类型方法有很多，只要根据教学内容，结合学生实际，能激发学生积极主动学习的兴趣，达到促进学生个性发展、全面发展的目的，就是好的教学方法。

第四节　实战案例：如何课堂激趣，让智慧闪光

一、实战案例

别开生面的生物课①

当学生走进教室时，音乐随之响起，这是一首庾澄庆的歌曲（Flash），

---

① 王斌兴. 名师讲述最具活力的课堂愉快教学［M］. 重庆：西南师范大学出版社，2008：153. 本文略有删节。

《蛋炒饭》。望着屏幕上的卡通图像，我清楚地看到了同学们脸上由愕然到愉快、好奇的表情转换。我则用微笑回答同学们疑惑的眼神。

上课铃音清脆地响起，我开始上课。

"刚才老师为大家播放了一首歌曲，你们喜欢吗，听过没有？谁知道这首歌的歌名？"

同学们兴致可高了，"我知道，我知道，是庾澄庆的《蛋炒饭》"。

"那你们吃过蛋炒饭吗？"

我微笑地看着这些可爱的同学们，说："蛋炒饭是好吃，老师也喜欢吃。那现在老师请大家吃一顿大餐，你们想吃吗？"同学们激动起来，大声答道："想！"甚至还有同学小声说："不知老师能请咱们吃什么？"

我为大家发了一张点餐单，给同学们一分钟的时间自由点餐。同学们认真审视着点餐单，开始选择。在同学们点餐的这段时间内，我为他们播放了一段轻柔的音乐，小家伙们就像置身在餐厅内一样。这张点餐单，甚至连这段音乐都花了我不少心思。点餐单的样式和饭店里的点餐单相似，不光有各种菜肴的菜名，还配有令人垂涎的图片。

巡视同学们的点餐情况时，我有意选择了两名同学的点餐单。当我向全班同学展示他们的点餐单时，大家很快就发现了问题，这两名同学一个点了很多荤菜，一个点的都是洋快餐。同学们都觉得这样吃营养肯定不合理，但当我要求说出理由时，同学们却面面相觑，说不清楚了。于是，我说："吃，可是一门科学呢，怎样吃才科学、才健康呢？让我们走进《关注合理营养，健康成长》这一课。"

……

二、实战经验

如何让生物课别开生面？孙静华老师自有妙法。

（一）朝气蓬勃

教师热爱学生、热爱课堂，发自内心的微笑，让学生感到亲切和蔼；对课堂充满自信的饱满精神，给学生带来愉悦与朝气；庾澄庆的《蛋炒饭》，时代感、潮流感强，符合学生心理，共同的话题拉近了师生之间的距离。朝气蓬勃的课堂给学生带来阳光、带来快乐、带来活力。课未始，趣已生。

（二）精益求精

教师以满腔的热情全身心投入课堂教学，课前精心设计与准备的和饭店里相似的点餐单，吸引学生好奇心的《蛋炒饭》，学生点餐时播放的轻柔音乐……"趣味型"的课前导入，社会资源、影像资源的充分使用，教学内容的再创造，现代化教学设备的熟练操作，无不体现出教师教学工作的认真、负责，教学观念的先进、科学、现代以及教师专业能力的高超。

（三）抛砖引玉

点餐是学生生活经验在学习活动中的具体运用，更能激起学生解决问题的欲望和学习的兴趣。在轻柔的音乐中，学生结合已有的学科知识、积累的生活经验、个人的饮食习惯，认真审视，积极主动，轻松愉快地完成了点餐过程。面对教师有意选择的多荤菜和洋快餐两份菜单，学生明知营养肯定不合理，却"求通而未得，欲言而弗能"。至此，教师抛"学生点餐"之砖引"关注合理营养"之玉，"怎样吃才科学、才健康呢？"为学生在接下来"平衡膳食、吃出健康"的学习推波助澜，从而激发了学生探索知识的热情，激活了学生的思维，并最终促进了学生的发展。

三、实战策略

教育要与时俱进，培养创新人才，培养全面发展的人才。社会发展和教育发展亟须充满乐趣、充满智慧、充满生命、充满活力的课堂。

（一）激趣，进德修业

作为课堂教学的组织者、引导者、合作者，教师应正确把握自己的角色定位，尊重、关爱学生，不断加强学习，提高道德修养，锤炼自身素质，转变教学观念、改进教学技巧，提升教育能力。教师要通过精湛的课堂教学艺术，创设学习情境，激发学生学习兴趣，培养创新思维，最终促进学生主动发展、个性发展、全面发展。

（二）激趣，卓有成效

课堂激趣是课堂教学中一种高效的学习方法。根据激趣趣味性、和谐性、激励性、活动性等特点可知：新鲜型、趣味型、专业型、神秘型、感人型的激趣类型最吸引学生，疑问类、导入类、活动类、评价类、比赛类、情境类的激趣方法，理解、尊重学生的差异。总的来说，课堂激趣有利于帮助学生培养学习兴趣，树立自信心，激活思维，张扬个性，能够提高学生实践能力和探究能力，促进其主动发展、个性发展和全面发展。

（三）激趣，展翅飞扬

作为课堂学习的主体，学生养成良好的学习习惯，有利于自觉树立终身学习的观念。在趣味的课堂中积极主动学习，快乐学习，有利于学生养成善于质疑、乐于思考、勇于探索、敢于创造的良好学习习惯，让个性得以自由张扬。

（四）激趣，教学相长

教师、学生、学科内容和教学资源四个要素，在课堂教学中不可或缺、相得益彰。特别是教师与学生，在课堂活动中，大家相互学习、相互影响、相互促进、共同提高，并最终达到师生共同发展的目标。

第一章

制造悬念，创生智慧

　　成功的教学需要激发学生的学习兴趣。悬念犹如一个巧妙的魔术，能够有效调动学生学习的积极性和主动性，激发学生积极思维，使外部要求转化为内部需要，提高学生学习的实效性。比如，于漪老师教学《木兰诗》一课结束时，突然出现了一个意想不到的情况。

悬而待决①

　　学生问她"同行十二年，不知木兰是女郎"怎么可能呢？理由是："跋山涉水总要洗脚，虽不是实数十二年，总是时间很长，鞋子一脱，小脚不就出来了。怎会不知是女的？"她指出北朝时女子还没有裹小脚。谁知学生异口同声地问："那么，什么时候女子开始裹小脚的呢？"她被问住了，答不上来，这是她怎么也想不到的。面对这突如其来的问题，她没有责备学生，反而表扬学生善于思考，敢于提出问题，并且真诚地承认自己不知道，表示要和同学一起去查找资料，寻找答案，从而激发了学生的学习兴趣，赢得了学生的尊重。

　　充满好奇、敢于质疑是思维发展的源泉，是人类前进的动力。于漪老师在课堂教学中充分尊重学生，表扬学生敢于提出问题，并与学生一起寻求问题答案的行为，保护了学生的求知欲。老师坦诚、务实的精神赢得了学生的尊重，激发了学生探索知识的热情，更促进了学生思维的发展。

---

① 于漪.《木兰诗》"旁逸"艺术二则［J］. 中学语文教学，2008（12）：16. 题目为作者所加。

课堂上，有些教师善于提出令人感兴趣的话题，但又故意引而不发，或巧设疑问，或鼓励学生质疑，或引疑推导，制造悬念，从而吸引学生对问题的高度关注，进而学生自主探究，从自己独特的人生感受去表达对问题的理解，形成自己的情感态度与价值观。华罗庚说："人之所以可贵，在于能创造性地思维。"教师要善于制造悬念，以激发学生的学习兴趣，促进学生的深入思考，放飞学生的不同个性，使学生获得充分的发展，创生非凡的智慧。

第一节　巧设疑问，启迪学生的创新思维

一、求异创新：巧设疑问的意义

教育要以培养学生的创新精神和实践能力为重点。要培养学生的创新素质，就要千方百计地启迪学生的创新思维。所谓创新思维，是指不受现有的常规思路约束，运用已有的知识和经验，以新颖独创的方法解决问题的思维过程。通过这种思维突破常规思维的界限，以超常规甚至反常规的方法、视角去思考问题，提出与众不同的解决方案，从而产生新颖的、独到的、有意义的思维成果。

爱因斯坦指出："创新思维是一种新颖而有价值的，非传统的，具有高度机动性和坚持性，而且能清楚地勾画和解决问题的思维能力。"创新思维不是天生就有的，它是通过人们后天学习和实践而不断培养和发展起来的。

在教学过程中，教师要善于挖掘教材中蕴含的创造性因素，巧妙地设计并适时地提出新颖别致的、能唤起学生共鸣的疑难问题，鼓励学生利用现学的知识，结合已学知识去创造、去探索，全方位、多角度地思考问题，引导并培养学生在保持独立思想的基础上，积极求异，通过自己的探究与能力解决新问题。这样，学生不仅掌握了新的知识，而且他们的创新思维和实践能力也得以真正提高。

教师只有善于巧设疑问、适时引导，方能培养学生勤于思考，敢于质疑、善于探索、富于联想、勇于创新的精神，并最终达到培养和提高学生创新思维的目的。

二、四项原则：巧设疑问的注意事项

课堂教学是围绕某一特定教学内容而展开的，是为了达到让学生通过自主探索、合作探究、解决疑难问题的学习过程，培养学生求异思维、创新思维的目的。这就意味着课堂教学的过程是激疑、释疑的过程。因此，教师必需精心设置问题。具体来说，设疑应坚持实效、梯度、适时、角度这四个原则。

（一）实效原则

设疑的实效性是指教师在设疑时要注意几点：一是要注意问题要围绕着教学目标的要求、紧扣教学内容而设置；二是所设置的问题要具体、清楚，不能含糊不清，不能大而空，不能偏离学习目标，要有一定深度，能激起学生探究的欲望，从而有兴趣解决问题；三是问题要符合学生的认知规律，不能超越学生的现有知识、思维的实际水平，要循序渐进，还要注重时效性，只有这样，学生才能结合已有知识解决问题，并在解决问题中发展思维。

（二）梯度原则

教育要面向全体学生，促进学生的个性发展，全面发展。教师在设置疑问时，要根据学生的认知水平与心理状态，因材设疑、分层设疑、从浅到深、从简到难、梯度推进，让每个层次的学生都能得到锻炼，得到发展。

（三）适时原则

设疑的适时性包含两层意思。一是把握时机，二是控制频率。问题提出所要达到的效果与提问时机有着直接的必然的关系。当学生求而未得，正苦思冥想时，也许教师一个适时的、启发式的问题就能让学生有"柳暗花明又一村"的豁然开朗；当学生正为自己解答了数学难题而高兴不已时，也许老师一个适时的、引导式的问题又能让学生因尝试到与众不同的解题方法而欢呼雀跃。总之，什么样的问题应在什么时机提出，要讲究提问的艺术性，讲究课堂的生成性，教师要因时提问，恰到好处，在合适的时机提出问题，才能达到事半功倍的效果。

当然，我们还要控制好提问的频率，不能为了提问而提问。一堂课下来，如果都是师生之间无须任何思考的一问一答，表面上看着热热闹闹，实际上学生只是机械地回答着课本已有的答案，何谈学习效率呢？教师要根据学习的内容，根据学生的实际，根据课堂的生成，科学合理地安排并控制好提问的次数，做到适时适度。

（四）角度原则

设计疑问的内容要从广度和深度这两个角度去思考。只有在原有学习内容的基础上横向拓宽与之相关的知识含量，纵向挖掘学生解决问题的创造思维，广中求深，才能激发学生学习的兴趣、探索的热情，才能发展学生思维，促进学生的全面发展。

三、机智灵活：巧设疑问的策略

著名教育家陶行知先生说："发明千千万，起点是一问。"教师在教学过程中巧设疑问，不仅能激发学生的学习兴趣，使他们在无数奇妙而又陌生的知识海洋里思索、探究，从而不断活跃思维、开拓思维、积极思考；同时还能培养学生分析问题和解决问题的能力，更好地把握所学知识的难点，加深对所学知识的理解。"打开一切科学殿堂的钥匙毫无疑问是问号。"设疑问难在教学中起着重要作用。

（一）悬念设疑

古人云："学起于思，思源于疑。"恰如其分的悬念设计能激起学生浓厚的兴趣和强烈的求知欲，促进学生积极思维。

教　学　案　例

李时珍夜宿古寺①

上课了，语文老师走上讲台，拿起粉笔在黑板上写了如下一组数字：

30　200万　52　1892　10　百

师：同学们，来，我们一起读读这组数字。

同学们你看我，我看你，个个露出惊讶的表情，发生什么事了？

师：读了这组数字，你们有没有什么疑问？

生1：我们这节是语文课，又不是数学课，老师为什么让我们来认读数字呢？

生2：这些数字跟我们这节课要学习的语文课有什么关系吗？

---

① 佚名.《李时珍夜宿古寺》教学入题导语［EB/OL］.（2011-05-06）［2014-12-25］. http://new.060s.com/article/2011/05/06/336854.htm. 本文略有增删。

师：问得好。光读这些数字确实让人弄不懂，如果把这些数字放在这样的一段话里面，你们就会明白一些了（多媒体出示）：

有这样的一部书，用了30年的时间写成，全书近200万字，一共52卷，记载了1892味药，先后被译成拉丁、法、日、朝、德、英、俄等10余种文字，流传全世界，被称为中国古代的百科全书。

师：请同学们再读一读，说说你的感受。

生3：我觉得这部书太不平常了。

生4：我感到有一点自豪，因为这是一部中国人写的书。

生5：我想知道这是什么书？是谁写的？

师：是的，今天，我们就来学习一篇课文，《李时珍夜宿古寺》。

好奇心，人皆有之。强烈的好奇心会增强学生对外界信息的敏感性，激活学生的思维。悬念式设疑是借鉴说书人"欲知后事如何，且听下回分解"的奥妙，故意设置悬念，紧紧吸引听者的注意力。这种技巧运用于新课的导入中，以悬念为引起学生好奇心的触发点，使学生产生一种强烈的探究渴望，非要追根究底，弄个水落石出不可。

在《李时珍夜宿古寺》一文的导入过程中，老师用数学学科的知识——一组数字设置了悬念，语文课怎么上成数学课了？这些数字跟今天的课有什么关系呢？这就构成了"悬念"，点燃了学生的好奇之火，激发了学生的求知欲，学生们总想解开这个"谜"，从而形成了学习的动力。老师抓住学生焦虑、渴望和兴奋的心理需求，出示了一段话，使学生有豁然开朗的愉悦。而解疑之后学生再次产生的疑问（我想知道这是什么书？是谁写的？李时珍用30年的时间才写成功，那他一定吃了许多苦，一定有许多让人感动的故事吧？）又充分调动了学生思维的积极性，使学生的注意力更加集中，从而产生了良好的教学效果。

悬念式设疑切入教学，可以激发学生的求知欲望，从设疑到解疑，是知识讲授的渐进过程。但要注意各种切入方法应穿插使用，不断创新。如果翻来覆去总用一种方法，学生就会大倒胃口，教学效果是不会好的。只有巧妙而适度地创设悬念，才能使学生积极动脑、动手、动口，去思、去探、去说，从而主动进入良好的学习情境，主动思维，积极获取知识。

（二）分层设疑

苏联教育家巴班斯基指出："教学应遵循可接受原则。要求教学的安排要符合学生的实际学习的可能性，使他们在智力、体力、精神上都不会感到负担过重。"美国教育家布鲁姆也认为："世界上任何一个能够学会的东西，几乎所有的人也能学会——只要向他们提供了适当的前提和适当的学习条件。"[①]

宋代的朱熹说："孔子教人，各因其材。"学生是学习活动的主体，教师若要学生自主参与到学习活动中，就要根据学生的个性差异、综合基础的差异以及学生接受能力的差异而分层设计疑问，使不同层次的学生都能在自身已有知识的基础上得到充分的发展，从而增强学生学习的自信心，促进学生智力因素与非智力因素的和谐发展。

分层设疑是面向全体学生、尊重学生个性差异、因材施教，是不同学习基础、不同认知水平的学生都得到发展的有效途径。基础简单的问题，学困生解决了，可以使他们增加学习信心，体会成功的愉悦，学习更加自信；运用记忆力、注意力、思维能力等智力因素解决较难问题，可以使中等生思维更加活跃，思维活动更深更广；而加强思维深广度问题的设计，则可以促使优等生多方位、多角度地思考问题，培养其创造性思维。

分层设疑，老师设置的问题要难易适中。问题设计太容易、太简单，学生不用开动脑筋思考就可以回答出来，这样学生会感觉乏味，提不起学习兴趣，自然也就达不到学习效果；问题设计太困难、太复杂，学生百思不得其解，这样学生会感觉吃力、厌倦，提不起学习兴趣，一样达不到学习效果。所以，老师要设计合理有效的疑问，为不同层次的学生创造更多思考的条件和更多获得成功的机会，激励各层次学生朝着有利于自己的方向努力。

（三）递进设疑

递进设疑是为了完成教学目标，通过设计一些具有一定深度和拓展延伸的递进式问题，形成环环相扣的问题链，步步深入，启发学生进行多元的、多角度的、多层次的探索和发现，让学生的思维过程在探究活动中得以充分展示，达到发展学生独立思考与创造性思维的目的。

---

① 杨小丽，尊重在美国阅读教学中的体现 [J]. 河北教育（德育版），2014（4）：44-45.

教学案例

光的折射①

1. **学生实验**

(1) 会在水中"弯折"的筷子。

(2) 会在水中"上浮"的硬币。

师：为什么会发生这样的现象，实验中光的传播路径是怎样的？

2. **探究学习**

(1) **活动一**：观察光从空气射入水中时的情况。

A. **实验呈现**

之一：取一水槽，不装水，将一线光源固定，光斜射时，发现光是直线传播的。

之二：往水槽中倒水，发现光线偏折了。

师：同学们，你看到了什么样的现象？反射现象和折射现象可同时发生，反射定律说明了反射现象的规律，那么折射现象中有什么规律呢？

学生互相讨论、交流，参照光的反射规律提出猜想。

B. **师生探究**：光在由空气进入水中及由水中进入空气中遵循的规律。

师生实验之一：光由空气中进入水中的情况。入射光分别以 60 度、50 度、20 度的入射角入射，最后入射光垂直射向水面。学生观察，读出折射角的度数并填入相应表格中。

师生实验之二：光由水中进入空气中的情况。

……

师：由实验现象及表格分析，光在由空气进入水中及由水中进入空气中应遵循什么样的规律？能得出哪些结论？

(2) **活动二**：探究光通过玻璃砖时的折射规律。

师：光从空气斜射向玻璃砖时，光线将会怎样传播？试画出你猜测的光路图。

---

① 施邱瑾.《光的折射》教学实录 [EB/OL]. (2011-10-18) [2014-11-02]. http://xgcz. edu. rdedu. net/bumenchushi/zhengjiaochu/2011-10-18/229. html. 略有改动。

师生实验之三：光由空气进入玻璃的情况及光由玻璃进入空气中的情况。学生观察实验现象，修正自己的猜想，进行分析总结。

师：同学们，能不能根据以上的实验活动，总结出光的折射规律？

生1：当光从空气斜射向玻璃（或水）中时，折射光线偏向法线方向，折射角小于入射角。

生2：当光从玻璃（或水）斜射入空气时，折射光线偏离法线方向，折射角大于入射角。

生3：入射角增大时，折射角也增大。

生4：当光垂直射入玻璃（或水）中时，传播方向不变。

生5：当光从一种介质射入另一种介质时，折射光线、入射光线和法线在同一平面内。

生6：折射光线和入射光线分别位于法线两侧。

······

教师为了突出教学重点，达成教学目标，由"在水中会'弯折'的筷子和在水中会'上浮'的硬币"巧妙而自然地设计了一系列问题，引疑出"为什么会发生这样的现象，实验中光的传播路径是怎样的？""反射现象和折射现象可同时发生，反射定律说明了反射现象的规律，那么折射现象中有什么规律呢？"这两个问题，吸引学生兴趣，激发学生的探究欲望。接着师生合作，通过"光在由空气进入水中及由水中进入空气中"的探究实验活动，学生亲自操作，亲身体验，亲历解决问题的全过程，解决了老师提出的"由实验现象及表格分析能得出哪些结论"这一问题。设计"光从空气斜射向玻璃砖时，光线将会怎样传播"这一问题，教师创设"光从空气斜射向玻璃砖"的探究实验活动，让学生多角度、多层次认识光的折射。最后，"能不能根据以上的实验活动，总结出光的折射规律？"则是学生由直观操作到抽象理论的归纳总结，水到渠成地轻松解决了这一课的教学重点、难点。

这五个问题，看似随意，却层次鲜明，系统性强，一问接一问，问问相连，环环紧扣，步步深入，层层递进。学生在思索、探究、解决这些问题时，将自己在实验操作中的眼所见、手所做、脑所思进行回忆与建构，使学生的思维经历了一个从模糊到清晰的过程，产生了质的飞跃，从而启迪学生的思維向更广更深发展，并最终达到发展学生独立思考能力与创造性思维的目的。

"递进设疑"所设问题一般恰是教学重点、难点，设疑时应该尽量避开大而空、深而难的问题，否则学生会无所适从，找不到切入点，也就无探究兴趣了。

（四）留空设疑

爱因斯坦说："一切创造都是从创造性的想象开始的。想象比知识更重要，因为知识是有限的，而想象力概括着世界上的一切，推动着进步，并且是知识进化的源泉。"留空式设疑，就是教师在教材言而未尽之处，让学生根据教学内容进行合理构想，加以想象补充，发散学生思维，这既是全课的终结，又是学生参与的起点、余味的延伸。

教学案例

此时无疑胜有疑①

解决问题：一个篱笆正好围出一个长 9 米、宽 6 米的长方形菜地，如果用它围出一个最大的正方形菜地，这个正方形的边长是多少米？

……

师：有疑问吗？

生：老师，我有问题。如果篱笆有一边是靠墙的，这个正方形的边长还是 7.5 米吗？

一石激起千层浪。

"是啊，是啊。"

"题中没有这个条件，怎么能这样做呢？"

"可也没有说不能靠墙啊！"

这不是一个难得的教学契机吗？它不正可以激发和挖掘学生的创新思维吗？

于是，我请学生说说这样的计算方法。

生：如果篱笆一边靠墙，那么篱笆的总长就是 $9+6+6=21$（米），正方形的边长就是 $21\div3=7$（米）。

---

① 李琴. 教师如何让课堂更加生动有趣 [M]. 长春：吉林大学出版社，2010：89. 本文略有删节，题目为作者所加。

师：真能干，还有别的想法吗？还有多少种可能呢？同学们先相互讨论，等下再汇报自己的想法做法。

课堂上，学生兴趣盎然，热烈讨论，除了刚才说的长方形的长边靠墙外，最后还得出了以下两种可能：

一是长方形的短边靠墙；二是长方形一长一短两边靠墙。

当有的学生提出长方形可能有两长边或两短边靠墙，又或者三边靠墙的时候，有学生马上反对："这和问题的条件中篱笆有长有宽相矛盾。"

……

"还有多少种可能呢？"这个留空设疑，是培养学生创造性思维的最佳时机。这一留空设疑，激起了学生浓厚的兴趣，学生由此及彼，创造性思维很快就活跃起来了：有的学生想象既然有一边靠墙，那应该是哪一边呢？是长方形的长边还是短边呢？如果长边靠墙，正方形的边长是多少？如果短边靠墙，正方形的边长又是多少？学生通过想象、分析、推理，得出了正方形在不同条件下的边长。有的学生想象长方形的一长一短两边都靠墙，还有的学生想象可能两条长边或两条短边靠墙，又或者是三边靠墙……学生结合合理的想象因素，展开想象的翅膀，发散思维，通过想象去填补留空处，既开拓了思路，又使自身的创造性思维得到了锻炼。

留空设疑要问得令人深思，留下空白，留下余味，从学生角度考虑，要让学生感到，问题既结束了，又似刚刚开始，让学生运用发散思维进行再创造、再补充，从而发展学生的创新能力。

第二节　鼓励质疑，关注学生的求知动机

一、胸有成竹：质疑的定位与目标

（一）质疑在课堂教学中的定位

学生是学习的主体，教师必须根据学生身心发展和学科的特点，爱护学生的好奇心、求知欲，鼓励学生自主学习、自由表达，充分激发他们的问题意识和进取精神，关注个体差异和不同的学习需求，积极倡导自主、合作、探究等学习方式。教学内容的确定，教学方法的选择，评价方式的设计，都

应有助于这些学习方式的形成。

在教学过程中，教师和学生是构成教学的主要因素，但两者的地位不同：教师是主导，为学生的"自学"服务；学生是主体，为教师的"不教"而学。然而纵观很多课堂教学，我们发现很多教师非常权威、非常强势地掌控着课堂，学生一直都是被动地围绕着老师的问题团团转，被老师的问题所牵制。课堂的大部分时间都是教师按照教学预案提问，而忽视了激发学生的问题意识，忽视了对学生质疑问难的指导和培养。课堂上这样长久的、机械的师生问答，只会导致学生不敢提问，不会提问，从而导致消极被动学习的产生。

鼓励学生质疑问难，正是以学生为主，发展学生自主学习，体现学生主体地位的重要教学方式。教师应善于利用学生已有的知识，关注学生的求知动机，激发和鼓励学生质疑问难，给予学生足够的学习自由和学习时间，确保学生在课堂学习中的主体地位，激发学生的探究精神和进取精神，使教师的"教"真正有效地为学生的"学"服务。

（二）质疑在课堂教学中的目标

苏霍姆林斯基说："在人的心灵深处，都有一种根深蒂固的需要，这就是希望自己是一个发现者、研究者，在儿童的精神世界里，这种需要特别强烈。"在课堂教学活动中，鼓励学生质疑问难，可以激发和爱护学生的好奇心和求知欲。学生每一个问题的提出，都是学生自觉自主自愿参与学习的过程。学生提出的问题愈多，好奇心愈强，兴趣愈浓，注意力就愈集中，思维就愈活跃。这样学生会学得更加主动，更加深刻。

巴甫洛夫说过："猜疑，是发现的设想，是探索的动力，是创新的前提。"学生思维的发展、思维的创新从问题开始。鼓励学生主动探究，提出质疑，发挥学习的主体能动性，可以挖掘他们的思维潜能，培养他们的创新意识，为他们将来的自我发展奠基，并帮助他们适应未来社会发展的要求。

二、以诚相待：鼓励诚心诚意有耐心

（一）殷切鼓励学生的质疑

美国的布鲁巴克认为："最精湛的教学艺术所遵循的最高准则就是让学生自己提出问题。"在课堂教学中，教师常可以发现这种现象，学生在学习过程中，其实心中都会有一些疑难问题，可有的学生常常懒于思考，不开动脑筋，从不提出问题；有的学生因为胆小、害羞、紧张、恐惧而不敢把问题提出来。这时，教师就要鼓励学生大胆提问。只要学生能够提问，不管提出的问题好不好，得不得要领，都要称赞他们，对他们的表现给予充分的肯定，鼓励他们敢于质疑问难，提高他们的自信心。

鼓励学生，教师可从口头语言和体态语言两方面进行：

一方面是口头语言鼓励。在教学过程中，教师用："别紧张，慢慢说。""表扬你，今天敢于举手提问，这就是开动脑筋，认真学习的表现。""你真棒，敢于对这个问题提出质疑。""你真聪明，提出了这么有意义的问题。"……教师的一句安慰、一句称赞、一句肯定，渗透着老师对学生的包容、期待、信任及尊重，会让学生从内心对教师充满敬爱，从而使学生对学习鼓起勇气和树立信心，并保持一种积极向上的乐观情绪和努力探索的强烈愿望。

另一方面是体态语言鼓励。在教学过程中，有些学生站起来提问时，常会因为害羞、紧张而说话结巴不自然，或因为心里没底不敢提出问题，这时教师一个和蔼的微笑、一个信任的眼神、一个满意的手势或走到学生身边给予一个轻柔的拍肩，都传递着教师对学生的浓浓爱意，让学生感受到教师的温情。教师在教学中恰当运用体态语言（如手势、眼神、面部表情、人际距离和自身动作等）向学生传递关爱的信息，学生的紧张感可能会马上消除，继而振作精神，坚定信心，勇于发问。

（二）诚意解答学生的疑问

人与人交往应该以诚为本。教学过程的本质是一个教师与学生互动的交往过程，教师更需要时时刻刻记住以诚为本的基本原则。

以诚为本在质疑活动中其实就是以人为本，这主要表现在教师解答学生的问题时的诚心实意。具体包括：重视学生提出的问题；解答问题时语气平和、认真、仔细、有效；对暂时不能解答的问题可以先跟学生讲清楚，课后探讨研究后再答复学生。这样可以促使师生双方坦诚相待，老师信任学生，学生尊重老师，自然地学生必然擅于质疑且敢于提问。

（三）耐心倾听学生的疑问

认真倾听别人讲话是一种礼貌、一种尊重、一种优秀品质。耐心倾听、善于倾听、乐于倾听是教师应具备的基本素养，是教师的责任和义务，也是优秀教师的基本条件。课堂上，对于学生提出的疑惑问题，无论是对还是错，是多还是少，说话是流利顺畅还是断续含糊，教师都要专心、耐心地倾听，并把学生提出的疑难问题记录下来。只有这样，学生才会觉得自己得到了认可和尊重，关爱和赞赏，才会享受其中的快乐，才会激起更强烈的自信心，激发更强烈的质疑的欲望。

三、内容为王：质疑的问题有讲究

"学起于思，思源于疑。"任何的思考都是从疑问开始的，疑问是获得知识的前提条件。"小疑则小进，大疑则大进。"学生有了质疑的胆量与兴趣，但教师常常遇到这样的现象：有的学生提的问题完全不需要回答；有的提不出有思考价值的问题，或者提出的问题很零散，与教学内容要求不贴近，等等。而对于这些情况，教师既不能不加理会，更不能对学生横加指责、冷嘲热讽，因为这样会打击学生的积极性，扼杀学生的进取心。教师应该相信"提出一个问题往往比解答一个问题更重要"，要引导学生学会有效质疑，达到问得巧、问得精、问得新、问得有思维价值的质疑水平。只有这样，才能启发学生思维，发展学生智力，学生才敢用质疑的精神观察和思考问题，探究未知，才能敢言别人所未言，敢做别人所未做，敢向一些规律、定律、权威挑战，主动向未知领域做新的探索，并最终使创新思维获得发展。

（一）从课题发问

从课题入手，引导学生进行质疑，是教学中不可忽视的一个环节。可以利用学生已有的知识和生活经验，引导学生对课题进行多角度、多层次发问，审视题目中透露的信息、内容、思想，发现问题，探求新知，提高学生的质疑能力。

教学思品《自觉遵守公共秩序》一课，教师为了培养学生发现问题、提出问题的能力，引导学生齐读课题后提问题。学生由课题提出的问题有："什么是公共秩序？""生活中有哪些是公共秩序？""为什么要遵守公共秩序？"……问题一提出，大家都很感兴趣，并结合自己在日常生活中的实际体验，畅所欲言，众说纷纭。质疑，从课题入手，紧扣题眼，激发学生的学习兴趣，从而培养学生的发散性思维。

教学语文《爱护名胜古迹》一课，学生根据课题，提出的问题有："什么是名胜古迹？""我国有哪些名胜古迹？""为什么要爱护名胜古迹？""如何爱护名胜古迹?"于是，学生纷纷结合自己旅游生活、观看电视、阅读报刊书籍所经历到、所学习到的知识，各抒己见，相互探讨，自觉增强了爱护名胜古迹的意识和对伟大祖国的热爱之情。

（二）从问题发问

在七年级生物实验课"植物蒸腾作用"中，教师设计如下情境：

一株玉米从苗到结果实的一生中，大约要吸收200千克以上的水，大致情况如下：

生长期中总吸水量	204228 克	100.00%
作为组成成分的水	1872 克	0.92%
维持生理过程的水	250 克	0.12%
	202106 克	98.96%

上面的课例中，教师提供内容，先让学生看表格，然后让学生提问题，学生提出的问题有：

（1）约99%的水哪儿去了？

（2）水是以什么状态散失呢？

（3）水从哪儿散失？

（4）为什么植物体内的水能往高处流？

（5）大量的水分散失对植物体和环境有什么意义呢？

……①

这是一节实验探究课。上课开始，教师设计一个与实验目的相关的问题情境，通过问题情境，引发学生思考，引导学生主动提出问题，诱导和启发学生改造、重组和重新解释他们自己的经验和知识，不断发现尚未解决的问题，极大调动了学生探究的兴趣和热情，培养了学生可持续学习和创造性学习的能力。

---

① 陈锋，杨丽娟. "植物蒸腾作用"实验性探究的设计 [J]. 生物学教学，2001（8）：30.

（三）从矛盾处发问

矛盾无处不在，无时不有，学生能够发现矛盾，就能发现问题。教会学生在矛盾处质疑问难，引发学生认识分歧，能有效调动学生思维，潜移默化地提高学生质疑问难的能力。比如：

教学高中政治《社会必要劳动时间决定价值量》一课，当讲到社会必要劳动时间决定商品的价值量时，有学生提出了质疑："既然劳动生产率越高，商品的价值量反而越低，那么，为什么商品生产者还要提高劳动生产率？这样不是反而吃亏了吗？"

这个耐人寻味的矛盾很有效地调动了学生思维，引发学生认识分歧，并让学生自觉地从文中寻找解决问题的答案，从而加深了对"价值总量与社会劳动生产率无关"的理解。

（四）从关键处发问

在知识关键处精心创设问题情境，引导学生在必须掌握的重点或必须突破的难点处进行讨论，可以启迪学生的思维，培养学生的问题意识。比如：

在教学《将相和》一课，在学生自主学习"负荆请罪"时，学生对"蔺相如请病假不上朝，免得跟廉颇见面"和"蔺相如坐车出去，远远看见廉颇骑着高头大马过来了，他赶紧叫车夫把车往回赶"这些句段提出了质疑："蔺相如的职位比廉颇高，蔺相如有必要怕他吗？""在古代，等级制度那么严明，廉颇见了蔺相如还要作揖鞠躬呢，蔺相如为什么不跟他见面，还要避开他？""如果我是蔺相如，廉颇这么孤傲、不分尊卑，我一定让他下不了台！"

学生的这些问题问到了点子上，问到了关键处，牵一发而动全身，解决这些问题对理解全篇课文、体会文章感情有着非常重要的作用。围绕学生的质疑，教师引导学生结合上下文，通过相互辩论、反复推敲、逻辑分析，使学生认识到蔺相如为了国家利益宽容忍让、不计较个人荣辱的品质。这些关键问题的解决，使学生自然理解文章所阐述的"国家利益高于一切""和为贵"的主旨。

（五）从无疑处发问

"无疑者须教之有疑"，顾名思义，就是引导学生于无疑之处提出问题，并且通过综合分析、运用已有知识或借助同伴合作学习等方式，找到解决问题的方法。比如：

在教师教授"圆柱体的表面积"时，先要求学生用硬纸板做一个底面半径 3 厘米，高 10 厘米的"饮料罐"。学生在操作过程中自然产生了问题：侧面积不知道用什么形状的纸来围？教师先引导学生观察圆柱形物体，并展开想象，然后，教师指导学生反复演示圆柱体侧面展开图的学具，使学生明白了"圆柱体侧面展开得到的是一个长方形"的道理。当学生正要动手制作时，又引发了一个新问题：围成的长方形纸长究竟应该是多少呢？此时，教师因势利导，鼓励学生探究出"圆柱体的长就是长方形的长"的道理。由于教师平时善于激发学生运用多种策略解决问题，这时学生就不满足一个答案，又提出了新的问题：能不能用其他的图形纸张如平行四边形、正方形来围成圆柱体？一石激起了千层浪，学生很快就进入操作探索之中，且探索出"平行四边形的底就是圆柱体的底面周长，高就是圆柱体的高"的道理。同样，探索出正方形与圆柱体侧面积的关系。①

这节数学课，学生的主体作用得到了充分发挥。学生在操作过程中，在知识的重点处发现问题："圆柱体的侧面用什么形状的纸来围？""围成的长方形纸长究竟应该是多少？"为了解决这些问题，学生在教师的引导下，利用学具实验，通过操作、演示、观察、合作探究、自主发现，得出了"圆柱体侧面展开得到的是一个长方形"和"平行四边形的底就是圆柱体的底面周长，高就是圆柱体的高"的认识。更让我们惊喜的是，学生在无疑处求疑质疑："能不能用其他的图形纸张如平行四边形、正方形来围成圆柱体？"学生从新的知识点延伸出更多的相关知识，既加深了学生对重点知识的理解，又诱发学生从已有知识向新知识思考。学生的再质疑、再实验、再探究、再发现、再创造，开发了学生智力，提升了学生的创造性思维，发展了学生的创新能力。

培养学生质疑问难的能力不是一朝一夕就能形成的，教师只有真正体现

---

① 吴水香. 在小学数学教学中培养学生提问题能力的探索［EB/OL］.（2011-08-11）［2014-11-12］. http://www.fjzzjy.gov.cn/newsInfo.aspx? pkId=108101. 本文略有删节.

以学生发展为本的理念,给学生充足的主动提问的时间和空间,积极主动地培养学生的问题意识,激发学生强烈的探究动机,发展学生的个性,努力把"问题意识培养"作为教学中的常规,才能有效地培养和提高学生质疑问难的能力。

教 学 案 例

敢于质疑①

一年夏天,就读于监利县黄歇口镇中心小学的小聂利,到养蜂场玩耍的时候,偶然发现许多蜜蜂聚集在蜂箱上,翅膀没有动,却嗡嗡叫个不停。她不由得产生了怀疑:为什么书上说蜜蜂的嗡嗡声来自翅膀的震动,而自己所看到的蜜蜂翅膀已不震动却也嗡嗡叫个不停?于是她对书本上"蜜蜂靠翅膀振动发声"的观点提出质疑。于是她去请教自己的自然课老师邓从新。对小聂利的这个"怪"想法,邓老师没有否定嘲笑,而是鼓励小女孩自己去研究探索。于是小女孩开始了自己的实验探秘。她找来蜜蜂,把蜜蜂的双翅用胶水粘在木板上,用剪刀剪掉蜜蜂的翅膀,可蜜蜂仍然嗡嗡直叫。就这样,在邓老师的指导下,她交替进行了四十多次这样的实验,又用放大镜观察了一个多月,终于在蜜蜂的双翅根部发现了两粒比油菜籽还小的小黑点。蜜蜂鸣叫时,小黑点上下鼓动,用大头针捅破小黑点,蜜蜂就不发声了。经过反复的实验,聂利认定,蜜蜂真正的发声器应该是双翅根部下的两个小黑点,并撰写出科学小论文《蜜蜂并不是靠翅膀振动发声》。2003 年,小聂利的科学小论文获第十八届全国青少年"科技创新大赛"银奖和高士其科技创新奖,同时她还获得第六届宋庆龄奖学金。同年,聂利被武汉某媒体评为"武汉十大年度人物"。

聂利善于观察,善于发现问题,敢于质疑,有着难得的"不唯书,不唯上"的怀疑精神,有从常态中逆向思维的创造精神,有强烈、持久的主动探索愿望,有通过实践操作验证假说的科学精神。

---

① 刘成友,陈龙. 小学生聂利发现:蜜蜂并不是靠翅膀振动发声[EB/OL]. (2003-11-18)[2011-08-11]. http://www.people.com.cn/GB/keji/1058/2196033.html. 本文略有增删。

邓从新，湖北省监利县黄歇口镇中心小学的一位小学高级教师，1988年起专门从事自然课教学，连续三届当选为荆州市教育学会小学自然专业委员会理事，连续三届被评为湖北省优秀青少年科技辅导员，被湖北省人民政府授予"湖北省农村优秀教师"光荣称号。他指导了近200名学生在国家、省、市科技创新大赛中获奖，聂利便是其中之一。

邓从新老师积极听取和尊重学生的疑问，爱护学生的好奇心、求知欲，鼓励学生标新立异、另辟蹊径，不墨守成规，充分激发学生的主动意识和进取精神，培养学生积极主动、独立思考、勇于创新的精神，鼓励学生大胆猜测，不唯书、不唯上、不盲从。邓从新老师说："我非常喜欢学生提出'怪'想法，鼓励学生创新。在课堂上，我常提出一些问题让学生去独立思考，如棉衣能产生热量吗？怎样做能让一杯水的保温时间达到最长？另外，学生提出来有探索价值和研究价值的新点子，我就认真指导学生，让他们去一步步完成，聂利就是其中一个典型例子。"

科学家爱因斯坦说："我并没有什么特殊的才能，只不过是喜欢寻根问底地追究问题罢了。"世间很多有价值的发明创造，都是由于敢于质疑，敢于向权威挑战，勇于探索而造就，所以教师要让每个学生都敢于质疑、乐于质疑和勇于释疑，培养学生的问题意识，提高学生解决问题的能力，为学生可持续的学习和创造性的学习打下坚实的基础。

四、约法四章：质疑问难应注意事项

（一）坦诚相待

教师要真诚、民主、热情地告诉学生，非常欢迎大家质疑问难，并且不要怕被问倒。如果出现不能解决的问题，可以请教别人或查找书本寻求答案。

（二）有的放矢

教师要告诉学生，质疑问难要围绕着学习内容。虽然说为激发学生的兴趣，爱护学生的好奇心求知欲，对于学生提出的问题教师要耐心倾听并作答，但是在培养和提高学生质疑问难能力的过程中，教师要有意识地提醒学生，要认真听课，善于思考，挖掘学习内容中有意义的问题。有些过于显浅、毫无价值，或与学习内容无关的问题就不要提出来了，避免有的学生为了问而问，随随便便的"质疑问难"容易形式化、庸俗化。

（三）主次分明

教师要明确告诉学生，课堂学习的时间有限，在教师留出的质疑问难的时间里，如果通过自己的努力，或者借助参考书，或者通过跟同伴研讨就能解决的问题，就不必在课堂上提出。对于确实解决不了的疑难问题则要求学生条理清晰、声音洪亮地表达出来，让全班同学都能听到，以激起大家的思考，聚集体智慧解决问题。

（四）善待他人

教师要明确告诉学生，质疑问难时应该注意礼貌和教学秩序。"自尊者尊人，尊人者人尊。"教师尊重学生的人格，学生亦应尊重教师的人格。在教学过程中，教师民主、平等、尊重学生，允许学生思维撞碰时的插嘴提问。但在此过程中学生要讲礼貌，态度要认真。并且大家不能同时插嘴，七嘴八舌，争论不休，这样只会导致教学秩序混乱，质疑问难也就失去了它应有的作用和意义。

第三节　引疑推导，激活学生的智慧潜能

苏联教育家普希金教授说："好的教学方法应能培养学生深刻的、巩固的、自觉的知识，并能使学生听讲时，思维永远处于积极状态之中。"成功的教学就是让课堂充满问题，让问题充满思考，让学生的思维永远处于积极状态之中，让学生的智慧潜能得到充分激发。引疑推导教学法就是教师根据教材的结构特点，把握教材的内在联系，遵循学生的认知规律、知识水平和能力水平，将教材内容划分为一个个逐渐从浅到深、由表及里的问题，步步引疑，层层递进，为学生的"思"架桥铺路，引导学生通过阅读、观察、操作、思考、讨论、探究等有效途径解决问题，获得知识，培养学生的思维能力，发展学生的智力。

一、精心规划：定位清晰操作有目标

毋庸置疑，在具体做任何一件事情之前都应该做好计划。如果你认识到引疑推导教学法是教学过程整体结构中一个重要的组成部分，就不应该忽视

事先计划环节。其中，需要认清引疑推导的基本环节，明确引疑推导的定位与目标，并整合与协调引疑推导教学法与其他教学方法之间的关系。

（一）引疑推导的基本环节

一般来说，引疑推导大体分为四个环节：首先是明确要求，划分问题；其次是严密组织，创设情境；再次是引导思考，激发思维；最后是诱导归纳，系统总结。

1. 环节一：明确要求，划分问题

教师根据教学内容，确定教学目标，设计问题。备课设疑时，教师根据知识的重点和内在联系以及学生的基础知识、思维特点和能力，安排好"疑"的层次与坡度，精心设计有机联系的问题组。

2. 环节二：严密组织，创设情境

教师根据教情学情，创设问题情境，充分调动学生学习的内部动因，开展积极主动的思维活动，营造一种强烈的学习求知气氛。学生要明确老师提出问题的内容、意义，解决问题的途径、方法，从内心产生动力，做好解疑准备。

3. 环节三：引导思考，激发思维

这一环节，教师要根据设疑的步骤，步步引疑，引导学生由浅入深，由简单到复杂地发现、分析和解决问题，学生或在已知水平上延伸，或通过重组加工想象，或深层思考推理……巩固旧知识，获取新知识。这是让学生主动思考，进而激发思维发展、激活智慧潜能、整合内化知识并获得新知识的重要环节。

4. 环节四：诱导归纳，系统总结

教师诱导，归纳总结，知识系统化。

（二）引疑推导的定位与目标

1. 定位

教师在教学过程中引疑推导，主要是根据教学任务来选择。通过引疑，检查学生对已学知识、技能掌握的情况，开阔学生思路，启发学生思维，促进课堂教学的和谐发展。这个过程以学生为主体，充分发挥教师的主导作用，教师通过启发诱导，调动学生学习的积极性、主动性，使学生的思维始终处于积极状态，创新思维和实践能力都得到有效发展。

2. 目标

引疑推导旨在激发学生内在的学习动力，启发学生的思维活动，培养学生解决问题的能力，实现教师的主导作用与学生的自觉性、积极性的统一。

（三）引疑推导与其他教学方法的关系

教学有法，但无定法，贵在得法。教师在教学中引疑推导，这与前面所谈到的设疑、质疑等有着相通之处。教学可以一法为主，突出重点，再有机结合其他教学方法，多者有机结合，相辅相成，有主有次，自会相得益彰，达到课堂教学的最佳效果。

二、步步为营：制订计划步骤要详细

做事要有规划，否则许多工作都会没有条理，甚至没有断定标准。课堂教学也不例外，它通常需要我们在研究学习参与者特征的基础上，进行内容规划。

（一）了解学习参与者

1. 研究学习参与者的原则

我们在研究学习的各类参与者时，需要掌握四个基本原则：第一，所有学生必须被转变为积极的学习参与者；第二，应该将学习参与者理解为思想者、创新者；第三，学习参与者不应是被动的旁观者；第四，如何与学习参与者产生良好的互动是主要的切入点。

2. 描述学习参与者的类型

描述学习参与者的类型时，可以分为三类：学困生，中等生，优秀生。

学困生，一般指学习困难的学生。这些学生通常学习兴趣不高，学习不主动、不努力，学习内容狭窄，学习目标不高，学习水平较低，学习成绩较差。学困生在班上所占比例一般较小。

中等生，在学习中学习习惯不规范，懒于思考钻研，习惯听别人的回答，没有自己独立的见解，惰性明显。怕困难，缺乏进取的意志，容易产生满足现状的心理。这些学生概括水平不高，他们受定势思维的影响，思维不够敏捷，只能概括材料的表面特征，欠缺知识迁移能力，不能深入地概括出材料隐藏的、内在的、更深层次的内容。中等生在班上所占比例较大，一般占整个班级人数的 70% 左右。

优等生，学习兴趣浓厚，智力水平较高，成绩优秀。他们具有顽强的毅力和克服困难的勇气，往往具有远大的学习目标。学习上，他们具有敏锐的观察能力，好动脑筋思考，善于发现问题，挑战难题，思维活动积极，创新性的思维促进他们的智力向更高层次发展。优等生在班上所占比例一般较小。

3. 考虑学习参与者的需要

在了解了不同的学习参与者之后，教师在设计教学时就要充分考虑学生的学习需要。教师只有对学生了解越多，才能越投其所好，越能激发各类学习参与者的学习热情，进而更好地满足他们的学习需要。

（二）引疑推导的基本要求

1. 精心设计，注意目的性

教师在课前要进行提问的系统设计，所提问题要解决和满足学生学习需要，目标要清晰。有的教师对课堂提问把握模糊、随意，一堂课提出的问题或是太多太繁，或是过少甚至没有；有的教师引疑问题缺乏探究性，问题肤浅、呆板、机械，不能引发学生的思维活动。

2. 难易适度，注意科学性

教师要掌握引疑问题的难易程度，设计问题时要联系学生实际，注意层次和梯度。要根据问题的难易程度，确定回答对象，因材施教。问题难度过大，学生现有思维水平无法解决，认为反正动脑不动脑都答不上，就不愿动脑；反之，问题太容易，学生不加思索就能回答出来，也不能起到促进学生积极思维的作用。所以，引疑问题要切合学生的实际，由浅到深，环环相扣。

3. 探究思考，注意价值性

教学的重要任务是激发学生学习兴趣、启迪学生思维、激活学生的智慧潜能。课堂学习中，能引起学生认知冲突的问题，能触及学生内心体验的问题，能让学生从批判和参与决策的角度发生的问题和新颖别致的问题，往往容易引起学生深入探究的兴趣。这些疑问性、发散性的问题，富有意义、富有价值且最主要的是能激发学生的学习兴趣，促使学生产生主动探索的积极性。学生深入思考，能够锻炼思维能力，并最终达到发展发散性思维、求异性思维、探索性思维的目标。

4. 因势利导，注意灵活性

引疑推导是指教师根据教学内容及目标预设问题进行引导。教学活动是师生的互动，是思维的碰撞，是动态生成，是千变万化的。有时在教学过程中师生思维的碰撞会生成比教师预先设计的问题更有意义、更有价值、更充满智慧的问题。这种情况下，教师要及时抓住生成的问题展开教学。教师在提问时要注意运用教育智慧，不能不顾课堂情况的生成变化，生搬硬套课前设计好的问题，要根据学情的变化情况，改变策略，因势利导，灵活提问。

5. 正确评价，注意鼓励性

提出问题后，有的教师千方百计"引导"学生一字不漏地说出教师预先设定的答案，这无形中局限和压制了学生的思维。有些问题的答案是开放性的，不是唯一的。教师要具有相当的专业水平，在学生回答完问题后，要以保护学生思维积极性为宗旨，对回答正确又有独到见解的学生，及时给予肯定和赞扬；对于回答不够全面的学生，除鼓励其积极思考外，更要明确指出其不足并提出期望，而不能模棱两可，一味迁就。

6. 面向全体，注意广泛性

每一个问题的提出，都必须面向全体。对于较有难度或难度较深的问题，学困生可能解答不出。这时，教师在提问个别学生时，注意提醒其他学生认真听："现在请某某同学来回答，其他同学注意听他的分析回答，然后说说自己的看法。"这样所有学生的注意力就会集中到倾听和积极参与思维的学习活动中，学困生也有机会参与整个过程。这就照顾到了全体学生，使回答的学生和旁听的学生都积极动脑，得到不同的发展。

7. 充足思考，注意时间性

课堂上，要避免提问流于形式。教师要根据问题的难度、学生知识掌握的情况，给学生留有充足思考和发挥的空间和时间，使学生的思维能够在思考问题中得到训练、得到提升，从而提高学生分析问题、解决问题的能力。

（三）引疑推导的内容设计

教学活动的一般目的是充分激发学生自身的潜能，促进学生积极有效地学习，使学生变得好学、会学，获取知识，形成能力。这就要求作为学生学习活动的组织者和指导者的教师在引疑推导时，努力为学生创设有效学习的环境，使其观点在自己的群体中得以表达，并能从中享受成功的喜悦，使其感到自身被尊重、被赏识，进而激发出强烈的求知欲和自信心，最终促进学生潜能的最大发展。

具体来说，教师应该根据学生以下三种特征，进行内容设计。

1. 再现性

此内容的引疑推导是针对学困生而设计。备课时，教师要在充分研究教材的基础上，做好以下几项工作：首先，要认真钻研教材，明确教学目标和教学重点；其次，根据学困生的个性差异和接受能力，把教材处理到接近学困生的"最近发展区"；再次，备课时要考虑学困生心理方面的因素，设计能激发学困生学习动机和学习兴趣的教学方法；最后，引疑问题的设计要难易适中，太容易了，激发不起学困生学习的兴趣，太困难了，他们又无从下手，雾里看花，只能引发他们更加消极的情绪。引疑推导可以介乎表象与抽象之间，应注重基础性，要能启发学生思维，能再现所学习过的内容或巩固所学习过的方法，增强记忆。只有符合学困生的能力水平，才能促进学困生的学习兴趣并逐步激发他们的智慧潜能。比如：

中学地理分析由赤道向两极的气温变化规律及其原因，教师结合"世界年平均气温分布图"，根据学困生的学习特点，设计了如下问题：（1）在"世界年平均气温分布图"上读出赤道和赤道以北的等温线的值；（2）这些数值由赤道向北怎样变化；（3）用同样的方法说说赤道和赤道以南的等温线的值，并分析这些数值变化的情况；（4）这种变化说明南半球和北半球的气温在空间上如何变化？

这四个问题中，前面三个较为直观形象，学生只要认真看图，稍作思考就可得出数值的变化情况，而第四个问题则属于根据表面现象分析内在原因，切合学困生的"最近发展区域"，学生只要"跳一跳"，就可以解决这个问题。

2. 发现性

针对中等生安于现状、习惯听别人的答案及畏难的心理特点，引疑推导主要是帮助他们找到正确的学习方法，突出方法教学。让学生学会运用已有的知识经验进行思考，解决问题，从而提高思维能力。所以，在教学中，教师要把教材的训练目标分解成有梯度的连贯的几个分目标，拟订各层次教学要求，步步引疑，有效提问，鼓励中等生独立思考，通过自己独立的学习活动逐步解决问题，引导学生发展、完善认知能力和理解能力。教师要注意把握问题的策略，在知识的发生阶段和认识的整理阶段，让学生亲自参与知识的获得过程，进行知识建构。发现问题，发现方法，发现规律，养成正确的学习方法，提高学习能力。比如：

教学《草船借箭》一文，教学重点是体会、领悟诸葛亮的神机妙算。如果教师这样提问：如何理解诸葛亮的神机妙算？这个问题显然大而难，学生的思维会杂而乱。这时如果教师引疑提问：诸葛亮为什么主动立下军令状？诸葛亮为什么请鲁肃帮忙而不请别人？诸葛亮为什么在第二天的四更天出发？诸葛亮为什么叫船上的将士一边擂鼓一边大声呐喊？

这些问题步步引疑、环环紧扣，使学生透过表象，准确把握住了事物的内在联系，培养了独立思考的能力，提高了分析能力和概括能力。教师设计的引疑追问，也教会了学生在学习中要多问为什么，进而促使学生能够自己去发现问题，掌握学习方法。

3. 创造性

优等生智力水平高，思维活跃，接受能力和理解能力强，善于从事物的表象发现并解决内在蕴含的更深刻的问题。教师在引疑推导时，要适当适时地提问综合性、开放性或评价性问题，开阔学生的思路，开拓学生的知识面，帮助学生进行思维训练。学生运用已有的知识进行综合分析与应用，解决新的问题，培养发散思维、创新思维。教师在引疑推导时，要注意知识与能力并重，学习与创造并重，智力因素与非智力因素并重，只有这样，才能把学生培养成全方位发展的有创造力的人才。比如：

一位物理教师在讲完活塞运动的原理后，提出问题："活塞运动除了可以用于发动机，还可以干什么？""列举出你能想到的所有可以应用活塞运动原理解决的生活中的实际问题。"

这两个问题，是教师在学生掌握活塞运动的原理后，提出的综合性和开放性的问题，是物理在生活中的应用。简单的、生活中经常能看到的活塞运动，学困生、中等生都可以完成，而这个问题更重要的是培养了学生的发散思维，特别是优等生的创新思维。

第四节　实战案例：如何制造悬念，创生智慧

一、实战案例

百分数的意义①

师：黄老师让每位同学到生活中找百分数，找到的请拿出来。

生1：它在衣服标签上就有。

生2：在新闻联播上有播出。

生3：在书里有。

生4：在旅游景点有。

师：旅游景点怎么写的？

生4：就是，假如说今年比去年旅游的人多了50％。

生5：在牛奶盒上面有。

师：上面怎么写来着？

生5：上面写着牛奶的浓度是95％。

生6：在地图册上有。

生7：在旁边的座位和老师的座位上面有。

师：（侧身看老师座位）老师座位上有？

生7：老师的人数占座位的80％。

师：今天的上座率，是吧？这个同学讲的百分数，没有写明，他就能很具体地看出来，完全是通过自己的一种思考、自己的一种计算来判断的。（边说边用手做思考状）这不是一般的水平了！厉害！厉害！

……

师：同学们有的是在生活当中找到了百分数，有的是对生活当中一些现象做了一些分析，计算得到的百分数。总之说明一个问题，生活当中百分数

---

① 黄爱华.“百分数的意义”课堂实录与评析［EB/OL］.（2012-05-11）［2014-12-01］. http://blog. sina. com. cn/s/blog6840967d0100yjdj. html. 本文略有删节。

的应用非常广泛。我也找了一些百分数，愿不愿意看看我找的？

大屏幕显示老师找到的百分数：青岛啤酒的酒精度3.4%；茅台酒的酒精度38%；酒鬼酒的酒精度52%。

......

师：为什么人们这么喜欢用百分数？用百分数到底有什么好处？除了这两个问题外，你们还想弄清楚什么问题啊？

生思考。

生6：百分数怎么长得跟分数不一样呢？

生8：百分数代表什么意思？

师：这个问题问得有水平，这句话可以换成，什么叫百分数？或者是百分数的意义是什么？

生9：为什么百分数说起来都说90%、80%等，从来没有说超过100的？比如说101%这样。

师：有啊，谁说没有呢？除了有90%，也有101%，你想问什么？

生10：90%人们常用，为什么101%、102%都不太常用？就是分子超过100的。

师：这个问题问得有水平，值得思考。那说明百分数是有的时候用，有的时候不用。那这里有个问题就可以讨论了，百分数在——

生（齐）：在什么时候用？

师：对啊，在什么情况下，人们会用百分数？这又是问题啊！太棒了，一点点时间，我们问出了这么多的问题，我们把这些问题稍微整理一下，写在黑板上，作为我们今天研究的问题，好不好？

生（齐）：好！

师：那你们认为，第一个问题应该写什么？

生1：为什么要用百分数？

生3：用处。

......

师生讨论，老师板书：1. 用百分数有什么好处？ 2. 百分数的意义是什么？ 3. 在什么情况下用百分数？ 4. 百分数和分数比较有什么不同？

师：这几个问题，是黄老师一个一个地讲给你们听呢，还是你们自己研究？

生（齐）：自己研究。

师：这四个问题，你可以在其中选择自己最感兴趣的问题来研究，也可以一个问题一个问题来研究，好吗？必要的时候，拿起笔，把关键的地方记在自己的本子上，给你们两分钟的时间，如果不够用就再延长一点，好，开始。

学生陆续拿笔写字，老师在学生中间巡视，不时走近学生，看其在本子上回答的问题，还不时对学生进行肯定或指正。

……

师：非常好，同学们写出了很好的想法，且有自己的见解。想不想把你的想法跟别人交流交流？我们还没写完的先不要写了，留在脑子里头（做双手抱头动作），我们来讨论！谁想最先说，就说吧。

……

二、实战经验

（一）心中有生

"愿不愿意看看我找的？""是黄老师一个一个地讲给你们听呢，还是你们自己研究？""那你们认为，第一个问题应该写什么？""这四个问题，你可以在其中选择自己最感兴趣的问题来研究，也可以一个问题一个问题来研究，好吗？"这些朋友式、征求式、平等式的话语，平和、温暖，充分体现了教师对学生的期待、信任和尊重。

"太棒了，一点点时间，我们问出了这么多的问题。""这不是一般的水平了！厉害！厉害！""这个问题问得有水平，值得思考。""非常好，同学们写出了很好的想法，且有自己的见解。"黄老师对学生真诚的关爱和鼓励，增强了他们的勇气和信心。

（二）循循善诱

黄爱华老师创设各种问题情境，用饱满的、真挚的情感启发、诱导学生进行谈话式的疑问交流，师生的平等对话，激起了学生浓厚的学习兴趣与热情，并使得学生主动参与到学习活动之中。通过层层设疑让学生感受到学习数学的价值，激发学生对数学的兴趣和求知欲望。我们看到黄老师在引导、组织学生学习百分数时，已经跳出了教材、课堂的范围，引导学生寻找生活中的百分数（如衣服上、书里、牛奶盒上，旅游景点、新闻联播中介绍的百分数），还特别关注在课堂学习中新生成的百分数（如出席人数及写百分号过程中新产生的有关百分数的问题）。现实中丰富鲜活的素材，使"单纯从书本中学数学"变为"密切联系生活学数学"，学生兴趣浓厚，在数学学习中理解了百分数的意义及价值。

（三）各抒己见

培养学生的问题意识，鼓励学生提出有研究意义的问题是本节课一个非常明显的教学目标。"问题是数学的心脏。"黄老师用心创设问题情境，使学生在学习中敢于质疑，提出了一系列问题。

最后师生民主合作，总结归纳出："用百分数有什么好处""百分数的意义是什么""在什么情况下用百分数""百分数和分数比较有什么不同"四个值得探讨研究的问题。这些问题富有目的性、科学性和价值性，能启发学生由具体到抽象，由学习到运用，由现实到创造，环环紧扣，组成一个知识生成的完美整体。

（四）自力更生

教学活动主要是依靠学习者自身的活动来达成教学目标。教师是教学的引导者，学生是学习的主体。"是黄老师一个一个地讲给你们听呢，还是你们自己研究？""自己研究。"学生通过自己动手、动口、动脑来获取生动的知识，培养了实践能力。学习方式的转变，促进学生积极主动地探究新知。黄老师在组织学生学习百分数时，设计了一系列活动：课前调查寻找——调查寻找身边的百分数，为本节课的学习提供现实的有价值的素材；课中讨论——师生互动，生生互动，不仅交流讨论对百分数的认识和理解，还时常关注对不同观点和做法的评析。教师为学生创设了自主探究、合作学习、独立获取知识的机会，让学生在一个个问题生成中研究探索数学问题，建构知识意义。

学生主动参与学习的过程，是学生理解和发现知识的过程；是教师激励、唤醒的过程，是学生探究、体验的过程；是学生获得知识，培养发散思维、想象思维、创造思维和发展智力的过程。这个过程是知识的生成过程，是情感和生活的经历过程，也是教学目标实现达成的过程。

三、实战策略

制造悬念，引而不发；大胆质疑，敢于问难。教师要在实际课堂教学中激发学生的探究欲望，进而启迪思维、创生智慧。

（一）巧妙设置疑难问题，体现教师主导地位

教师充分发挥主导作用，创设民主、平等、公平、宽松的学习氛围，根据学习内容和学生特点，按照实效性、适时性、梯度性和角度性四原则，挖掘教材中的积极因素，巧妙设计悬念、分层、递进、留空等问题，激发学生的求知欲望，引导学生积极思考、探索研究，使每个学生都有机会尝试成功的喜悦，还有利于培养和激发学生创新思维。

（二）鼓励学生大胆质疑，体现学生主体地位

学生是学习的主体。只要教师以诚相待，关注学生的求知动机，殷切鼓励学生提问，耐心倾听和诚意解答学生的疑问，给予学生足够的时间和空间，引导学生学会从课题、问题、矛盾处、关键处、无疑处进行有效质疑，真正体现学生在课堂上的主体地位，使教师的鼓励和引导真正有效地为学生的学服务，就一定可以开启学生思维，激发学生的探究精神和进取精神，发展学生智力，创生智慧。

（三）精心设计引疑推导，引导学生渐次前进

充满问题的课堂，是学生思维积极活跃的课堂。教师按照引疑推导"划分问题、创设情境、引导思考、归纳总结"的基本环节、定位与目标，步步为营，根据学困生、中等生、优秀生的不同层次特点和引疑推导的七个基本要求，进行内容再现性、发现性、创造性设计，发挥教师的启发诱导作用，注重调动学生内在的学习动力，活跃学生思维，使不同能力、层次学生的思维始终处于积极状态，引导学生渐次前进，促进每个学生的发展。

第二章

精心导入，吸引注意

　　好的开始就是成功的一半。导入是课堂教学的起始环节，是课堂教学不可或缺的一部分，其主要作用是帮助学生顺利地进入新的学习情境。生动有趣、富有艺术性的导入，犹如文章的"凤头"，能够有效地吸引学生的注意力，激发学生的学习兴趣，使其产生学习动机，进而能够全身心地投入到课堂学习中来，为整个课堂教学奠定基础。

先声夺人①

　　师：同学们，今天我们要学习诗歌，你们喜不喜欢诗？

　　生：（部分）喜欢。

　　生：（部分）不喜欢。

　　师：我请喜欢诗和不喜欢诗的同学分别说说原因。

　　生1：诗很美，有些很有哲理。

　　生2：诗看不懂。

　　师：我和大家一样，对读得懂的诗很喜欢，对读不懂的诗就感到很头疼，而且我读不懂的比读得懂的多很多，所以对诗呀，真是"想说爱你不容易"。

　　（生笑，放松）

　　师：不过，最近，我发现了一份类似九阴真经的读诗秘籍，看懂了它，我读诗的功力大大增强。

---

① 朱昕艳. 语文课堂"导入"行为研究［D］. 上海：华东师范大学，2009：62.

（生惊讶，期待）

师：这份秘籍在哪里呢？就藏在我们语文课本的第二百五十三页上！这节课，就让我们仔细研究这份秘籍，争取下课后能增强一成的读诗功力。

好的开端等于成功的一半。课堂教学的导入十分重要。王道俊、王汉澜在《教育学》中认为，学生掌握知识的基本过程有六个阶段："引起求知欲，感知教材，理解教材，巩固知识，运用知识，检查知识、技能和技巧"，其中"引起求知欲"就是要求教师在教学初始阶段要激发学生对新知识的求知欲[①]。

何谓教学导入？就是教师在展开新的教学活动时，采用灵活多样的手段，吸引学生的注意力，激发学生学习兴趣，引导学生进入新的学习内容的教学技能。导入是课堂教学不可缺少的重要组成部分，它与教学中的其他部分共同为课堂教学服务，相互促进，相互联系。

首先，温故知新，搭桥铺路。孔子云："温故而知新，可以为师矣。"教学导入的时候，教师通过回顾考查学生对旧知识的掌握情况，达到回忆知识、增强记忆、让学生更好地巩固旧知识的目的。此外，教师通过引导学生回顾与本课新知识相关联的知识，不仅可以为学习新知识奠定基础，还能促进新知识的掌握。心理学认为存在学习迁移，即一种学习能够对另一种学习产生影响。教师将与新知识相联系的旧知识进行回顾，有利于发挥正向迁移作用。

其次，激发兴趣，吸引注意。爱因斯坦说："兴趣是最好的老师。"俄国教育家务申斯基说："没有丝毫兴趣的强制性学习将会扼杀学生探求真理的欲望。"兴趣是教学的兴奋剂。学生在良好的兴趣牵引下积极探索新知识，在知识的海洋中畅游，收获丰富的宝藏。教师通过导入激发学生的学习兴趣，将因刚上课而心神涣散的学生的注意力转移到课堂中。正如特级教师于漪所说："在课堂教学中，要培养激发学生的兴趣，首先应该抓住导入课文的环节，一开课就要把学生牢牢地吸引住。"精彩的导入让学生的注意力容易集中到学习上，使无关教学的思绪和行为远离学生。

再次，抛砖引玉，激发思维。孔子说："学源于思，思源于疑。"专家认为，导入就是通过各种手段与教学内容交接，重在"导"，必须声声击到学生

---

① 王彦才，郭翠菊. 现代教师教学技能［M］. 北京：北京师范大学出版社，2010：32.

的心扉上，能紧紧扣住学生的思维，把学生的心"拉"回到课堂上，消除其他课程的延续思维或学生杂念的干扰，把他们的注意力集中起来，使他们饶有兴致地投入到新的学习状态中。恰当的导入就能把这块"砖"抛出去，激发学生思维，促使学生积极思考。带着问题进入学习的学生，往往对教学内容充满兴趣，富有热情，能够为接下来的学习奠定扎实的基础。

最后，明确目标，实现教学。明确的目标让生活有了前进的方向，让船只有了航行的目的地。同样，在教学导入过程中，教师用一定的方式将学习目标传递给学生。明确的目标让学生有了清晰的学习方向，进而产生较强的学习动力。这样明确目标的导入，能够让学生朝着目标前进，更容易达到预期的教学目标。

第一节　故事导入，激发求知

课堂导入的方法多种多样，每种方法都有自己独特的魅力。采用讲故事的形式是课堂导入的常用方式。教师通过丰富形象的语言讲述生动有趣的故事，可以让学生沉浸在扣人心弦的故事里，激发学生的求知欲，进而激起学生学习新知识的兴趣，有利于提高课堂教学效率。

教学案例

绘声绘色[1]

师：同学们，上课前老师给大家讲一个小故事，好吗？

生（齐）：好啊！

师：一天晚上，小主人睡着了，卧室里静悄悄的，月亮柔和的光从窗户照进来，照在小主人的玩具箱子上，（轻轻地声音）"当当当！当当当！"从箱子里传出敲击的声音，（老师睁大眼睛，看着学生们，手放在口上）"嘘——"你们再听听！"当当当！当当当！"（惊奇地说）"哦，是玩具箱子里的玩具兵在敲箱

---

[1]　王艳雯.《玩具兵进行曲》教学实录［J］. 音乐天地，2011（8）：73. 本文略有改动。题目为作者所加。

子!"他们听了听屋子里没有动静，发现小主人睡着了，于是，玩具兵们拿着各自的乐器，排着整齐的队伍走了出来。（给下一步欣赏时，学生随音乐走步提出要求）大家的步伐真是太整齐了，每个人的脚步都随着音乐的节奏迈开——踏下，所有人的左脚都踏在强拍上，右脚都踏在弱拍上。（了解和模仿几种管乐的吹奏姿态）吹小号的、打军鼓的可精神了，昂头挺胸的；吹长笛的歪着头，眼睛却是看着前方的；吹圆号的手里抱着圆号，手指还在按键呢；哎哟，吹大号的玩具兵可累了，这么大的号绕在了身上。（停顿一下）不管吹奏什么乐器，每个人都很认真地行走在游行的队伍中——演奏累了，他们开始放松起来，打打闹闹，游戏玩耍，他们爬遍了屋子里的每个角落，每一件家具都能引起他们的好奇心，大家玩得好开心啊。"啊——"小主人打了个呵欠，哎呀，不好，天快亮了，小主人要睡醒了，玩具兵们赶紧跑回了玩具箱里。小主人起床，打开箱子一看，玩具兵们东倒西歪地躺在里面。啊！原来是一场开心的梦啊！

师：同学们觉得这个故事好听吗？你们喜欢这些玩具吗？

生（齐）：好听！我们都喜欢这些可爱的玩具。

师：那么我们就马上听听可爱的玩具到底演奏了什么动听的曲目吧！请大家欣赏《玩具兵进行曲》。待会老师请同学讲讲欣赏《玩具兵进行曲》的感受，并模仿几种管乐的吹奏姿态。

这是人教版小学音乐一年级下册第六单元的欣赏曲目《玩具兵进行曲》的导入。在这堂音乐课上，教师为了让学生在欣赏之前能够了解这首音乐作品所表达的内容，给学生讲述了一个生动有趣的故事。《玩具兵进行曲》这首乐曲通俗易懂，生动活泼，而有趣的故事能够激发学生的想象力，调动他们上课的积极性，更好地体验《玩具兵进行曲》的音乐美，并在轻松的方式下掌握几种管乐吹奏的姿态。

何谓故事导入？故事导入就是在上课的开头利用与课文或者作者有关的故事，配合形象的语言吸引学生，在有趣的故事中把学生带入教学情境中。

讲故事是新课导入的重要手段。学生的好奇心强，对新奇有趣的事物求知欲旺盛，他们喜欢有趣的故事。教师应该根据学生的这一特点，联系所学的内容，在上课的开端，用艺术性的语言讲述一个令人难以忘怀、生动有趣的故事，以激发学生对即将学习内容的浓厚兴趣，让学生在听故事的过程中轻松、快速地进入学习新知识的状态。运用故事导入这种方法，学生的情感更容易投入，积极性也更容易被调动，思维也更活跃。

教师在新课的导入环节要激活学习的主体——学生，让学生产生强烈的求知欲。好的导入故事是教师精心为学生打造的金钥匙，可以带领学生打开智慧之门，达到"立片言以居要"的境界，在课堂教学中发挥着激发兴趣的作用。

那么，我们如何进行成功的故事导入呢？

一、重要前提：选择精彩的故事

好的故事导入生动形象，为一堂课的成功奠定了基础。那么，什么样的故事才是好的故事呢？

（一）动人的语言，丰富的修辞

动听的乐曲能感染人，将人带入美妙的音乐情境里，令人久久不能忘怀。这正如《列子·汤问》所说："昔韩娥东之齐，匮粮，过雍门，鬻歌假食。既去而余音绕梁欐，三日不绝，左右以其人弗去。"语言就像一个个可爱的小音符，组织得当就能成为一首动听的乐曲。优美的语言能感染人，可以将故事想表达的感情植入人们的心里，让人们感受故事里的酸甜苦辣。

而修辞丰富多彩又运用得当的故事无疑是将语言的美发挥到了极致。故事采用比喻、拟人、排比和象征等手法使故事里的人物深刻而典型，将环境渲染得入木三分，让人难以忘怀。

比如《玩具兵进行曲》的故事导入，教师将一个个小玩具拟人化，仿佛一个个小朋友，扮演着演奏家。"吹小号的、打军鼓的可精神了，昂头挺胸的；吹长笛的歪着头，眼睛却是看着前方的；吹圆号的手里抱着圆号，手指还在按键呢；哎哟，吹大号的玩具兵可累了，这么大的号绕在了身上。"这些排比修辞将这一群"演奏家"活泼可爱的样子描写得淋漓尽致！

这堂音乐课的学生是一年级的小朋友，玩具是他们的忠实伙伴。音乐教师用生动有趣的故事将学生生活周围的事物讲述给他们听，既符合学生的心理特点，又把生活化的事物带到了课堂上。学生在不知不觉中沉醉在动人的故事里，有利于对学习内容的理解。精彩的故事导入推动学生快速走进《玩具兵进行曲》的世界。

（二）形象的人物，完整的情节

每一个故事里总少不了主角。故事里的主角有可能是人物，有可能是植物或者是动物。不管主角是什么，都应该形象鲜明地展示在人们的面前。故事人物既要有共性，又要有个性，只有形象鲜明、性格独特，才能给人留下深刻的印象。在《玩具兵进行曲》故事里，我们可以看到每个小玩具都各有独特之处，例如，吹小号的和打军鼓的是精气神的"孩子"，吹大号的玩具兵拿着大号可累了……一个个形象生动的玩具兵仿佛跃然纸上，让学生难以忘记他们可爱的样子。形象的主角，奠定了精彩故事的基础，使故事导入的成功成为可能。

另外，故事要侧重情节描述，要将完整的故事呈现给人们，以达到扣人心弦、跌宕起伏的效果。故事情节主要包括开头、发展、高潮、结尾四部分，精彩的情节设计往往是一环扣一环，引人入胜，不仅能激发人们的思考，还能引起人们想了解下一个情节的欲望。

音乐教师在开头讲述小玩具趁着小主人睡着准备出动的时候，反复地强调"当当当"的声音，引发了学生的好奇心，学生期待激动人心的情节，甚至要屏住呼吸，生怕错过精彩的情节。《玩具兵进行曲》的故事在小主人睡着后发生，在小主人醒来前结束，完整地表述了故事的经过。

（三）"真实"的再现，紧密的联系

故事的作者能主动地反映客体，自主选择客体进行加工，把自我意识注入故事中。但是作者从选择客体到重塑客体，都要从生活出发，根据生活进行创造。故事的作者要受到客体的制约和限制，不能进行纯粹任意的胡编乱造。不过故事"真实"的再现并不代表要完全真实地再现客体。这里所讲的"真实"再现是指故事的作者要在真实的客体基础上，用各种艺术手段，把自己的情感和意识注入故事中，进行主观的故事讲述。作者还可以在真实的基础上进行天马行空的想象，以丰富故事的内容和思想。

《玩具兵进行曲》的玩具兵是作者通过拟人化的方法让他们成为一个个可爱的小人的。既然玩具兵是"人"，那么他们有可能出现因拿着沉重大号而感觉到累的吹大号玩具兵，也会出现神清气爽的打鼓军……但是无论如何，导

入的故事必须与接下来的学习内容相联系。如果故事内容与新知识完全没有联系，那么就有可能导致学生的兴趣转移到与课本无关的地方，造成对学习新知识的兴趣低于探究故事内容的兴趣的严重后果。这样的导入就是失败的、不可取的。

在教学《玩具兵进行曲》一课中，教师期望让学生了解这首歌曲的内容，所以，选择的故事与玩具兵有关。学生从故事中了解玩具兵发生的事情，更好地理解《玩具兵进行曲》的意趣，体会到这首歌所表达的内容，并感受到音乐的美妙。

（四）正确的引导，价值的展现

教师要善于从众多的故事中精挑细选，在故事与学习之间建立明确的联系。教师在讲完故事后要把"学习点"提炼出来，并把"学习点"与本节课的学习内容联系起来。这就要求教师善于"借力"，善于把学生从故事中引导到学习内容中来。

讲完故事后，音乐教师感受到学生对玩具兵的喜爱，紧接着将喜爱的兴趣引导到欣赏《玩具兵进行曲》的音乐上。教师的导入语言一气呵成，将故事的内容和课本知识融会贯通。

故事导入要求侧重事情过程的描述，强调情节跌宕起伏，以阐述道理或者价值观。教师在选择故事时要分析故事是否具有正确的价值观，以免对学生产生错误的引导，形成不良的价值观。如果故事里含有错误的价值观，教师应该及时、正确地引导学生，为学生树立正确的人生观、价值观和世界观。《玩具兵进行曲》导入的故事就是要贴近学生的童心，让学生想象快乐可爱的玩具兵，在听故事的时候了解演奏乐器的姿势。这个故事所体现的内容符合教师在开展这节课的需要，所以具有成为教学导入的价值。

二、必要条件：展现生动的叙述

教师的工作是身教言传，让学生学会学习、学会做人、学会生活。表达能力是教师教学的锋利武器，生动形象的叙述则是教师教学的撒手锏。苏霍姆林斯基说："教师高度的语言修养，在极大程度上决定着学生在课堂上脑力劳动的效率。"教师表达技能的好坏直接影响课堂的教学效果。

（一）教师的口头语言

1. 语调婉转，抑扬顿挫

故事的情节跌宕起伏，教师应该根据不同的情节而改变自己的语调。如果教师一直采用高亢的语调，学生就会产生厌恶和烦躁的感觉；如果一直是低沉的语调，学生就会在课堂上昏昏欲睡。教师要视情况调整语调，才能活跃课堂气氛，让学生不感到沉闷和烦躁，进而集中注意力和加快反应速度。教师运用富有变化的语调讲述故事，能使学生产生直观形象的画面，使其有身临其境的感觉。在遇到比喻、修辞、拟人等手法的时候，要注意音调的变化和节奏的改变。但是变化的语调不是过度的做作，要避免忽高忽低和一惊一乍。

语调要随着情境发生变化。比如，音乐教师在讲述宁静的夜晚，小主人睡着了，玩具兵准备要开始演奏的时候，采用的是轻轻地发出"当当当！当当当！"细微的声音表现出夜晚的宁静，那些在白天沉睡的玩具兵要苏醒了，很好地渲染了安静的气氛。所以，教师要用不同的语调，生动有趣地讲述故事，让学生沉醉在美妙的故事情境中。

2. 发音准确，吐字清晰

字正腔圆、吐字清晰才能让学生听懂，才能有效地对学生进行教学。首先，教师要讲标准的普通话，这是教师必备的基本技能。其次，教师要懂得每个字的发音技巧。声母发音要短促，韵母收音要完整，不要发音有头无尾或者有尾无头。教师要勤练普通话。很多教师的发音受到方言的影响，一定要勤加练习，用一口标准的普通话引导学生。不管多么生动有趣的故事，如果讲故事的教师讲着混合着方言的普通话，学生听不明白，那么这个故事导入的效果必然会大打折扣。教师在讲故事的时候要注意发音准确、吐字清晰，这是把故事讲清楚、讲明白的重要条件。

3. 音量变化，语速有度

跌宕起伏的情节，扣人心弦的时刻，如果教师用平淡的语速，平板的语气讲述，那么学生就感觉不到故事情节的变化，也就无法体会故事所要表达的感情和讲述的内容。

教师要根据课堂周围的环境、学生的多少等外部条件，再结合故事情节发展的情况调整自己的音量。例如表现宁静的夜晚应该用轻微的声音讲故事，在激动人心的时刻应该将洪亮的声音爆发出来。

语速的变化也要根据故事情节来进行调整。例如，在紧张的时候，教师讲故事就应该加快语速，如果描述优美的环境时可以采用缓慢的语速。教师的语速要符合学生的听力水平，语速过快会让学生抓不住老师讲的内容，而语速过慢则会影响教学的进度，学生会感到很沉闷。

总之，音量和语速要变化，一成不变地讲故事会让学生难以接受，无法吸引学生的兴趣，也无法进行成功的故事导入。

（二）教师的体态语言

教师的体态语言包括运用表情、手势等传递信息的无声语言。体态语言是对口头语言的补充，对减少单一口头语言造成的不利影响，具有不可或缺的重要作用。教师讲故事的时候采用适当的体态语言，能够为故事增添形象的"表演"，增强故事的趣味性，提升故事导入的作用。

1. 丰富的表情

古人云："人身之有面，犹室之有门，人未入室，先见大门。"这指的是面部表情能展现人的心情。教师在上课的时候，认真听课的学生就会紧紧盯着教师的脸部。如果教师用自己丰富的面部表情跟随故事的节奏，那么学生的注意力一定会被教师牢牢吸引着。教师注视着学生，不仅能让学生打起精神，注意听讲，还可以将故事的感情通过眼神传递给学生。例如，教师在讲述人物怒气冲冲的话时，应该将生气的表情展现在脸上，让学生清晰地感受到故事里人物的心情。

2. 恰当的手势

手势可以像面部表情一样表达不同的情感。生气时想要叉腰，高兴时忍不住拍掌……这一切都可以通过手势、身体动作来表达。在上《玩具兵进行曲》的时候，故事里面有这样的一个片段："从箱子里传出敲击的声音，（睁大眼睛，看着学生们，手放在口上）'嘘——'你们再听听！'当当当！当当当！'"教师将手放在口上，告诉学生们安静下来，听听到底有什么声音。学生会跟着教师的手势，屏住呼吸，静静聆听到底是什么声音。

三、重要设置：扣人心弦的情节

（一）吸引学生，转移注意

注意力是指人的心理活动指向和集中于某种事物的能力。俄罗斯教育家乌申斯基曾精辟地指出："'注意'是我们心灵的唯一门户，意识中的一切，必然都要经过它才能进来。"学生年龄较小，大脑发育还不够完善，神经系统兴奋和抑制过程发展不平衡，所以自制能力比较弱。再加上学生刚从轻松快乐的课间进入到课堂上，注意力很有可能还停留在课间发生的趣事上。因此，故事导入这一重要环节的首要任务便是吸引学生的注意力。

（二）激发学生，引起兴趣

苏霍姆林斯基在《给教师的建议》中认为："让学生们把你所教的学科看作是最感兴趣的学科，让尽量多的少年像向往幸福一样幻想着在你所教的这门学科领域里有所创造，做到这一点是你应当引以为荣的事。"这就要求教师在课堂上尽可能地吸引学生的注意力。学生是学习的主体，教师应该运用各种手段让学生的注意力集中。教师在故事导入刚开始的时候，要力求将学生的注意力吸引到教学内容上来，此时教师应该抓住时机把学生兴趣"因子"挖掘出来，牢牢抓住学生的注意力，顺利地进行课堂教学，以达到预期的教学目的。

（三）引导学生，组织思路

教师是教学活动的组织者、引导者。在故事导入的过程中，教师要引导学生通往正确的方向，通过问题激发学生积极思考，得出解决问题的方法。教师是学生黑暗中的明灯，照亮前方的道路；教师是学生迷路时的指南针，指引正确的方向；教师是学生跌倒时的拐杖，支撑着虚弱的身体……教师应该在导入的过程中引导学生通往成功的道路，获得正确的知识。

（四）联系课本，相互促进

故事导入最重要的目的就是让导入的故事与教学的内容建立相应的联系。尽管导入的方法各式各样，但都不能摆脱与教学内容相联系的关键。教师要懂得将"超脱课本"的导入带回课本内容的教学中，进行有效教学。脱离课本的故事导入即使再有趣、再吸引人，也是等同用错误的钥匙开锁——进不了门！所以，故事导入必须要和教学内容建立联系。

（五）明确目标，进入课题

教师应当在故事导入的时候为学生提供教学目标的刺激，促使学生根据学习目标进行学习，以维持学习的积极性。学生在明确的学习目标指引下能把主要的注意力集中在教学内容上，进而更好地达成教学目标。故事导入的时间不能过长，完成基本的步骤后就要快速地进入正题，开展本节课的学习内容。

四、必要保证：把握恰当的时间

时间就是金钱，把握好时间是课堂教学成功的必要条件。怎么样将40或45分钟的教学变得高效并且有趣，这非常考验教师的功力。故事导入相对其他的导入来说用时较多，因此，在进行故事导入的时候，教师对时间的把握特别重要。

教师要根据教学计划适当地对故事进行缩减，要估计讲故事时学生的反应和语速变化等因素造成的时间改变。故事导入不能过长，否则不仅会耽误教学的进度，也会让学生一直沉浸在故事中，无法把更多的注意力放在教学的重点上。

第二节　影视导入，引人入胜

随着经济的发展，科技的进步，课堂教学也踏上了日新月异的道路。多媒体在课堂教学中发挥着重要的作用。导入是课堂教学的开端，它的成功与失败影响着整堂课的教学质量。教师采用影视导入可以给课堂教学添加新的亮点，改变传统的单一导入的局面。影视导入既能让教师说得少，又能吸引学生的注意力。这种导入方式已经成为教师教学的神奇法宝，改变了传统枯燥、抽象的导入局限，有利于教师顺利地进行课堂教学！比如下面的案例：

以疑激疑[1]

上课铃一响，教室里鸦雀无声，巨幅的银幕上播放着南方某游览区缆车坠落事故的全过程，血肉横飞，哭声震天，惨不忍睹的画面配以雄浑沉重的

---

[1]　黄莉. 初中思想品德课教学导入法探析［EB/OL］. （2010-12-08）［2012-11-15］. http://www.pep.com.cn/sxpd/js/jxyj/kt/201012/t20101208_983250.htm.

画外音强烈地震撼着每一个学生的心。突然，画面和声音戛然而止。紧接着，教师用标准流利的普通话很有感情地开启新课导入："这一案例让我们触目惊心，然而痛定思痛，我们应该怎样避免这种悲剧的重演？当消费者的合法权益受到侵害时，我们该如何拿起法律武器保护自己的合法权益？这是今天我们要学习的内容。"

这是初中政治课《维护消费者权益》，该课含有较多的理论和抽象的概念。如何吸引学生学习这些枯燥乏味的知识？这成为教师教学设计考虑的重要因素。好的导入可以使学生以最快的速度进入学习状态，让学生在良好的学习氛围中学习抽象的经济学知识，调动学生学习政治的热情，进而激发学生浓厚的学习兴趣。上课前，教师让学生观看南方某游览区缆车坠落事故的视频。当学生看到血肉横飞的画面，听到哭声震天的声音，内心充满震撼、惊诧、同情等情绪。此时，教师趁热打铁，快速导入新课，将视频的内容和新课知识相联系，成功地完成了影视导入。

什么是影视导入呢？影视导入就是借助先进的媒体技术，在课堂开始之前播放视频、电影等吸引学生的注意力，让学生感受清晰的画面和多种声音的刺激，与影视内容产生强烈的共鸣，然后教师再将课本知识和影视建立联系，进行合适的过渡。

影视导入让特定、直观的情境展现在学生面前，使学生的视听感官受到冲击，让学生快速进入学习情境中，开启思维的大门，为成功教学埋下伏笔。这种导入成为现代教学的重要方式之一。影视导入仿佛就是马良的神笔，让真实的画面形象直观地展现在学生面前。影视导入就像汽油，为学生的学习添加能量。科技的进步让教学手段高端化、多元化，丰富了课堂信息，促进了课堂效率。

那么，如何进行影视导入呢？

一、精挑细选，必不可少

良好的食材是做出色香味俱全佳肴的必备前提，为了能给嘉宾张罗一桌子的好菜，厨师在菜市场面对琳琅满目的食材时总是左挑右选。教师挑选影视片段作为教学导入，也是极其讲究的。如何选取合适的影视素材呢？

（一）把握时间，长短适中

如何把课堂 40 或 45 分钟的时间利用好，需要教师具备良好的教学组织能力，把每一分每一秒都用到实处，为教学目标服务。因此，教师选择影视导入题材时，要注意题材时间的长度，力求在最短的时间里发挥影视导入最大的功效。

1. 取其精华

通常来讲，播放一个影视作品需要较长的时间，而短短的课堂教学时间需要分秒必争。教师在选择适合自己新课导入的影视素材时，可以根据时间和新课内容，截取影视作品的一小部分作为导入，避免浪费时间。即使再精彩的影视导入，我们也应该把时间控制在 8 分钟以内，否则会产生喧宾夺主的消极影响。教师在挑选影视的时候要优先选择长短适中的视频，如果影视素材过长就一定要取其精华，让影视的导入发挥最大的作用。

例如，教师为了让低年级的学生认识遵守交通规则的重要性，在进行《争做遵章好司机》的教学导入时计划播放交通安全的宣传片。该宣传片长达 38 分钟，占了 40 分钟课堂的 95％！但《争做遵章好司机》的教学目标不仅要让学生意识到遵守交通规则的重要性，还要让学生学习交通规则，学会做一个守法的交通参与者。所以在这 40 分钟的课堂教学中，教学的重点是让学生了解交通规则。因此，如果在《争做遵章好司机》的教学导入中播放交通安全的宣传片，教师就应该在 38 分钟的宣传片中截取与本节课密切相关的片段。例如，在宣传片 25 分钟处有一个无证驾驶的真实案例，教师可以截取该片段，让学生感受不遵守交通规则的危害。如此，这个导入就显得短而精，提升了导入效果。

2. 浓缩精华

当影视作品展示出来的情景是一个物品长时间的变化发展过程时，教师可以使缓慢而漫长的过程在短时间内展示出来。

比如，进行有关月食方面的教学时，教师给学生展示月食的情况，利用多媒体手段，将学生不易观察到的月食，通过拉快进的方式或者选用现成浓缩的影视，将漫长的影片在短时间内展示在学生面前。月亮刚开始的时候像一个大玉盘，一会儿就像小船，然后就像一把细细的镰刀……学生在短时间内观看到了月食发生的过程，既节约了课堂的时间，又"逼着"学生提高注意力。这就是浓缩的魅力！

（二）画面清晰，展示明了

影视导入的一个优点就是能把教师想要传达给学生的东西通过影视形象生动地展现在学生面前。真实的情境、清晰的画面，才能将影视导入的优点发挥到极致。教师在选择影视导入时要考虑画面的清晰度，将内容清楚明了地展示才能更好地进行影视导入。如果影视作品的清晰度很低，学生无法轻松地观看，就会降低学生学习和观看影视内容的积极性，不仅会降低学生学习的热情，还会影响接下来的教学。因此，教师下载视频要力求清晰，播放影视要采用全屏，让学生看得舒服，看得起劲，愉快地进入影视世界。

（三）抓住眼球，激发兴趣

在课堂教学的开始阶段，学生的注意力还不够集中，眼睛总爱东看看，西瞧瞧。教师要想使学生的注意力快速地集中到教学上，成功的导入必不可少。影视导入通过形象生动的画面展示，可以牢牢地抓住学生的眼球，将分散的注意力集中到课堂教学上。那么什么样的影视内容才能抓住学生的眼球呢？

1. 五彩缤纷

色彩丰富的画面可以刺激人的视觉，学生的年龄比较小，感知能力的发展取决于感性材料的接收。影视导入可以作为发展学生感知的手段，让学生带着满满的好奇心，探讨影视中的世界。学生的感知能力发展还不够完整，对很多事物会感到新奇有趣。影视导入可以把学生感兴趣的东西，搬到课堂教学中。我们这里讲的"五彩缤纷"指的是影视色彩绚丽，画面动感。年纪尚小的学生，容易被五彩缤纷的事物吸引。正如年幼的婴儿看到大红灯笼时忍不住手舞足蹈一样，学生也还少不了那份对"眼花缭乱"事物的好奇。丰富多彩的画面和绚丽的颜色是抓住学生眼球、吸引学生注意力的好的影视内容的必备要素。

2. 跌宕起伏

好的小说吸引读者，依靠的是扣人心弦的情节。一个好的影视作品也总是有着跌宕起伏的故事情节。平淡无奇的生活总让人渴望一点波澜，单一重复的教学也总让人希望出现那么点惊喜和意外。跌宕起伏的影视导入能将学生渴望的意外呈现在大家的眼前，突破传统课堂空间的限制，为教学绽放美丽之花。所以，如果使用跌宕起伏的影视作品作为教学导入，就能让学生的情绪跟随着影视作品扣人心弦的情节激荡，迅速进入积极的学习状态！

3. 再现生活

影视导入的一个优点就是可以将真实的世界拉到课堂教学中。学生需要通过学习课本的知识，将知识运用到生活中。所以，影视作品应该将生活通过媒体手段展现出来，流露生活的味道，突出生活的真实性，增加可信度。如果学生看到自己身边的情景，就容易产生共鸣，根据影视导入发挥联想，开拓思路。这时教师适时引导，可以顺利地从影视作品过渡到本节课的教学内容，激发学生学习的兴趣。无疑，影视导入将生活带进课堂，又能让课堂回归生活。

（四）刺激双耳，余音绕梁

影视导入不仅能点亮学生的眼睛，还可以打开学生的双耳。影视作品不但有丰富精彩的画面，而且少不了丰富多变的声音。电闪雷鸣，狂风大作，使人如临其境，欲罢不能。学生沉醉其中，被影视作品的声音触动，这时教师应该马上行动起来，借着学生深刻又丰富的感官体验，揭示教学主题，顺利地将影视作品和新课内容紧紧扣在一起，完成教学导入。

二、科技时代，妙手施展

《汉书》云："马不伏枥，不可以趋道，士不素养，不可以重国。"这指的是不善于休养生息的马不能出征；没有素养的将士不能担起兴国的重任。"师者，所以传道、授业、解惑也。"教师作为知识的传播者，必须融入科技时代，跟随进步的队伍，提高自身职业素养。而影视导入要求教师在教学中妙手施展，确保导入的顺利进行。

（一）科技手段，独领风骚

伴随着经济的腾飞，科技的进步，现代教育技术进一步融入教育领域中。国家提出要以信息化带动教育现代化，实现教育的跨越式发展。教育现代化就是利用现代技术优化课堂教学。

很多学校紧追现代化的脚步，积极引进多媒体设备，让科技走进课堂，促进课堂教学。先进的教学设备大大丰富了课堂教学的方式，为课堂教学增色不少。此外，它还能让课堂活跃起来，吸引学生的注意力，达到引人入胜的效果。所以，学校引进先进教学媒体不仅体现科技时代的特色，还可以提高课堂教学的效率，增强课堂教学的效果。

（二）妙手施展，成功导入

教师是教学活动的组织者，在进行影视导入的时候主要是教师使用媒体播放影视。影视导入有可能出现各种各样的技术问题，教师要懂得妙手施展，确保影视导入的畅通无阻，这就要求教师具有运用现代媒体设备的能力。这要求教师积极学习现代教育技术，懂得运用现代媒体。

1. 转变观念，走进现代化

现在全球都处在科技高速发展的时代，处处能见到高科技的教学媒体。我们不能用旧的方法教新的学生，否则会脱离时代的轨迹。时代要求教师不仅要拥有渊博的知识，具备较好的教学能力，还要转变观念，形成积极学习现代科技的观念。这种观念体现了时代的进步，反映出教师时刻发展自身的能力，彰显成为学生好榜样的模范作用。为了有能力选择合适的影视作品作为教学导入，教师必须具有现代化意识，意识到网络的重要作用，知道到哪里寻找合适的影视素材，选择什么样的影视作品作为本节课的教学导入，甚至产生对有用信息的"过敏"反应。

2. 学习知识，培养能力

为了能更好地进行影视导入，教师应该具备下载、播放、编辑影视作品的能力。这已经成为衡量教师教学能力的重要标准之一。教师应该主动学习如何使用现代媒体设备，让教学跟上现代化的步伐。当播放过程出现故障的时候，教师不能完全依赖技术人员，应该掌握处理媒体设备的常用知识，以及及时处理媒体技术设备问题的能力，为成功进行影视导入奠定技术基础。教师如果不懂得如何应用现代媒体设备，有可能会让学生质疑教师是否具备胜任现代教师的能力，甚至对教师产生不尊重的消极想法。教师必须积极学习，树立终身学习的观念，为力求成为创新型教师而奋斗终生！

3. 充分准备，预设成形

教师应该做好充分的课前准备，构思导语，为成功进行影视导入助一臂之力。正所谓"大道至简"。有效预设教学导入的环节和效果，有利于层层推进，按部就班。但是事先的准备不宜"深耕密植"，应该留有余地，留出学生自由发挥的时间。

三、细心观察，适时引导

学生是教学的参与者。教师不能光顾着讲课或者只关注一些不重要的事物，重点是要观察学生，懂得观察学生。而用影视作品作为导入，教师要懂得观察学生观看影视作品时的反应，适时地进行提醒和引导，将学生引导到新课的学习上。

（一）牢记使命，注意观察

课堂犹如战场，变化莫测。经验再丰富的教师也不可能全面了解学生的想法，不可能完全掌控课堂。苏联教育家苏霍姆林斯基说："凭他（指学生）的眼神，我就可以看出他对我提出的问题是懂还是不懂。"影视导入相对其他的导入来说，教师比较"空闲"，因为这部分时间用来观看影视作品。这个时候的教师应该做些什么呢？发呆？休息？这些都不是名师的做法！

1. 以不变应万变

不变的是教师的眼光，要全面观察学生；变化的是课堂情况，要时刻注意课堂动态。教师不是圣人，在进行教学设计的时候无法全面预料课堂上的千变万化。原本设计好的导入语言要根据实际课堂中学生观看影视的情况进行调整。教师细心观察学生观看影视的情况才能对学生的观后效果进行判断，并及时调整导入语言，以便更好地将影视导入与新课进行联系。

2. 不用说不代表不用做

在播放影视的时候，教师不用说话，但是并不代表不用工作。教学的组织者是教师，正所谓课堂如战场。作为战场指挥官的教师怎么可以在进行战争的时候偷懒呢？有的教师认为学生是学习的主体，应该让学生"自由发挥"。这忽视了教师的主导作用，是一种错误的观点。影视导入不是为了解放教师而存在，而是为了活跃课堂、激发学生学习的兴趣。但是由于学生有关知识和经验的不足，有时难以对影视作品形成正确的感性认识，难以了解其中的内涵和本质。因此教师应该适当地讲解，不能忘记自己的使命，有了影视忘了工作。

3. 提醒不专心的学生

优秀的影视作品能吸引学生的眼球，让学生沉醉在创设的情境中。但是即使再好的影视作品也不可能获得所有人的认同。同理，无论影视导入如何引人入胜，也无法吸引所有的学生。再加上学生的自我意识和控制能力比较弱，容易出现走神或者扰乱课堂秩序的情况。因此，教师要注意观察课堂，及时发现不在状态的学生，给予他们适当的提醒，让他们顺利进入学习状态。

有的学生双眼炯炯有神，表明他的精神状态较好；有的双眼无神，表明他精神状态不佳；有的双眼四处张望，表明他心不在焉……总而言之，经验丰富的教师可以通过学生的双眼，掌握学生的心理状态，并以此为依据及时调整自己的行为，引导学生专心地进入学习的状态。

（二）适时引导，建立联系

教师无论采取哪种方式进行导入，都需要将导入内容和学习内容建立紧密的联系。影视导入要求从影视中挖掘与学习内容有联系的因素，并与学习内容建立恰当的联系。这种联系有的是课本知识背景介绍，有的是表达相同的道理，等等。教师要将这种联系挖掘出来，引导学生顺利进入新课学习。明确导入的目的，选择合适的影视作品作为导入，再将影视和新课的联系串起来，利用语言或者手势等对学生进行引导。

例如学习"南京大屠杀"历史课，教师给学生播放南京大屠杀电影的片段。一个个同胞被日军残忍杀害，鲜血染红了整条大街，失去亲人的百姓失声痛哭……教师注意观察学生，发现学生已经被影视里悲惨的画面触动。有的同学目不转睛地盯着屏幕，双拳紧握；有的同学已经泪流满面，失声痛哭。教师根据自己观察的情况，判断学生已经被影视作品激发出爱国主义情怀，于是引导学生学习新课，要求学生牢记历史，勿忘国耻。

四、树立参照，自由发挥

影视作品以真实逼真和形象生动的特点冲击学生视觉和听觉，产生一定美的享受。影视作品里面蕴含的为人处世道理，角色的言语表达、肢体动作等，都可能引发学生的关注和模仿。教师应该根据影视作品的内容，教导学生课本以外的知识。

1. 榜样作用

孔子曰："三人行，必有我师焉。择其善者而从之，其不善者而改之。"影视作品中的角色，有的值得学生学习和效仿，有的却是反面教材。教师应该在学生观看视频的时候，注意引导学生，学习别人好的方面，避免效仿别人不好的行为。

2. 生活缩影

影视作品都是以生活为基础，通过艺术手段给予加工和润色，可谓源于生活，又高于生活。学生可以根据影视作品的内容与生活联系在一起，用课堂上的知识解决实际问题。

3. 角色扮演

如果影视作品的内容是课本内容的外在表现，教师可以让学生在模仿影视作品的基础上，发挥自己的想象力，再现课本内容，增加课堂的乐趣，帮助学生理解新知识，提高学生学习的积极性。

总之，教师在进行教学导入的时候，不仅要为了导入而教，而且要教会学生做人、做事。

第三节　对比导入，温故知新

导入方式有多种多样，怎能少得了功效了得的对比导入呢？巴甫洛夫说："任何一个新的问题的解决都是利用主体经验中已有的旧工具实现的。"心理学研究表明，学生在学习时，习惯用已有的知识去理解新知识，总希望将新知识纳入自己已有的知识框架中去。所谓对比导入就是利用已学的知识，通过回顾旧的知识，与新知识比较异同，建立新旧知识的联系，从而有利于进入新课的学习和教学。由于每一个科目的知识都是系统的，很多已学的知识与新的知识具有一定的联系，所以对比导入普遍适用于各科的教学。

教 学 案 例

对比更接近真知①

老师拿出几个几何图形：圆形、椭圆形、长方形。

师：老师请一个小朋友到讲台上用这些几何图形拼出斑马，谁来试试？

一双双小手举了起来。一个学生用椭圆形和长方形拼出了斑马。

---

① 刘丽，戴青. 小学课堂教学微观技术丛书：导入［M］. 上海：上海教育出版社，2004：148. 题目为作者所加。

师：同学们，他拼得对不对？

生（齐）：对。

老师边说边把学生拼出的外形画了出来。

师：同学们，还记得这些外形的名称吗？这是……

生（齐）：头、颈、身体、腿。

师：很好，我们称这些部分为外形。下面老师想再请一个小朋友来拼出一只长颈鹿。

一个学生举手后在黑板上拼了起来。

师：大家觉得他拼得怎么样？

生（齐）：好！

老师又把这个学生拼出的长颈鹿外形画在了黑板上。

师：比较一下，长颈鹿和斑马有什么区别？

生1：长颈鹿的脖子特别长，斑马的脖子和马差不多。

生2：老师，长颈鹿的头上有两个角。

生3：长颈鹿身上的花纹和斑马的也是不一样的。

师：同学们观察得真仔细。长颈鹿是动物中个头最高的，而且由于它身上的花纹与众不同，再加上它脾气温和，所以小朋友都很喜欢它。今天我们就来学习画长颈鹿。

这是一年级的绘画课《长颈鹿》，要求学生学会画自己比较熟悉的动物。一年级的学生特别喜爱动物，对外界的事物总是充满了好奇心。但不是每个学生都见过真实的长颈鹿，即使见过了，一年级的学生也不容易牢记长颈鹿的外形特征。教师为了让学生了解长颈鹿的外形特征，首先让学生回顾已经学过的斑马的外形特征，进而引导学生对比发现长颈鹿的外形特征。一年级的学生在掌握斑马绘画方法的基础上，发挥自己的想象，拼出长颈鹿的外形。通过长颈鹿和斑马的对比让学生发现两者的不同，提高学生发现问题和解决问题的能力。

对比导入的意义何在呢？美国教育家奥苏贝尔认为："迁移就是一种学习对另一种学习的影响。"在课堂教学中采用对比导入有利于旧知识对新知识产生正迁移的影响。

首先，对比导入以旧知识为桥梁，让学生通过旧知识的回顾减轻学习的难度，克服学习的恐惧心理。学生在学习新知识的时候是站在旧知识的基础上，踮起脚尖就可以触碰新知识。这样的学习方法有利于学生形成探索新知识的动力，激发学生学习的兴趣。

其次，促进学生思维的发展。正所谓没有比较就没有鉴别。学生经常分析新旧知识的异同，不仅能促进新旧知识的掌握，并且使学生形成善于发现的思维模式，积极思考知识间的异同。学生在对比导入的引导下，习惯性地对比事物，更容易发现事物间的差别和共同点，最终准确地掌握各个事物的特征。

最后，对比导入通过回顾旧知识进行新课的导入，学生再次复习旧知识有利于温故知新，巩固已有的知识。各个学科的知识是系统的、连贯的。学生学习知识也应该一步一个脚印，层层深入。这就需要学生必须掌握好之前所学的知识。对比导入促进学生养成回顾旧知识的习惯，有利于打好坚实的基础，为以后的学习添砖加瓦。

接下来让我们共同探讨如何成功进行对比导入。

一、准确对比，成功导入

对比导入并不是随便找一些所学的知识和新知识进行对比就可以进行导入，这时需要遵循一些原则，以求达到温故知新的效果。

（一）已学性原则

对比导入是将旧知识和新知识进行比较的导入方法。教师寻找的旧知识即使不是本学科的知识，也必须保证是学生已经学习过的知识。如果旧知识是其他科目的学习内容，教师要事先进行调查，查看学生是否真的学过。在课堂教学中，教师采用对比导入是为了让学生通过回顾旧知识，降低学生学习新知识的难度。但是，如果教师采用对比导入的材料并非是学生已学的知识，就导致学生在学习新课之前学习这些导入材料，最终往往会加重学生的学习负担！因此，教师要严格把关旧知识的"含金量"，确保学生真正做到温故知新，轻松地学习新知识。例如：

在学习《静夜思》的音乐课上，让学生唱已学会的歌曲《划小船》。通过歌唱已学的歌曲，与《静夜思》这首歌曲形成情绪上的对比。学生学习的兴趣渐渐被激发出来，想象《静夜思》描述的画面，营造独特又富有魅力的歌曲意境。学生如果没有学过《划小船》，就难以快速又准确地体验到《静夜思》这首歌曲的静与美。

（二）联系性原则

联系性原则要求的是旧知识和新知识必须可以建立联系、蕴含一定的关系。教师切记不要浪费宝贵的教学时间去讲述一些与新知识无关的旧知识。如果旧知识与新课内容没有多大的联系，还不如将巩固的重任放在课后作业中。教学导入必须要与新学内容有联系，否则就没有存在的必要。例如：

在上面提到的《长颈鹿》一课的绘画学习中，长颈鹿和斑马有相同之处。教师为了防止学生将两者混淆，直接将两者展示出来给学生进行比较，让学生区分两者的不同，从而更好地认知两者的外形特征。正因为长颈鹿长得像斑马，两者的外形有联系，才能利用对比的方式进行教学导入。学生通过对比斑马和长颈鹿的外形特征，清楚地认识到两者的异同，进而牢牢地掌握两者外形特征，学会绘画长颈鹿和斑马的方法，达到巩固旧知识、掌握新知识的效果。

（三）求同寻异性原则

求同寻异性原则要求进行对比导入的新旧知识必须具有相同和不同的地方。有对比才有发现，有发现才能进行概括和区别异同，达到温故知新、成功导入的效果。教师应该引导学生针对新旧知识进行对比，培养学生善于观察和学会发现的学习习惯，加强学生牢固掌握相似知识的能力。还以上面《长颈鹿》教学为例：

教师将长颈鹿和斑马进行对比，斑马的脖子比长颈鹿的脖子短，但是它们外形比较相似，都有四只脚，脖子比较长。教师在导入的时候通过"找到旧知识：绘画斑马—新旧知识对比：对比斑马和长颈鹿的外形特征—发现新旧知识的异同"的思路，逐渐把学生带入到学习绘画长颈鹿的教学中。学生通过对比，以两者相同之处作为想象长颈鹿的基石，以两者不同之处区别斑马和长颈鹿，使得学生既回顾斑马的画法，又能通过想象长颈鹿的样子作画。教师在进行对比导入的时候，引导学生发现新旧知识的异同，这点很重要。

（四）广泛性原则

对比导入要遵循广泛性原则，体现在两个方面。

1. 多样比较

旧知识的材料不仅可以从本学科中寻找，还可以跨学科、跨年级。虽然学生所学的知识被分成了若干学科，但是很多学科间的知识有着这样那样的联系。所以，教师应该放宽自己的眼光，从学生已学的、广泛的知识中寻找合适的对比导入材料，促进学科之间的交流，有利于学生掌握和回顾多个学科的知识。

2. 多管齐下

对比导入的时候可以采用多种方式进行。教师可以利用媒体展示图片、视频，或者演示实物等方式，帮助学生更好、更方便地进行对比，促进对比导入的顺利进行。

对比导入就是为了温故知新，减轻学生对新知识的学习难度。如果旧知识无法承担如此重任，教师就应该转换思路，选择新的导入方式进行教学。

（五）刺激性原则

每个阶段的学生都有不同的特点，表现出明显的年龄特征。教师应该把握学生的年龄特征，采用合适的材料作为对比导入的基石。高年级的学生比较喜欢成语和典故之类可以动脑思考的内容，而低年级得学生则喜欢新奇好玩的事物。教师要根据学生的年龄特点，选择可以吸引学生兴趣的题材作为对比导入的材料。如果对比导入的材料无法吸引学生眼球，就难以达到"引人入胜"的效果。

二、同中寻异，异中有同

对比导入就是以"为迁移而教"作为指导思想。教育心理学鼓励在教学中积极发挥正迁移的教育作用。例如，对平面几何的掌握有助于立体几何的学习；阅读技能的掌握可以促进写作技能的形成和发展；写好毛笔字有助于写好钢笔字。在教学中采用对比导入，可以用旧知识促进新知识的学习。对比导入就是通过旧知识，顺向迁移到新知识，使得学生更容易接受新知识。还有，对比导入的方法让新知识对旧知识产生逆向迁移的作用，回顾旧知识，可以达到温故知新的效果。因此，教师可以寻找与新知识有相似点或不同点的旧知识进行新课导入。

（一）寻找相似

对比的好处在于通过两个以上事物的比较找到异同，归纳两者的特点，使得学生更好地掌握新旧知识。对比导入既要在两者中找到相似的地方，又要找到不同的地方。比较旧知识与新知识，引导学生在新旧知识间发现联系，从而导入新课。

各个学科都是以系统的知识组织而成的，前面的知识是学习后面知识的基础，层层递进，环环相扣。教师可以选择旧知识作为材料，进行对比导入。对比导入首先要找到与新知识相似的旧知识。这种相似指的是旧知识是学习新知识的基础，或者与新知识有类似的地方。

（二）寻找差异

对比导入是采用对比的方式，寻找两种事物的相同的点与不同点，顺利地从旧知识过渡到新知识上。因此，教师采用对比导入的时候，可以通过寻找新旧事物的差异，促进对新知识的掌握，自然地完成教学导入。

比如《我喜欢的笔》是小学活动课，主要是要求学生通过比、说、想、画的思路，尝试设计一款新颖的笔，培养学生的创新能力、思维能力和表达能力。在新课导入时，教师可以拿一支学生常用笔和多功能两头笔进行对比，让学生通过分析比较，发现两种笔的差异，切入新课。又如前面《长颈鹿》的导入，斑马和长颈鹿长得的确有几分相像，但是长得像并不代表长得一样。绘画课要求学生掌握长颈鹿和斑马的画法。教师通过对比导入，让学生发现长颈鹿的脖子比较长、两者花纹不一样等不同之处，使得学生可以区分斑马和长颈鹿，更好地掌握两者的外形。这样的对比导入既促进学生对斑马外形的掌握，又使他们学会画长颈鹿，最终达到了一举两得的效果。

三、各式各样，对比导入

对比导入的方法有很多。教师可以通过各种方式和手段支撑对比导入，为学生营造愉悦的学习氛围，帮助学生发现新旧知识的异同，并加以区别，引导学生适时地过渡到新课的学习中。

（一）图片对比

比一比，瞧一瞧，学生的兴趣少不了。

教学案例

哪个更神奇

师：同学们，上学期我们学了《小壁虎借尾巴》。今天我们再来看看小动物的尾巴，看看同学能不能猜到那是谁的尾巴！

（教师出示动物尾巴的图片）

生1：壁虎。

师：这个呢？

生2：不知道。

师：这是松鼠的尾巴。看完这两张图片，给你留下什么印象呢？

生3：松鼠有一条毛茸茸的大尾巴。

生4：壁虎的尾巴又细又长。

师：没错！同学们还记得《小壁虎借尾巴》这篇课文讲了什么吗？

生5：壁虎的尾巴断了，找别人借尾巴。没想到它的尾巴可以自己长出来。

师：同学们的记忆力真好！今天让我们来学习《松鼠的尾巴》，看看松鼠的尾巴有什么神奇的地方吧！

教师把两幅松鼠和壁虎尾巴的图片展示在学生面前，让学生近距离观察两者的尾巴，产生一定的比较意识。学生通过比较可以发现，松鼠的尾巴是毛茸茸的大尾巴，而壁虎的尾巴则是又细又长。这种使用图片对比的方式，让学生的视觉受到冲击，更容易寻找出松鼠和壁虎尾巴的差异，具有真实性和直观性。教师通过展示两幅图片，使得学生既回忆了壁虎的样子，又让学生认识了一个新朋友——松鼠。紧接着，教师提出问题：壁虎断了尾巴可以再长出来，松鼠的尾巴会怎样呢？两者对比，激发了学生认识松鼠尾巴的兴趣，从"要我学"转变为"我要学"。利用图画进行对比，更直观、更强烈，大大提高了学生学习的注意力，调动了他们的学习热情。

（二）表格对比

在进行对比导入的时候，教师可以通过表格的形式进行对比，以达到清晰明了、一目了然的效果。

教学案例

各国的政治制度

同学们，我们刚学完英国的君主立宪制和美国的总统制，现在对这些知识进行回顾，自己尝试完成下面的表格：

不同政体比较

项目	英国君主立宪制	美国总统制	法国_____
国家元首	国王	总统	
元首产生方式	世袭	选举	
元首任期	终身制	任期制	
元首的实权	无	有	
政府首脑	内阁首相	总统	
政府产生方式	议会中多数党派领袖担任	总统任命	
国家权力中心	议会	总统	
行政权	内阁首相	总统	

学生填写表格，教师在教室内进行巡视。

师：同学们对之前学习的知识掌握得非常好。英国是实行君主立宪制的国家，美国采用总统制，两个国家不同的政治制度决定了元首、政府首脑等的不同。政治体制改革的风气在欧洲蔓延开来。法国当时实行什么样的政治制度呢？它采用君主立宪制？总统制？还是其他的政治制度呢？这和英美两国的政治制度有什么异同呢？今天我们就来学习法国的政治制度，希望同学们能在学习的过程中完成刚才表格空缺的地方。

杜威说："比较聪明的教师，都注意系统地引导学生利用学过的功课来帮助理解目前的功课，并利用目前的功课加深理解已经获得的知识。"在刚开始上课时，教师让学生积极开动脑筋，将英国君主立宪制和美国总统制的知识点进行了回顾，巩固旧知识。新课的教学内容是讲法国的政治制度，教师利用英国君主立宪制和美国的总统制为新课的学习进行铺垫。新旧知识的对比激发了学生学习新知识的热情。表格的设置将英国君主立宪制和美国总统制的差别清晰明了地展示了出来，这样的导入让学生不仅一目了然，而且能够花费较短的时间掌握更多的内容。

（三）跨科对比

现代教学依然采用分科教学，分为历史学科、地理学科、化学学科等，每一门学科都有相对独立的教学内容。不过这并不代表学科间缺乏联系，没有知识的交叉。实际上，每一门学科都有自己的教学内容，但是各学科间也有交叉或者互为前提的教学内容。

（四）现场对比

这里讲的现场对比是指教师利用课堂周围的环境，寻找合适的事物作为对比材料的方法。这种方法有利于培养学生善于观察自己身边事物的习惯，能够帮助学生懂得利用周围的资源。还有，现场对比既方便又容易，深受师生的喜欢。学生也可以根据学习的内容，在教室里寻找合适的对比现象，学会思考，学会自己动脑。

第四节　插图导入，异彩纷呈

课本资源是教师上课必备的法宝。善于利用书本插画，将为课堂增添光彩。

善用课本，精彩呈现

师：看，这是什么？（出示图片）

生：一个小孩子拿着两个气球。

师：是的（板书"2"），如果飞走了1个（板书"1"），那么还剩几个？（出示图片2）

生：一个！（教师板书"1"）

师：小孩子原来有2个气球，飞走了1个，还剩1个。（出示图片1和图片2）飞走了1个气球，就是在2个气球里去掉1个，去掉就要采用减法。（板书"—"）今天我们就一起感受减法的魅力！

减法的初步认识是一年级上册的数学内容。一年级的学生还是以形象思维为主，抽象思维没有得到很好的发展。教师要善于利用形象的方式来激发学生对数学的学习兴趣。一年级的学生刚接触减法，对减法不熟悉，因此教师聪明地选择了插图导入的方式。在真实的生活中，小孩子见到周围有小孩也会忍不住多看几眼。所以当一年级的学生看到插图上的小孩子，注意力便会转移到学习内容上。

何谓插图导入？插图导入是利用展示图片或图画进行的教学导入。它是教师教学导入的必备法宝，具有多方面的意义。

首先，激发学生的兴趣。孔子曰："知之者不如好之者，好之者不如乐之者。"激发学生的学习兴趣是成功进行课堂教学的重要保证。教师选择插图导入，丰富、绚丽的色彩，能够吸引学生的注意力，学生的目光注视着插图，教师再用通过讲解引导学生走进课堂，使他们顺利地进入学习状态。

其次，真实美妙的呈现。我们可以从插图看到世界各地美好的山河，也可以看到活泼可爱的小动物，还可以看到千奇百怪的事物……插图导入将真实又美妙的画面展示在学生的面前，让学生的视觉受到冲击，产生新鲜感，产生学习新知识的兴趣。

再者，丰富便捷的选择。科技的进步把我们带入网络时代，全球化的发展让我们享受到更多的资源。我们选择插图进行导入的一个重要原因便是快捷方便。教师能从各种渠道收集到丰富的插图资源。不管是从网络下载，还是从课本选择，插图导入都是一种既经济又便捷的教学导入方式。如此方便简单的导入方式深受教师的喜爱。

最后，培养审美能力。插图导入将丰富绚丽的图片展示在学生面前。学生面对各式各样的图片，产生很大的视觉冲击，会产生对比的意识。经过对比，学生会感受到不同插图的不同的美；经过对比，学生发现有的插图美得更胜一筹；经过对比，学生会形成对美的评判和享受……在长期插图导入的影响下，学生的审美能力会突飞猛进，能够懂得美、发现美。

现在让我们共同研究如何进行成功的插图导入吧！

一、重要前提：正确选择，精彩呈现

无论什么导入，正确地选择资源是成功导入的前提。选择好的资源作为导入是确保课堂教学顺利进行的关键。虽然插图资源比较丰富，教师可以通过多种途径搜索到各式各样的插图,但是选择插图还是需要依据一定的标准。那么,什么样的插图才适合用于教学导入呢?

(一)评判标准

1. 宜色彩鲜艳,忌眼花缭乱

插图导入的一个优点便是将艳丽的色彩呈现在学生眼前,让学生有美的享受。红的似火,蓝的像海,白的胜雪……各种各样的颜色让学生眼花缭乱。色彩虽然引人注目,但是不能将色彩的丰富与否作为选择插图的唯一标准。教师应该懂得采用中庸的思想——不偏不倚,恰到好处。过分鲜艳的画面会让学生头晕目眩,找不到插图的重点,甚至削弱学习的兴趣。另外,插图的选择不宜过多,应该少而精,让学生可以享受适度的美感。因此,教师在选择插图时要把握颜色的尺度和插图的数目,不能单一枯燥,也不能让学生目不暇接。

2. 宜清晰明了,忌复杂混乱

清晰的插图可以让学生快速、方便地捕捉到重要的信息,轻松地完成学习任务。所谓清晰的插图应该是色彩对比鲜明,像素较高,可以清楚地展示内容的插图。复杂混乱的图片容易让学生找不到重点,降低探究的兴趣。插图导入就是为了把缤纷的色彩、精彩的内容呈现在学生的眼前,吸引他们的目光,激发他们的学习兴趣。所以,为了让插图导入的优势充分发挥,教师选择清晰明了的插图是必要前提。另外,如果插图是展示给全班学生看的,除了需要清晰,还要有适当的尺寸。大的插图才能让全班学生看得见、看得清。过于小的插图不仅显得小气,还无法很好地展示。但是如果是以传递或者小组的形式展示,就可以本着节约、方便携带的原则,选择一些尺寸较小的插图。

3. 宜紧密联系,忌"乱认亲戚"

任何一种导入方式都应该与课文有实质性的联系。插图导入以鲜艳的画面、真实的展示、丰富的内容激发学生的学习兴趣。但是教师要注意不能选择与教学无关的插图,以免浪费教学时间,影响教学进度。乱选插图进行导入,会让学生的注意力停留在无关教学的内容上,浪费学生的时间和精力。

4. 宜健康积极,忌思想错误

课堂是教师传播知识的地方,教师在进行教学的时候应该注意信息的健康性和积极性。在选择插图导入材料的时候,教师应该严抓标准,避免把一些不良的思想传播给学生。如果选择一些反面的插图作为例子，教师必须加以引导，不能给学生的健康成长造成消极的影响。

（二）插图来源

1. 教科书

教科书不仅有丰富的文字，还配有丰富有趣的插图。这些插图不仅与课本知识有紧密的联系，而且色彩艳丽，用来导入十分恰当。教师选择教科书上的插图进行导入，最大的特点是方便和正确。如果备课时间比较紧，教师可以优先选择课本的插图作为导入。课本的插图都可以"躺"在学生的小手上，让学生有足够的时间反复地观赏。教科书的插图既方便教师，又亲近学生，是学生熟悉的好朋友。

2. 互联网

这是一个资源共享的时代。互联网改变了人们的生活方式，改变了人们的思想方式，改变了教师的教学方式。互联网就像一个深不见底的大海，里面有丰富的资源。只有教师想不到、看不到，没有教师找不到的东西。教师应该与时俱进，学会利用互联网，从伟大又神奇的互联网中找到合适的插图作为教学导入。

3. 好习作

很多学生收藏了许多珍贵的照片，或者拥有自己绘画的作品。利用学生优秀习作，不仅可以减轻教师的教学负担，还可以激发学生学习的积极性。其他学生对自己同学的作品容易产生亲近感，学习兴趣顿起，课堂气氛自然活跃起来。

（三）插图展示

1. 多媒体展示

多媒体设备已经出现在很多学校的教室里。小小的优盘，方便的邮箱，都可以让插图以便捷的方式展示在课堂中。宽大的屏幕、变化莫测的展示方式，让学生既能享受科技时代的便利，缩短教学的时间，又能提高教学的效率，增进课堂教学的效果。

2. 课本展示

上面提到，我们可以利用课本的插图进行教学导入。教师可以让学生直接欣赏课本的插图，快速、方便地进入导入环节。直接用课本插图展示的好处就是每个学生都可以清晰地欣赏插图的内容，不足的是学生已看过课本插图，相对于新颖的课外插图来说，学生的积极性要差一点。总的来讲，课本展示是一种很好的插图导入方式。

3. 照片展示

摄影设备在进步，照片的像素越来越高。教师可以准备清晰的照片，给学生欣赏，引起学生的注意，调动课堂气氛，激发学生对新知识学习的热情。利用照片进行教学导入也可以采用多种形式。教师可以采用投影的方式，便捷、快速地让学生欣赏精彩的照片。这些照片还可以是教师自己的或者学生从家里带来的。在课堂上，我们还可以让大家将照片以传阅、小组交换等形式进行欣赏，让学生在课堂中动起来，让他们的兴趣"飞"起来！

4. 图画展示

不管你是否是美术教师，各科教师都可以采用画画的方式进行教学导入。学生对教师具有一定的崇拜感，特别是小学生。如果教师能画出形象生动的简笔画，不仅可以激发学生学习的兴趣，紧紧吸引学生的眼球，还能建立教师的威信，实是一举多得。

二、重要作用：插图导入，遍布各科

插图导入拥有直观的形象、真实的展示对象、丰富的内容等，这些特点可以激发学生的学习兴趣。选择适当的插图是成功进行教学导入的基础。我们在进行教学导入的时候可以展示课文作者的画像，也可以把可爱的动物和美丽的风景"搬"进课堂，顺利地完成插图导入。

1. 展示作者画像

作者一般指的是文学、艺术和科学作品的创作者，有时也指某种理论的创始人，或某一事件的组织者或策划者。很多课本内容都有一个或多个创作者。通常来说，教师比较喜欢向学生介绍作者，通过感受作者的创作特点和生平，让学生更快更好地学习课本知识。而用介绍作者的方式导入教学，少不了作者画像的插图展示，让作者"真实"地出现在学生面前。特别是语文和音乐学科的教师比较常用展示作者画像的方式导入。

2. 描述动人风景

美丽的香山红叶，难忘的桂林山水，神奇的黄山松树，稀有的四川大熊猫……再形象生动、描写逼真的语言都无法代替亲眼所见。不到长城非好汉！没有看过风景的美丽，没有见过动物的形态，不管语言多生动形象都无法让学生形成全面、准确的认识。教学内容里的"主人公"，很多都是学生不曾亲眼看见的形象。课堂教学就是将课外的事物装进课本，介绍给学生。教师为了让学生对这些陌生的事物有所了解，将动人的风景和可爱的动物通过一张张插图展示在学生的眼前，激发学生学习的兴趣。比如：

在初二的生物课本里，第一章讲述各种环境中的动物。不管是水中生活的动物，还是陆地生活的动物，或是空中飞行的动物，一切都似乎离学生有点远。这时教师应该积极寻找各类动物的图片，让学生成为见多识广的精英。学生对这些有趣又新鲜的动物一定会兴趣满满，有助于他们掌握水陆空动物的相关知识。

3. 展示教师绘本

再清晰缤纷的插图，都不及教师在"众目睽睽"之下一挥而就的图画效果好。幼小的学生容易对知识渊博、能力非凡的教师产生崇拜感。教师可以直接在黑板上展示自己精湛的绘画功力，或者做好课前的准备，为自己的"大作"填上颜色。

4. 展现课堂形象

有的科目多涉及抽象图形，远离学生的生活，而学生以形象思维为主，抽象思维发展得不够好，有些知识难以快速掌握。教师应该充分发挥插画的作用，给予学生视觉的冲击，为学生学习新知识做好准备，促进学生对新知识的掌握。

5. 营造课堂氛围

比如，在国内学习英语，学生无法感受到英语国家的语言氛围，教师可以为学生展示英语国家的建筑和生活的图片，让学生初步体验这些国家的文化氛围。还有，教师可以为学生提供图片，让学生根据图片的情景进行对话练习，提高学习英语的兴趣。

三、重要条件：引导学生，顺利教学

教师采用插图导入就是为了激发学生学习的兴趣，轻松愉悦地进入新课学习。选择正确、合适的插图进行导入固然重要，如何挖掘插图和新课之间的联系也不容忽视。那么，具体来说，应该怎样"导"呢？

1. 寻找"同义词"

很多时候，我们选择材料作为教学导入是由于这些材料和新课有着千丝万缕的联系。因此，教师应该寻找新课的"同义词"，既可以发现导入的资料和新课之间相似的地方，又能巧妙地利用这些相似的"基因"，挖掘潜在的联系，从而顺利地完成教学导入。例如：

上述《长颈鹿》绘画课的教学中，美术教师利用学生已学的知识，利用长颈鹿和斑马拥有相似"长相"这一特点，顺势导入绘画长颈鹿的新课。又如，教学《坐井观天》，教师为了向学生介绍重要人物之一青蛙，首先让学生回顾学习过的课文《小蝌蚪找妈妈》。两篇课文的主角同样是青蛙，通过展示小蝌蚪找妈妈的图片，让学生将旧知识迁移到新内容《坐井观天》上，完成教学导入。寻找新课的"同义词"，既能为新课学习奠定基础，又可以减轻学生学习的困难。

2. 寻找"近义词"

"近义词"是指很多插图的材料都可以从生活中找到缩影和写照。教师应该挖掘新课"近义词"的丰富内涵，让学生在陌生的插图中找到熟悉的画面，从熟悉到不熟悉，逐渐深入，自然地过渡到新课的学习中。

3. 寻找"反义词"

教学导入的选择不仅可以从相似的地方开始，还可以从寻找相反的地方开始。寻找新课的"反义词"可以让学生深刻认识到新知识的特点，加深对新知识的掌握程度。因此，教师进行插图导入时，可以从寻找新课的"反义词"着手。例如：

在舞蹈课上，为了让学生掌握傣族舞蹈的柔美，教师在教学导入的时候让学生观看有关蒙古族的图片。广阔无垠的草原，策马奔腾的场面，蒙古人豪迈的笑脸……这无不让学生感受到蒙古族的豪迈奔放！接着再让学生欣赏有关傣族风土人情的图片，从中看到傣族不同于蒙古族的柔美。教师通过两组图片的对比，让学生通过感受到截然不同的两个民族孕育出特色各异的舞蹈。同是少数民族的舞蹈，傣族舞柔美典雅，蒙古舞豪迈奔放，学生通过感受两种舞蹈的差异，能够更好地掌握傣族舞蹈柔美的特点。

4. 寻找"多义词"

"多义词"是指丰富的教学语言。在教学过程中可以利用插图进行教学导入，但是不能过分依赖单一的插图。这里单一指的是插图导入不能无声无息，而是要发挥语言的作用，巧妙引导学生仔细观察插图内容，引导学生将插图内容和新课知识建立明确的联系，尽早进入学习状态。

第五节　音乐导入，调动情感

黑格尔说："音乐是精神，是灵魂，它直接为自身发出声音，引起自身注意，从而感到满足……音乐是灵魂的语言。"音乐同样可以作为教学导入的材料，给新课一个漂亮的凤头。

教学案例

声情并茂①

师：同学们，你们喜欢听音乐吗？

生：（点着头大声）喜欢！

师：老师也很喜欢欣赏音乐，下面就让我们一起听一段优美的乐曲，请你们想一想，你听到了什么？

（片刻，音乐欣赏结束）

生1：我听到了，小鸟在树林里欢快地歌唱。

生2：我听到了，小溪哗哗的流水声。

生3：我听到了，杜鹃在枝头放声歌唱——春天在哪里呀，春天在哪里。春天就在我们这美丽的大树林里。

师：对呀！这么优美的乐曲，你们知道是谁写的呀？

---

① 刘丽，戴青. 小学课堂教学微观技术丛书：导入 [M]. 上海：上海教育出版社，2004：239.

（出示萧伯纳的头像，板书：萧伯纳）

师：有一天，这位非常有名的戏剧家碰到了一位小女孩，他们之间会发生什么事呢？今天，我们就来学习第51课《萧伯纳和小女孩》。

门德尔松说："一首我喜爱的乐曲，所传给我的思想和意义是不能用语言表达的。"教学导入，教师不应该一味采用单一枯燥的语言，以免学生产生"麻木性"的厌倦。该名教师以音乐作为教学导入方式，新颖、别致，让学生从萧伯纳创作的乐曲开始了解萧伯纳，激发了学生学习《萧伯纳和小女孩》的兴趣。学生沉浸在优美的音乐中，感受萧伯纳的魅力，了解萧伯纳的故事。音乐令人沉醉，学生的思维火花得以迸发，学生带着探索的喜悦开始学习。

何谓音乐？音乐指的是有节奏、旋律或和声的人声或乐器音响等配合所构成的一种艺术。音乐导入就是在课堂教学活动中采用这种艺术进行导入，调动学生的情绪，在教师的引导下走进新课的学习。

在教学过程中采用音乐导入有什么意义呢？

首先，激发兴趣。兴趣不仅是学习中最好的老师，还是学生努力学习的不竭动力。在教学中，教师为了方便，通常会充分发挥语言的作用，让学生在语言的引导下进入新课的学习。如果教师经常使用单一的语言进行教学导入，难免单调无味，再动听的语言也难以激发学生学习的兴趣。如果教师在导入的时候利用贴切的音乐渲染气氛，相信将会大大激发学生的学习兴趣。

其次，体验情感。"音乐是一种声音艺术，是心灵的直接语言。"音乐里蕴含着作家满满的情感，一串串音符仿佛尽情地向听众诉说着自己的故事。学生一边听着音乐家深情的叙述，一边走进音乐家的世界，沉醉其中，感受浓浓的情感。德国教育家第斯多惠说："教学的艺术不在于传播，而在于激励、唤醒、鼓舞。"在教学导入的时候，教师可以选择与教学内容有着相似情感的音乐，让学生伴随着音乐，跟随着音乐表达的情感，走进新课学习。

再次，创设情境。创设情境是很多学科常用的教学手段。这种教学手段能够激发学生兴趣，增强情感体验，使学生产生身临其境的感受，促进学生对学习内容的理解。在教学中，教师可以利用生动形象的音乐为学生创设情境，让学生感受音乐渲染的气氛，走进教师创设的"圈套"。学生在这些"圈套"中不知不觉地产生积极情绪，即使遇到困难，也会激发出求知欲和主动性，并积极解决学习中遇到的问题。

最后，发展思维。南北朝文学家颜之推在《颜氏家训》中提倡孩子提早接受教育，重视胎教的作用。胎教中，音乐胎教是首选的教育方式。专家认为音乐胎教是利用有节奏的空气压力波对胎儿施教。胎儿不断地吸收声波，促进脑部的发展，可以为后天智力和音乐天赋的发展奠定良好的基础。学生如果可以经常受到音乐熏陶，不仅可以陶冶性情和舒缓心情，还可以发展思维，促进学习成绩的提升。

音乐导入不仅可以激发学生的学习兴趣，还可以为学生创设动人的情境。

一、合适选择，导入前提

选择合适的音乐才是最好的，好的选择是导入的必要前提。我们根据学习内容的不同、情感的差异，选择不一样的音乐作为教学导入。现在我们共同研究如何选择一首好的音乐吧！

（一）风格的选择

1. 寻找相似

黑格尔说："通过音乐来打动的就是最深刻的主体内心生活；音乐是心情的艺术，它直接针对着心情。"教师采用音乐导入就是为了让学生通过音乐更好地进入学习状态。教师可以选择与新课内容感情基调相似的音乐作为教学导入。例如：

教学六年级《卖火柴的小女孩》，教师要引导学生初步感受《卖火柴的小女孩》悲伤的氛围，在教学导入的时候播放了一首悲伤的歌曲《火柴的天堂》，让学生伴随着淡淡的哀伤，走进文本，走进小女孩。音乐可以是让人欢喜的甜食，也是可以让人悲伤的催泪剂。《火柴的天堂》仿佛在向学生慢慢地诉说卖火柴的小女孩悲惨的故事，仿佛带领着学生来到小女孩面前，感受可怜的她追求幸福的愿望。

2. 寻找相反

用音乐来导入新课，让学生感受音乐的感情，愉快地投入学习，有利于学生智力的发展。教师在选择音乐进行教学导入时，不仅可以寻找与学习内容有着相似感情基调的音乐，还可以选择与学习内容有着相反感情基调的音乐，以便促进学生对新知识的感悟。例如：

在教学《雁儿飞》的音乐课上，教师为了让学生区别和归纳新旧歌曲的不同，在教学导入的时候选择了《上学歌》与之进行对比。《上学歌》和《雁儿飞》都有儿童化的歌词、鲜明的节奏，是低年级儿童比较容易掌握的音乐。但是欣赏两首歌曲后，学生可以发现两者的不同。《上学歌》是一首"旧歌"，教师要求学生歌唱，感受其中活泼、快乐、高兴的情绪。接着，教师范唱新歌《雁儿飞》，并要求学生感受歌曲强烈的节奏感，联想小雁儿在蓝天自由飞翔的愉悦心情。通过不同类型音乐的导入，学生发现两首歌曲节奏的不同，情绪的差异，顺利地学会了《雁儿飞》这首歌曲。

（二）音乐的来源

1. 熟悉的音乐

音乐美如天籁，深受人们的喜欢。不管在课堂上或者课堂外，学生经常欣赏音乐，都有自己喜欢和熟悉的音乐。所以，教师可以根据自己的判断，或者通过谈话、问卷等形式，了解学生熟悉的音乐，以便导入时"信手拈来"。学生在熟悉的音乐调动下，容易形成融洽的学习气氛，从而为成功地进行学习活动奠定基础。

2. 另类的歌曲

有的音乐宛如细细流水，慢慢滋润人的心田；有的音乐如万马奔腾，给予人精神的震撼；有的音乐像一群活泼的精灵，欢快地在人们眼前跳跃……音乐世界丰富多彩，学生不可能清楚地了解音乐世界的一切。教师在选择音乐进行导入的时候，可以选择一些学生感觉比较特别的音乐，使学生被奇妙的音乐紧紧吸引，随着音乐的脚步进入新课的学习。

（三）音乐的展示

1. 媒体播放

现代教育技术为教学提供了便捷的方式，教师可以利用多媒体，将音乐带到课堂中，让每位学生都能静静地欣赏音乐，并逐渐进入独特的学习氛围中。通过播放富有特色的音乐，让学生有了美的享受，进而带着愉悦的心情进入学习。总的来说，多媒体播放既减轻了教师的负担，又丰富了导入方式，是一种深受师生喜爱的导入方式。

2. 学生哼唱

学生是教学活动的主体。教师选择音乐作为教学导入，可以让学生"主导"音乐进入课堂的形式。学生可以伴随着音乐哼唱歌曲，也可以分组或个人进行歌唱。让学生"当家做主"，不仅有利于学生积极进入学习状态，而且能够调动学生学习的热情，提高教学的效率。

3. 教师范唱

教师仿佛就是学生的偶像，拥有着多方面的才能。如果教师在音乐方面有着不错的特长，不如自己在学生面前进行范唱。这不仅比媒体播放显得更真实和亲切，而且更容易把学生的注意力集中到教师身上，为下面的学习奠定基础。

4. 乐器演奏

音乐是依靠各种乐器演奏出来的。每一种乐器都有各自的特点，给人不同的听觉享受。教师或者学生可以利用乐器为教学导入献出自己的一份力。这种方式不仅可以创设情境，为教学导入奠定基础；还能为学生展示才艺提供难得的舞台，帮助学生树立信心。

二、音乐课堂，充分利用

音乐导入可以运用到各科的教学中，特别是音乐课。音乐环绕课堂，植入学生内心，可以帮助学生体味人生的喜与悲！现在，让我们一起感受音乐导入在音乐课上的魅力吧！

（一）音乐进场，融入世界

很多音乐教师，特别是教学低年级学生的教师，喜欢让学生伴随着音乐进入课堂。这种"进场"不仅让学生有了上音乐课的意识，而且使得学生全身心地动起来，快速地进入上课的精神状态。比如：

在欣赏管弦乐曲《跳圆舞曲的小猫》的教学中，上课伊始教师就弹着《跳圆舞曲的小猫》，让学生听着音乐走进课室。然后教师让学生讲述自己喜欢的小动物。学生伴随着背景音乐进场，仿佛进入到了一个动物化妆舞会的情境，注意力集中到情境中，快速地进入到《跳圆舞曲的小猫》的学习中。教师为学生创设一个化妆舞会的情境，使得学生在音乐的带动下进入情境，慢慢深入体会《跳圆舞曲的小猫》的音乐美。

（二）乐器演奏，吸引注意

赞科夫说："不管你花多少力气给学生解释掌握知识的意义，如果教学工作安排得不能激起学生对知识的渴求，那么这些解释仍将落空。"在音乐课上再多的讲解都不如让学生亲自感受。在实际教学中，教师可以为学生来一场乐器演奏会，使学生的双耳和眼睛有美的享受。为学生演奏乐器是音乐教师的基本功，也是教学中常用的一种手段。

很多音乐教室配有良好的音乐设备，通常都少不了钢琴的存在。在小学生的音乐课上，教师刚开始的时候一边为学生弹奏《嘀哩嘀哩》，一边描绘春天美好的景色。教师高超的演奏技术、精彩的语言描述、动听的音乐演奏，让学生的注意力快速地集中到课堂上。

（三）又唱又跳，其乐无穷

古人云："言之不足，故嗟叹之，嗟叹之不足，故咏歌之，咏歌之不足，不知手之舞之，足之蹈之也。"这句话表达了学生，特别是低年级学生的心声。小学生"言""嗟叹""咏歌"的能力欠缺，因此就需要教师采用舞蹈的教学形式，激发学生的学习热情，促进他们对新知识的掌握。比如：

为了让学生感受《跳柴歌》的弹跳性和快乐的情感，教师在导入的时候一边用手风琴拉《跳柴歌》，一边让学生分组进行跳绳，感受跟着音乐跳绳的乐趣。学生伴随着音乐跳绳，步伐一致，整齐统一，可以产生美的视觉感受。奥尔夫说："让孩子自己去寻找，自己去创造音乐，是最重要的。"教师为了让学生感受这首歌曲的特点，从学生生活出发——跳绳，通过跳绳和音乐的配合，充分调动学生肢体的活跃性，激发学生潜藏的学习兴趣。学生在快乐又轻松的氛围中感受《跳柴歌》的节奏，记住了《跳柴歌》的旋律，也从中掌握了新课的知识。

（四）播放音乐，创设情境

音乐是最富有艺术的情感，最容易调动和激发。音乐可以将自身蕴含的故事慢慢地展现给听众，让听众感受其中的酸甜苦辣。它通过节奏的变化、力度的强弱、旋律的改变，直接撞击人的内心深处。在音乐课上，教师可以通过音乐导入让学生的情感随着音乐飞扬，进入音乐的情境。

三、入情入境，遍布各科

别致新颖的音乐导入并不仅深受音乐教师的青睐，还深受其他学科教师的喜爱。

（一）语文课堂，增加特色

古人云："感人心者，莫先乎情。"在课堂教学中，特别是语文这门学科，主要靠语言来表达教师的感情和思想内容。语文学科特别需要声情并茂，让学生感受文本蕴藏的思想感情。而音乐可以让人沉醉，在语文教学中可以利用音乐的魅力进行导入，用丰富多彩的形式引领学生体会文本蕴藏的悲欢离合。例如：

小学语文实验教材有一首儿歌课文——《做早操》。传统的语文课堂无非是讲！讲！讲！如何呈现一节令学生"意想不到"的课呢？这时教师可以采用音乐导入的方式，让学生一边欣赏歌曲《郊游》，一边进入新课学习。《郊游》是一首欢快的歌曲，学生在愉快的旋律中可以放松心情，自然地进入新课学习。

（二）数学课堂，欢声笑语

人的大脑分成左右半球，有各自的分工。右半球控制人体左侧器官，主管立体图像、音乐艺术，还有形象思维。当我们播放音乐进行教学导入的时候，学生的右半球就会受到刺激，迸发新的灵感。正所谓"转轴拨弦三两声，未成曲调先有情"。音乐一响起，仿佛就能产生一层层的涟漪，拨动学生的心弦。数学课堂是一个经常使用教具的学科。教师不仅要经常利用合适的教具辅助教学，还应该善于利用音乐，通过音乐提高课堂教学效率，激发学生学习的热情。

比如在学习三角形外角定理时，教师可以采用《红旗飘飘》进行导入。伴随着激昂又动听的音乐，学生的积极性被逐渐激发，快速地进入到课堂教学中。贝多芬说："音乐能使人的灵魂爆发出火花。"音乐是辅助学生数学学习的一把钥匙，能让学生的思维"突飞猛进"。

（三）英语课堂，趣味十足

英语是一门语言学科，让学生灵活地运用英语这一门语言，懂得说、懂得听、懂得写是英语教学的基本任务。教师为了让学生更好地掌握英语，经常采用各种形式促进学生听、说、写的英语能力。唱歌是学生喜欢的形式之一，不仅可以活跃课堂气氛，还可以很好地锻炼学生听说英语的能力。因此，在英语的教学中，教师不妨采用音乐导入的形式进行课堂教学。例如：

在学习颜色之前，教师通过让学生唱《A Rainbow》的方式进行教学导入。学生跟随着音乐，小嘴动起来，双手舞起来，小脑袋摆起来，快速地从歌曲过渡到英语的学习中。

（四）历史课堂，悲喜交加

历史长河中，有千千万万值得记载的事件。学生可以使人明智。但历史，也意味着离学生距离遥远。我们生活的时代与以前截然不同，难以感受吃不饱穿不暖的悲惨，也难以感受抗日英雄英勇奋战的悲壮，还难以感受新中国成立的喜悦……历史教师可以利用不同的音乐渲染不同的氛围，让学生在音乐的调动下感受历史事件里的悲与喜。例如：

在讲述抗日战争期间人们英勇抗日的历史时，教师可以让学生欣赏歌曲《大刀歌》作为教学导入，使学生从音乐中感受英雄的英勇无畏，体验歌词中对英雄的描写，慢慢走进当年抗日战争历史的学习。

（五）体育课堂，整齐有力

在体育课上少不了做准备运动或通过游戏来锻炼身体。如果加入音乐，将更容易调动学生的积极性，让学生在音乐中享受运动的快乐。

在实际教学中，体育教师或体育委员喊口令带领学生做准备运动不仅辛苦，还显得有点枯燥。而如果让学生跟随着音乐做准备运动，不仅省事，还可以培养学生的节奏感，让他们伴随着音乐做出更整齐规范的动作。

音乐是一个个跳跃的音符组成的，可以在各科的课堂上发挥自己重要的作用。教师应该积极使用音乐作为教学导入，让课堂变成一个生动有趣的地方。

第六节　实战案例：如何精心导入，吸引注意

一、实战案例

音乐导入，趣不可挡①

师：今天的音乐课，老师请同学们来欣赏一首歌《天亮了》。边听边想，歌词主要说了什么内容？带给你怎样一种感受？

---

① 陆学文. 小学音乐"妈妈的歌"教学设计及课堂实录［EB/OL］. (2005-10-13)［2012-05-11］. http://yy. fyjy. net/notice. php? id=4955&classihtml. 本文略有删节。题目为作者所加。

（点击播放 Flash 动画歌曲《天亮了》，师生共同欣赏）

生1：这首歌讲了一个小女孩，她的爸爸妈妈过世了，她在这个世界上觉得非常孤独和寂寞，她非常想念爸爸妈妈。

师：是的。歌曲带给你怎样的感觉呢？

生1：伤心的、悲伤的。

师：是啊，这首歌曲的歌词、Flash 画面以及感人的旋律都让我们感到很悲伤。其实，这首歌的源于一个非常真实、感人的故事。哪位同学能给大家说一说？

生2：一天，一家三口出去玩，在坐缆车的时候发生了意外，缆车从半空中跌落山谷。爸爸把孩子高高地举起，等营救人员发现时，其他人都死了，而孩子成了唯一的幸存者。

师：是的！真如这位同学所说，就在缆车落地的一刹那，那位年轻的父亲用尽了全身的力气高高地把孩子举过了头顶！这是多么伟大的爱呀！缆车上其他人都遇难了，唯有这个两岁的孩子却活了下来！媒体报道这则新闻后，许多人都被这对父母的举动深深感动了！韩红看了更是激动不已。她连夜写下这首歌《天亮了》用来纪念这对勇敢的父母，并且还领养了这个孩子！每次听这首歌，我都会感动！被这对父母的爱感动！被韩红的善良感动！更被这首歌曲所感动！同学们，让我们再一次走近韩红，再来听听她唱的这首歌，再来感受一下这对年轻父母伟大、无私的爱！

（点击播放韩红现场演唱的歌曲《天亮了》，师生再次欣赏）

师：这是多么伟大的爱啊！在生命的最后时刻，他想到的不是自己，而是自己的孩子！其实，天下的父母都是一样的！为了我们的健康成长，他们一定付出了很多很多！现在请你回忆一下，你能说说爸爸妈妈最让你感动的一件事吗？

生3：我三四岁的时候经常生病，一感冒就得中耳炎。半夜里爸爸妈妈经常用摩托车把我送到医院，一起陪着我输液到天亮，第二天还照常上班。

生4：二年级的时候，我出了车祸。警察阿姨发现后打电话给妈妈。妈妈急忙赶来，一看我那个样子就哭了，含着眼泪把我转到骨伤科医院，爸爸在外面出差，知道后也赶回来陪我。

……

师：听了同学们的介绍，我心里特别感动！虽然爸爸妈妈对我们的爱不一定惊天动地，但是，在每一个平凡的日子里，他们对我们的爱却不经意地渗透在点点滴滴的小事上！可能是一个爱怜的眼神，一句鼓励的话语，一顿热乎乎的早饭，也可能是下雨天为你送一次伞……但是他们对我们的爱却无处不在，无时不在！我们该怎样回报？怎样感恩？怎样报答他们给我们的爱呢？让我们来听一首歌，看看歌曲讲了什么内容？表达了怎样的情感？

……

二、实战经验

导入作为课堂教学的组成部分，一直发挥着不可或缺的重要作用。一个好的导入就是一次成功的基础，"未成曲调已有情。"那么如何精心导入，吸引学生的注意力呢？

（一）精心准备

教学导入的成功与否很大程度取决于教师的准备情况。教师精心准备教学导入需要几个步骤。

1. 备好学生

学生是学习的主体。每一个年级、每一个班级、每一个学生都有各自的特点。维果茨基提出最近发展区理论，要求教师应该根据学生的水平，带领学生往最近发展区发展。教师不能一本书通读到底，应该积极地了解学生的情况，根据教学对象的性格特点、认知水平和其他方面的能力采取合适的导入方式。在进行《唱给妈妈的摇篮曲》的教学前，教师从学生的实际出发，让学生说说自己在生活中感受到父母关爱的故事，使得学生将实际生活与音乐紧紧地联系在一起，感受父母对自己的爱，走进《唱给妈妈的摇篮曲》的学习。

2. 备好新课

每一堂新课都有相应的教学重点和教学难点。教师对新课的把握会直接影响课堂教学的质量和效果。深入新课的教学内容是每一位教师在上课前的"前菜"，不容置疑和改变。教师对课本的深入解读有利于应对学生千变万化的提问和答案，避免无法回答学生提问的尴尬。在进行《唱给妈妈的摇篮曲》的教学中，教师深入体会歌曲，理解作者对母亲的热爱，对母爱的歌颂，因此采用了合适的音乐作为导入，带领学生感受伟大的母爱。

3. 备好自己

教师作为教学活动的组织者、引导者，在课堂中发挥着极其重要的作用。或许某节课采用音乐导入是最合适的，但是由于教师自身对音乐方面的不熟悉，对音乐导入的方法掌握得不够透彻，就会产生很多问题。在《唱给妈妈的摇篮曲》的教学中，我们看到教师对几首歌曲有自己深刻的理解，体会到音乐表达的情感，并顺利地将导入的歌曲和《唱给妈妈的摇篮曲》进行联系，成功地完成了音乐导入。

4. 备好导入

导入的方式各种各样，具有不同的类型和手段。每一种导入的方式都有自己的特点和运用的范围。每一篇课文都可以采用多种导入方式进行。贝多芬说："音乐是比一切智慧、一切哲学更高的启示，谁能渗透我音乐的意义，便能超脱寻常人无法自拔的苦难。"在《唱给妈妈的摇篮曲》的导入部分，教师也可以采用有关歌颂父亲的歌曲进行对比导入，让学生感受母爱与父爱的相同点和不同点，使得学生学会回报父母，学会感恩！教师应该掌握多种导入的方式，不能单一地采用一种导入方式，要灵活地运用各种方法，为新课教学奠定良好的基础。

（二）现场发挥

门德尔松说："在真正的音乐中，充满了一千种心灵的感受，比言词更好得多。"音乐导入能够拨开学生迷茫的思路，让学生有豁然开朗的感悟。这位教师让音乐贯穿在导入的各个角落，实是精彩。

1. 循序渐进，激发热情

导入是一个渐进的过程，需要教师循循善诱，带领学生走进自己预设的局面，激发学生学习的兴趣。在音乐课堂上，如果教师直接采用本节课学习的歌曲进行导入，相对来说大大降低了新颖的程度，无法激发学生学习的热情。这节课是让学生学习《唱给妈妈的摇篮曲》，但是采用韩红的《天亮了》进行教学导入。学生从《天亮了》的歌词中感受到父母的爱，体会到父母对自己的爱，从而带着这份爱进入《唱给妈妈的摇篮曲》的学习。

2. 反复感受，情感提升

有时候由于学生认知水平发展不够完善，对一些事物的理解还不够到位。教师除了可以运用语言进行讲解，还可以让学生再次回顾导入材料，提升学生学会思考、学会自己解决问题的能力。在这节音乐课上，教师用音乐进行导入，不仅让学生初次欣赏歌曲，而且还让学生反复品悟音乐蕴含的魅力。学生反复地欣赏歌曲《天亮了》，从中体会歌词表达的意思和感情。紧接着教师引导学生讲述父母做过最让自己感动的事情。《天亮了》饱含着父母浓浓的爱。学生在浓浓的音乐氛围中，回忆父母对自己的好，感情迅速提升。

3. 顺势引导，成功导入

不管是音乐、视频、插图，还是故事，只是作为一种导入的材料。教师要牢记自己是教学活动的主导者，要充分发挥自己引导的作用，把学生顺利引入新知识的学习活动中。在导入的时候，教师应该细心观察学生的反应，及时进行引导。教师那一句句动人的话语，伴随着感人的音乐，把学生一步步带进新课的学习。没有短暂的空缺，没有尴尬的冷场，没有一丝的无聊，只有对母爱、父爱深深的感动，只有对新课知识浓浓的兴趣。

（三）课后反思

课后反思是教师工作的必要环节，有助于提高教师的教学能力，有助于找出自身教学的问题，有助于踏上名师之路。

1. 教后思

我们可以看到，《唱给妈妈的摇篮曲》的教学导入是成功又精彩的。但是即使是名师教学，课堂中也还是会存在着与教师当初预设不同的地方，或者有些地方处理得不到位，或者有些地方换一种方式可能效果更好……如果教师经常将促进学生发展、不断提高自己的教学能力作为目标，每天进行自我反思，那么教师就可以在平常的教学中发现不平凡的东西。因此，教师应该重视自己对教学导入的反思。我们可以问自己几个问题：

（1）导入方式选择是否正确？

（2）导入时间是否把握得当？

（3）自己是否充分起到了引导者的作用？

教学《唱给妈妈的摇篮曲》后，教师不妨反思以上几个问题，这样不仅能够完善自己的教学，还能促进学生的发展。

2. 教后改

教师应该将"要我反思"转换为"我要反思"，达到自愿反思的效果。有些经验丰富的教师没有养成写反思录的习惯，但是他们每天看到不同的学生，面对多变的课堂，遇到不同的事物，在长期的反思中积累了一定的经验，内化成为他们的教学行为和教学思维，所以似乎感觉不到他们的反思行为。在《唱给妈妈的摇篮曲》的教学中，教师如果主动回顾、发现不足、加以完善，就会在下次的教学导入中取得更好的效果。

三、实战策略

（一）导入，引领全堂

赋有艺术性的导入能够产生巨大的蝴蝶效应，达到牵一发而动全身的效果。神奇的导入就是一把打开成功课堂大门的钥匙，把学生带进一个奇妙的世界，激发学生学习的热情，让学生在导入材料和新课之间穿越，带着无限的热情进行整堂课的学习。教师应该引导着学生畅游精彩的课堂，让学生的思维在自由的天空纵情放飞。

（二）导入，锻炼能力

导入有故事导入、影视导入、对比导入、插图导入和音乐导入等形式。故事导入培养学生讲故事的能力；影视导入引导学生走进科技时代；对比导入让学生发展比较思维；插图导入拓宽学生的视野；音乐导入培养学生的艺术审美的能力……学生在各式各样的导入中或想象，或操作，或运动，从而锻炼了多方面的能力，促进了自身发展。教师应该丰富导入的方式，给予学生新鲜感，使教学进入快车道。

（三）导入，吸引注意

心理学研究认为，客观刺激物可以引起学生的无意注意。不管是强烈的声音刺激，还是对比突出的事物，都可以吸引学生的注意力。导入就是利用学生对材料的新奇感，通过丰富多彩的刺激，让学生集中精力走进课堂，顺利地完成教学任务。教师在选择导入材料的时候，一要考虑与教学内容相关，二要考虑学生的兴趣点，以便更好地吸引学生注意。

第三章

活动教学，寓教于乐

陶行知非常推崇"教、学、做合一"的教学模式，他指出："做是学的中心，也是教的中心。"心理学家通过研究也得出了这样的结论——小学生学习的规律是：听过一遍就忘了，看过一遍就有印象了，做过一遍就学会了。可见，要提高教学的实效性，在教与学的基础上还应该让学生去"做"。

在《今日课堂缺什么》一书中，一位教师说：

> 教了这么多年书了，对原来的一套内容体系都很熟悉了，突然要面对很多的新内容，尤其是上课还要尽量地使学生动起来，我担心这些做不来……其实你说，教学不就是让学生从老师这儿多知道些知识嘛，老师总不说，让学生自己猜，时间长了学生会怎么想啊？登上讲台的那一刻啊，我脑子里就想着：只要把我准备的东西全部讲完，就是胜利；整堂课如果不出错、一气呵成的话，就说明我真的表现不错。至于学生的体验与反馈，也就是日后在写课后反思时随便加上几句的事情啦。①

这是一所实验学校一位有将近30年教龄的教师的自述。时代在发展，教师不能固守陈旧的教育模式，应该以新的理念看待教育，以新知识促进自己的发展，以满足教育的需要。很多"老"教师对教育改革充满恐惧，希望教育可以一成不变。他们的教案不变，教学方法不变，教学思想不变。这种观念是错误的，但表达了很多"老"教师的心声。然而，作为知识的传播者，教师必须为学生的全面发展服务，更应该以一种新型的教育

---

① 陈芳，程小文. 今日课堂缺什么［M］. 南京：南京大学出版社，2011：60.

方式投入教书育人的工作当中。变，是顺应时代进步的趋势，是力求发展教育的态度。

一、活动教学的内涵

在古代，活动教学"行知说"已经提及。《活动教育引论》指出："我国自春秋战国时期以来，关于'知''行'及其关系问题一直处于争论之中，其间唯物主义知行观与唯心主义知行观鲜明对立着。唯心主义的知行观主要见之于老聃的'不行而知'；孟轲的'行有不慊于心，则馁'；庄周的'同于大通，此谓坐忘'；董仲舒的'法天之行'；王弼的'不行而虑可知'；佛教四大主要宗派的'五位修行''止观并重'；程颐、朱熹的'知先行后'和王守仁的'知行合一'。唯物主义的知行观主要有孔子的'听言观行'；墨子的'言足以复行者尚'；荀子的'行高于知'；张载的'知由内外之合'；王廷相的'付诸理而尤贵达于事'；王夫之的'行先知后'；孙中山的'以行而求知，因知以进行'；陶行知的'行是知之始，知是行之成'；一直到毛泽东的辩证唯物论知行统一观。"①

杨莉娟在《活动教学的内涵、立论基础及其价值》中认为：活动教学是指以在教学过程中建构具有教育性、创造性、实践性的学生主体活动为主要形式，以激励学生主动参与、主动实践、主动思考、主动探索、主动创造为基本特征，以促进学生整体素质全面发展为目的的一种新型的教学观和教学形式。从以灌输、讲授为主的教学形式转变为以活动为主的教学形式，这不仅仅是教学组织形式的改变问题，更涉及教育观念深层次的变革。② 现代教学提出活动教学法，在活动课程的指导下，改变传统单一的讲授模式，让学生在丰富多彩的活动中掌握知识，享受学习的快乐。

活动教学改变了固定单一的教学方式，生动有趣，是一种既锻炼身体，又培养能力的教学方式。它能强有力地调动教学气氛，为教育的发展提供了多样化的选择，受到广大师生的喜爱。

---

① 田慧生，李臣之，潘洪健. 活动教育引论 [M]. 北京：教育科学出版社，2000：1-2.
② 杨莉娟. 活动教学的内涵、立论基础及其价值 [J]. 东北师大学报（哲学社会科学版），1999（3）：87-91.

二、活动教学的特点

（一）自主性

活动教学的一个比较大的特点就是充分发挥学生学习的主体地位，尊重学生自主探究知识的过程。这种新型的教学模式改变了教师唯我独尊的地位，转变了教师单一灌输的局面，学生可以在活动教学中获得一定的自由，通过自身的努力寻找问题的答案。学生在这一过程中，可以逐渐培养自主意识，掌握独立解决问题的能力。

（二）体验性

相对其他教学方式来讲，活动教学让学生通过全身心的"运动"，积极投入学习活动中，感受其中的得与失，欢与悲。学生通过亲身经历，获得深刻的体验，有利于对活动留下深刻的印象，激发学习热情。

（三）互动性

活动教学突出了学生在学习活动中的主体地位，但是没有忽略教师独特的主导作用。学生在参与活动的过程中需要教师的引导和帮助，否则会像没头苍蝇随处乱撞，无法达成活动目标。师生在活动教学中要相互交流，相互促进。作为活动教学的组织者和管理者，教师应该与学生一起探究知识，以便提高教学效率。同时，教师是活动教学的引导者，应该给学生指明前进的方向，以达到事半功倍的目的。

（四）创新性

活动教学一改传统教学学生端坐教室，认真听讲的模式，让学生自主活动，通过动手、动脚、动口，动脑的方式达成教学目标。学生感受到活动教学的新颖性，带着好奇与热情投入活动中，享受快乐学习的魅力，培养多方面的能力，从而促进身心的全面发展。

三、活动教学的意义

（一）活动教学的价值

1. 激发学生学习的兴趣

现代教学采用活动的方式进行教学是为了打破传统枯燥的讲学模式，让学生在丰富多彩的活动中快乐地学习。激发学生的学习兴趣是活动教学的首要出发点。学生学习兴趣的激发可以让教学事半功倍。活动教学不仅让学生动起来，还让笑容挂在孩子的脸上。

2. 促进教学任务的完成

杜威认为："学校科目相互联系的真正中心，不是科学、不是文学、不是历史、不是地理，而是儿童本身的社会活动。"教师采用活动的形式进行教学是为了更好地完成教育任务。适当、正确的活动教学有助于促进教学任务的完成，成为现代教师教学的常用方式之一。

3. 鼓励学习活动的活跃

活动教学常常采用多种方式，营造轻松的氛围学习，让学生动起来。学生在活动中不仅要开动脑筋，还要活动手脚，使四肢得到舒展。活动教学可以让学生动起来，是一种快乐又活跃的教学形式。

（二）活动教学的要求

1. 充分明确组织活动的目的

活动教学的目的是为了激发学生学习的兴趣，让学生在快乐中学习，但是不能为了激发兴趣而忽略教学目标。教师应该谨记活动教学的组织是为了教学目标服务，应该根据教学内容考虑是否要进行活动教学，采取何种活动进行教学。我们不能为了激发学生兴奋的因子，而盲目地采用活动进行教学。活动教学只是为了促进教学目标完成的一种方式，而不是唯一的道路。

2. 充分营造自主轻松的氛围

在活动教学过程中，学生是学习活动的主体，他们掌控自己的行为，自觉地参与到活动中，而不是教师的小跟班。因此，无论是教学目标、教学内容，还是教学方法，都要充分发挥学生的主体地位，让学生享有更多的自主。教师应该按照学生的需要组织活动教学，营造轻松愉快的氛围，让学生在活动教学中真正地活动起来。

3. 充分发挥教师引导者的作用

活动教学给予学生充分的自主和快乐，但是自主是相对的。教师作为活动教学的参与者、引导者，应该给学生明确的指导，让学生能学、会学、敢学，并及时给予积极的评价。我们不能把活动教学的作用局限于活跃气氛，而忽略了为教学目标服务的效果。教师应该善于控制活动教学的气氛，不能让学生过于安静，也不能让学生亢奋到一发不可收拾。

现在，活动教学已经广泛运用于课堂教学中，它有竞赛、角色扮演等多种形式，在日常教学工作中发挥着越来越重要的作用。

第一节　说：语言流畅，深刻风趣

流畅的语言不仅能够提升课堂效率，还可以营造有趣的课堂氛围。

语言也是"战斗力"①

我喜欢做课堂实录，因为可以拿回去慢慢地微格分析；虽不懂指法，却由于熟练，用三个指头竟能在键盘上快如疾风，与教学进度基本同步。然而，这两节课，语速实在太快，内容实在太多，嗒嗒嗒嗒，像机关扫射，直让我手指痉挛，心惊胆战，苦不堪言。据不完全统计（也根本无法完全统计），我发现第一节课，师生对话共 3510 字，剔除课文朗读，学生 1042 字（包括习作朗读），占 29.7％；教师 2468 字，占 70.3％。课后，我向执教老师提醒，她很不好意思，说虚心接受。不料第二节换班上课，却变本加厉，师生对话共 3660 字，仍然剔除课文朗读，学生只剩 845 字（也包括习作朗读），占 23.1％；教师 2815 字，占 76.9％。前后比较，第二次教师的增长了 6.6 个百分点。从话语流向来看，第一节课 51 次，第二节课 63 次，全为教师主动，而没有一次是学生主动的。而且对话面不广，只十个不到的优秀学生在反复起坐，成为 45 分钟里鲜见的亮点，更多的学生明显"失声"，几乎彻底沦为旁听者。

这是一名听课者对两堂同课异构课的感言。学生在学习活动中的主体地位不能仅仅停留在空说的阶段，要在实际教学中落实。在真实课堂中，学生掌握话语权是学习主体地位的体现。但是很多教师依然"大权独揽"，不肯将话语权下放给学生。而活动教学则更重视学生的主体地位，鼓励学生在各式各样的活动中学习说、勇敢说、学会说。

---

① 陈芳，程小文. 今日课堂缺什么［M］. 南京：南京大学出版社，2011：42. 题目为作者所加。

卡纳基说："现代成功人士 80％都是靠一根舌头打天下……"有人认为人的说话能力是几种综合能力的反应。学生具有敏锐的观察能力，才可以获得大量说话的素材；学生具有较强的记忆力，才可以将大量的材料铭记于心；学生具有丰富的想象力，才可以将朴实的内容精彩地表达出来……总之，教师应该通过活动教学，培养学生说的能力，发展学生的综合素质。

一、说的原则

（一）情境性原则

教师为学生创设一个特定的情境，帮助学生在活动教学中多说。学生离开了特定的情境就不知从何说起，造成无话可说。当进入一定情境的时候，学生就容易产生一种身临其境的感受，提高说话的积极性，激发学习的热情。

（二）互动性原则

活动教学要培养学生说的能力，要为学生提供说的对象。交流是一个双向的过程，教师应该鼓励学生相互进行交流，在对话或交谈中促进说的能力。同时，活动教学鼓励师生间互动，两者进行双向交流，这不仅能促进学生"说"的能力，还能增加师生间的感情。

（三）多样性原则

鼓励学生说的活动教学，有着各式各样的方式。演讲、朗读、对话等都是锻炼学生说的活动教学方式。教师可以根据教学的内容、学生的实际情况，有针对地选择合适的方式。学生借助丰富多彩的方式，不断地提升自己说的能力，享受快乐的学习氛围。

（四）实践性原则

实践出真知。学生要想在活动教学中不断提高自己"说"的能力，就必须让课堂变成实战的场地，通过不断地实践，锻炼自己说的能力。教师也可以通过活动教学的形式，发挥自己作为引导者的作用，提高控制课堂的能力。学生在不断的实践中学习说的方法，将会显著提升表达能力。

（五）主体性原则

活动教学将学生的主体地位放在一个极其突出的位置。在活动中，学生可以自由地说，积极地说，正确地说。在事先制订的规则下，大家大胆地说出心底的话，尽情地舞蹈自己的双手并不是幻想。教师在活动教学中只是起着组织协调的作用，所以一定要充分重视学生的主体地位，尊重学生的自由发展。

（六）差异性原则

每个学生都是世界上独一无二的。在活动教学中，学生的表现存在着差异性。教师应该正确看待每个学生的表现，鼓励学生朝着自己更好的方向发展。活动教学为每个学生提供独特的舞台、顺利成长的机会。另外，学生也应该意识到自己在说的方面的潜能，不断努力地发展说的能力，做到不气馁、不后退。

二、说的形式

活动教学有丰富多彩的形式，主要是让学生在课堂中拥有话语权，鼓励学生表达自己的想法，传达自己的思考，锻炼自己的表达能力。而说这方面的教学隐藏着各式各样的活动，其目的都是让学生的口动起来！

（一）朗诵活动

著名教育家于永正老师说："知识要靠自己在读中获得，情感要靠自己在读中体验，理念要靠自己在读中感悟，方法要靠自己在读中掌握。"朗读可以促进学生对学习内容的理解。不管是语文课，还是英语课，教师都可以组织学生进行朗诵比赛，让学生在朗诵中加深对课文的理解，促进新知识的掌握。

教学案例

声情并茂

师：是啊，小鱼就要被活活地蒸干，干死。那会是一种怎样的感觉？

生1：很痛苦。

生2：很难过。

生3：它们想回家。

师：孩子们，就让我们再来读这段话，这次就请你读出它们痛苦、难过、非常想回家的感情，先自己读自己的。

（生自己读）

师：谁来读？（老师抽学生读）

生4：用不了多久，浅水洼里的水就会被沙粒吸干，被太阳蒸干。这些小鱼就会干死。

师：我听出了一丝痛苦。谁还想来读？

生5：用不了多久，浅水洼里的水就会被沙粒吸干，被太阳蒸干。这些小鱼就会干死。

师：痛苦再加深！

生6：用不了多久，浅水洼里的水就会被沙粒吸干，被太阳蒸干。这些小鱼就会干死。

师：听你朗读，让我们感觉到小鱼痛苦极了！来，我们一起读读这句。

生（齐）：用不了多久，浅水洼里的水就会被沙粒吸干，被太阳蒸干。这些小鱼就会干死。

师：是啊，用不了多久，小鱼就要一条一条地干死，多么可怕呀！它们也有生命啊！怎能不在乎自己的生命呢？（放音乐）当音乐缓缓响起的时候，让我们再来读读这段话，体会体会浅水洼里的小鱼面临的悲惨命运。

（生配乐朗读第一自然段）

这是刘云生老师教学《浅水洼的小鱼》的片段。刘老师让学生通过"读—比—评"的形式进行朗读比赛，不仅提高了学生的朗读水平，也让学生在竞争中提升了学习兴趣。学生通过朗读，说出自己对课文的理解。学生反复朗读课文，为说奠定了扎实的基础。

（二）讲故事

讲故事就是叙述或讲解旧事、旧业、先例、典故，即讲述事情过程，强调情节跌宕起伏，从而阐发道理或者价值观。学生讲述故事，可以提高学生的表达能力。讲故事是一种非常有效的教学方式，广泛地运用在活动教学中。比如：

教学"Let's play"英语课，教师让一名提早做好准备的学生为同学讲一个小故事：

Yesterday, Mary and Helen went shopping with their mother. Then they felt tired. Mary want to have a rest and have something to drink. So they went to a snack bar. Mary looked at all the food—pizza, hot dogs , milk and so on. Mary said："May I have a hot dog?"

现代教学注重学生口语表达能力的训练，让学生会说、多说。学生尝试讲故事，不仅能锻炼口语表达能力，还能锻炼学生"上台"的胆量。讲述一个好的故事需要一口标准的普通话、抑扬顿挫的叙述方式、丰富有趣的肢体语言，以及传神多变的面部表情。这些锻炼了学生多方面的能力。活动教学成为现代课堂教学的"常客"，让学生说得有"味道"，说得有自信。

（三）做演讲

演讲就是针对某个问题或主题进行长篇讲话。学生演讲常见于比赛中。学校通过竞赛形式鼓励全校学生进行口语交际训练，提高学生的表达能力。例如：

在"写作·口语交际·综合性学习"的教学中，教师让学生写一篇主题为"微笑着面对生活"的演讲稿。学生在教师的引导下动笔写作，熟悉稿子，最后一些学生积极地站在讲台上，有感情地演讲自己的作品。学生通过参与演讲的教学活动，尝试动笔写，勇敢动口说，促进了写作和口语表达能力的发展。

演讲稿的准备为学生的说奠定了基础。潇洒的姿态、从容的神情、一次次的演讲，让学生在活动教学中收获到说的魅力，感受到课堂的快乐。谁说课堂的话语权属于教师？数学生的主体地位，还看今朝的活动教学。

（四）看成果

在课堂教学中，教师经常让学生以合作交流的方式分享自己的学习成果。这种方式很能锻炼学生说的能力。

教 学 案 例

以说促进①

师：要想让小朋友记住你自己，老师告诉你们几个好办法。自我介绍时，首先要有礼貌，向大家问声好。然后勇敢、大方地介绍自己，可以说说你的爱好，也可以介绍你的爸爸妈妈，或者你喜欢的小朋友。在别人进行介绍时，我们应

---

① 王靖. 《新朋友新伙伴》课堂实录［EB/OL］. （2005-10-13）［2013-01-02］. http://www. pep. com. cn/pdysh/jszx/tbjxzy/ls/jxsj/201008/t20100824713643. htm. 题目为作者所加。

该安静、专心地听，这样也是有礼貌的行为。可能有的小朋友暂时还不敢到台上来介绍自己，没关系，我们先试着说给你同桌的小朋友听听！介绍完了，请小朋友选出小组里最能干的小朋友到台上给我们所有的同学、老师做介绍。开始！

（学生在小组进行交流）

师：刚才很多小朋友已经在小组里勇敢地介绍自己，真不错！有些小朋友还没来得及介绍自己，我们还可以在这周的班会上进行介绍。现在，哪组的小朋友先到台上来介绍自己？

生1：（投影展示自己的名片）大家好！我叫李××，再过几个月，我就满7岁了。我现在是一年级七班的小学生，不是幼儿园的小朋友了。

师：说得真好！老师看到你还带来一张照片，照片上是谁？

生1：这是我和几个跳舞的小朋友，后面站着我们的指导老师。

师：你们表演的节目是什么？

生1：节目叫《好日子》。

师：真不错！以后有机会给大家表演表演，好吗？谢谢你的介绍！

生2：小朋友们好！我叫兰×，我最喜欢我的熊猫。

师：平常，你和熊猫怎么玩呢？

生2：熊猫要睡觉的时候，我会抱着它，给它唱《摇篮曲》。

师：现在，我们就来试试，好吗？小朋友们也想唱歌，咱们就一起唱。

（生抱着熊猫玩具，大家一块唱《摇篮曲》）

师：熊猫是我国的国宝，兰竹小朋友和我们班的小朋友们真会照顾小熊猫啊！……

学生在教师的引导下，经过小组组内交流，把自己的想法大胆地说出来。良好的自我介绍为学生在校生活和学习奠定了良好的人际关系基础。活泼又新颖的介绍方式，让学生一下子就喜欢上了新环境。

（五）绕口令

绕口令是一种极其有趣又锻炼学生口语能力的活动，深受师生的喜爱和欢迎。教师可以在每节课的开始，让学生进行绕口令比赛。学生可以选择自己喜欢的表现形式，发挥自主性和能动性。有的学生表现欠佳，倍感压力，就奋力直追;有的学生表现良好,深感自豪,就精益求精。学生在这种你追我赶的氛围中,才能大幅度地提高自己的口语能力。

寓教于乐

sì shì sì
四 是 四

shí shì shí
十 是 十

shí sì shì shí sì
十 四 是 十 四

sì shí shì sì shí
四 十 是 四 十

shí sì bù dú sì shí
十 四 不 读 四 十

sì shí bù dú shí sì
四 十 不 读 十 四

学生通过竞赛的形式,享受勇猛精进带来的兴奋,又体会绕口令带来的快乐。绕口令的练习,无疑是提升学生普通话水平,提高说话能力的有效手段。这种在快乐中练习说,在竞赛中提升说的能力,就是活动教学的无限魅力。

三、说中的师生

(一)说中的学生

活动教学鼓励学生把自己的想法大胆地说出来,那么学生应该怎么说呢?

1.转变意识,珍惜机会

皮亚杰说:"活动一词是含混不清的,它既可以指根据兴趣所进行的技能行为,也可以指某种运动性质的外在行为。"我们可以看出,活动教学是让学生自愿地动起来。活动教学不同于传统单一的讲授模式,不再是教师讲、学生听的形式。教师和学生在课堂教学中处于平等的地位,可以进行平等的师生对话。因此,学生应该首先更新自己的观念,乐于接受活动教学模式,改变传统静坐的听课形式;其次在活动教学中积极思考,把聪明的小脑袋转动起来;最后大胆地把自己的想法说出来。学生只有在不断说的练习中才能提高表达能力,增强信心和勇气。

2.建立自信，勇敢开口

好的口才是精彩的点睛之笔；好的口才是翱翔蓝天的翅膀；好的口才是人生获得成功的垫脚石……教师培养学生说的能力，应该首先建立学生的自信，让他们愿意开口说。

(1)鼓励

鼓励就是一个人称赞他人做的一件事或者行为，使他人有动力去做的一种促进方式。由于学生自我评价的能力比较弱，不能全面地认识自己、评价自己，所以造成不自信或者过分自信。教师应该帮助学生正确认识自己，鼓励学生开口说，促进学生说的热情和积极性。比如，教师可以说："你敢于举手就是一个勇敢的孩子，真棒！我期待你勇敢的小手再次举起来。"

(2)评价

教师是课堂教学的引导者，要针对学生的行为和表现及时地进行科学评价。学生从教师对自身的评价中获得对自我的认识，了解自己的优点，收获自信，发现自己的缺点，明确努力的方向。比如，教师说："你的声音真好听，老师可喜欢了！如果你把音量再放大一些，让全班同学都欣赏到你美妙的声音就更好了。"

(3)示范

现代教学提倡榜样教育，即借助身边或者周围的榜样，给人们提供学习的对象。这些榜样起到一定的示范作用，促使人们朝着榜样努力前进。标榜示样，有助于学生清楚自己努力的方向，克服困难，获得成功。所以，教师可以通过自身示范，为学生树立榜样，让学生朝着教师说的方向发展。

3.深思熟虑，语言流畅

在活动教学中，学生应该经过深入思考后表达自己的观点，不应该凭心情、凭感情脱口而出。教学时间是宝贵的，学生的想法也是珍贵的。但是由于认知水平不足、反应能力不够好，学生脱口而出的想法可能存在这样或那样的不足。因此，学生在开口之前应该有所思考，形成成熟想法，这样效果会更好。教师也应该提醒学生开动脑筋，想好了再举手。

学生在表达自己的想法的时候应该注意朝着语言流畅的目标努力。不管是演讲比赛还是朗诵，学生的说都需要语言流畅。此外，学生应该在教师的引导下，积极准备课堂活动，争取在各种活动中掌握"话语权"，把自己的想法流畅地表达出来。

4. 语言优美，深刻风趣

学生在说的时候语言流畅是一个较基本的要求。当表达能力达到一定水平的时候，学生就应该积极朝着语言优美、深刻风趣的目标努力。我们在语文课上学习了许多修辞手法，在说的时候，学生可以把自己所学的知识运用到表达上，力求学以致用。另外，学生应该在平时扩大自己的阅读量，肚子里有墨水，说出的话才会有水平。

5. 调动全身，加强表现

学生在教学活动中说的时候除了口在动，也应该积极发挥面部表情和肢体语言的作用。学生在会说的基础上，不妨利用自己的肢体语言和面部表情增强表达的效果。不管以后从事何种职业，在面试的时候都需要将自己优秀的一面展示出来。而调动全身的细胞为说进行辅助，无疑是一种增加亮点的方式。所以，学生应该调动全身各部分，善于利用自身的资源，展示自己强大的表现力，让观众获得视觉和听觉的享受。

6. 学会评价，超越自我

学生学习的主体性不仅体现在课堂上拥有话语权，也体现在对自身的行为进行评价。学生是自己的老师，是最了解自己、最具评价权利的人。在进行活动教学时，学生可以根据自己说的情况进行评价。评价可以从答案的准确性以及表达能力、表现能力、自己是否进步等方面进行评价。学生根据对自己的认识，及时进行自我评价，有助于学生更好地认识自身情况，发现自己的不足，寻找到正确的前进方向。

另外，在别人说的时候，学生应该学会倾听。正所谓当局者迷，旁观者清。听的学生会发现发言者的不足，看到盲点，既可以帮助他人修正，也可以检讨自身不足，达到一箭双雕的目的。

(二)"说"中的教师

1. 正视学生，懂得放手

在现代教学中，不仅是学生要转变意识，改变传统被动的学习，教师也要意识到新时代"新作风。"教师作为引导者，更加要重视学生的主体地位。教师的思想和行为会给学生造成很大的影响。所以现代教学的变革之风首先要从教师群体开始，让教师试尝改革的味道，再引领学生跟随潮流。因此，教师应该认识到活动教学的优势,积极在课堂上开展活动,把学生内心真正的需要放在突出的位置上。

活动教学一个明显的特点是学生具有自主性。教师应该相信学生自身的能力,逐渐放手。在活动教学中,学生可以锻炼各方面的能力,懂得自主地解决问题,在快乐中享受学习。教师应该正视学生的主体地位,相信学生的能力,放手让学生成长,这才是活动教学的初衷。

2. 注意倾听,适当引导

关于活动教学中教师的作用,皮亚杰有深刻的阐述:"人们害怕在这种实验教学中教师不再发挥作用,而让学生完全自由地任意工作和游戏。其实教师作为一个组织者仍然是不可缺少的。他要创造一个有利于学生活动的环境并为他们制订一些初步设计,对学生提出一些有用的问题……我们只希望教师不再是一个讲演者,只满足于现成的答案。教师的任务应该是一个良好的辅导教师,激起学生的首创性和探索性。"[①]在活动教学中,学生发挥主体作用自是应该,作为活动主导者的教师也应该扮演好自己独特的角色——引导。学生的说不可能每次都正确无误;学生的表达不可能完美无缺;学生的表现也不一定达到了他最好的水平……教师应该正确认识自己作为引导者的作用,根据学生的"说"进行适当的引导。当学生表达欠缺的时候应该先肯定学生的优点,然后再明确学生努力的方向。

还有,当学生说的时候,教师应该注意倾听。学生学习活动的主体性并不代表教师在课堂上丧失主导作用。教师要注意倾听学生说的话,才能根据学生的回答及时给予引导。善于倾听、注意倾听、懂得倾听是一名优秀教师必备的能力。

3. 做好示范,学习榜样

教师除了作为学生的指路明灯之外,还需要为学生做一个好的示范。正所谓言传身教。在活动教学中,教师不仅要讲授如何说,而且还要进行正确的示范,让学生有直接的学习对象。教师在做示范的时候应该注意几个问题。

(1)标准的普通话

如果要成为学生喜爱和模仿的对象,一口标准的普通话是非常基本的条

① 胡重光.现代活动教学与素质教育[M].长沙:国防科技大学出版社,2002:49.

件。如果教师的普通话说得不标准,示范的效果就会大打折扣。教师应该意识到讲一口标准普通话的重要性,一定要狠下功夫,力求达到较高水平。教师如果在普通话方面可以征服学生,必定会给学生留下美好的第一印象,从而为成功进行教学奠定基础。

(2)语言的规范化

在课堂教学中,教师都比较喜欢用通俗的语言进行教学,以方便学生理解讲授的内容。在口语交际课堂上,我们更是强调语言的"平民化"。但是教师作为知识的传播者,在说的时候应该注意什么该说,什么不该说。教师在课堂教学中切忌过分使用网络用语,让学生"有样学样",讲一口兴盛一时而不正确的语言。教师更不能"出口成脏",让学生耳濡目染,养成不文明的语言习惯。因此,教学语言可以生活化,但是不能随意化,一定要规范化。

(3)示范的适时性

由于学生学习能力和思维能力发展不完善,有些内容无法完全理解。教师在进行有关说的示范时应该适当地进行讲解和点拨。学生在教师示范和讲解下,更容易掌握教学活动中说的方法。

4. 适时点拨,积极引导

针对学生的说,教师的点评相对学生的点评更专业、更准确。如果教师肯定学生说"的能力,那么,不仅可以提高学生学习的积极性,还会让学生更加主动地融入活动教学中。还有,教师的点评可以明确学生说的不足,让学生明确努力的方向。所以,学生如果获得教师积极的评价,不仅可以提高说的能力,还可以增强学习的自信心。

四、"说"的策略

教师要成功培养学生在活动教学中的说的能力,就应该按部就班、层层深入。

(一)激发兴趣

1. 以新激趣

在心理学上,我们认为新奇的事物可以吸引人的注意。学生的年龄比较小,特别容易对新奇的事物产生兴趣。教师应该变化教学的形式,采取多样的活动激发学生学习的兴趣。学生在强烈的兴趣指引下,经过教师在说方面的引导,一定会事半功倍。

2. 以美激趣

爱美之心人皆有之。当学生看到美丽的事物，一定会被吸引。教师应该为学生展示动听的音乐、美丽的图画等，鼓励学生在美的感召下发展自己"说"的能力。

3. 以疑激趣

创设问题情境，有利于学生产生疑惑，不由自主地问出口。学生的好奇心比较重，总是喜欢刨根问底。教师应该为学生营造一个轻松提问的环境，在问题驱动下指导学生说话，锻炼学生说的能力。

4. 以情激趣

情感是美妙的音符，可以激发人们做出许多意想不到的妙事。在活动教学中，教师应该善用情感，调动学生的情绪，鼓动学生说的因子，提升学生说的自觉性和主动性。

(二)树立信心

萧伯纳说："有信心的人，可以化渺小为伟大，化平庸为神奇。"学生即使有话要说，肚子里有满腔的热情，然而失去自信，就失去了开口的勇气。教师应该尊重学生，公正地对待每一位学生，善于发现学生的优点，鼓励学生大胆地说出自己的想法。多鼓励，多肯定，才会增强学生说的自信心。

(三)训练技能

学生拥有良好的说话技能自身才能敢说、会说。教师应该懂得培养学生多方面的能力。

1. 表达技能

这里的表达技能指的是在活动教学中，学生根据不同的场合，运用合适的语言和技巧，顺利地将自己的情感和想法表达出来的技能。比如学生在活动中扮演老奶奶，就应该用老奶奶说话的语气和词汇。教师应该指导学生学会用词、炼句、表达的技能等。

2. 倾听技能

倾听也是一门技术活。懂得倾听是懂得"说"的前提。学生在平常就善于倾听他人讲话，有利于从他人的表达中获取自己需要的信息，学习他人表达方面的优点，吸取他人表达失败的教训。教师应该在平常的教学中注重学生听辨的训练，培养学生听"话外之话"的能力；教师也要重视学生听答的训练，提高学生的注意力、理解力和记忆力;教师还要重视学生的听想力,培养学生的想象力、创造力和逻辑思维。

3. 应变技能

应变技能相对于其他技能来说难度比较大,反映了对学生能力的更高要求。学生应该以发展自己的应变技能为目标,通过不断参与活动,学习"说"的方法,积累"说"的能力,以成长为应变敏捷、善于表达的人。

第二节　议:引经据典,活跃气氛

何谓"議"? 議,形声,从言,義声,本义为谈论,发表言论,引申为讨论、商量、言论、意见、议会(某些国家的最高立法机关或权力机关)。《简化字表》类推简作"议"。

我们在活动教学中可以采用小组讨论的形式进行教学活动,让学生在讨论中发表自己的意见,相互讨论,引经据典,活跃气氛。

一、小组讨论的内涵和意义

(一)小组讨论的内涵

什么是小组讨论呢? 小组讨论就是活动教学的方式之一,在教师的引导下,将学生分成若干小组,针对某一个问题进行讨论,使学生和学生之间、教师和学生之间展开激烈的议论,最终解决问题的一种教学方法。

(二)小组讨论的意义

小组讨论方法是一种新型的教学模式,改变了传统"满堂灌"的形式,可以让学生动起来,促进教学目标的完成,因此深受广大师生喜欢。那么在实际教学中采用小组讨论有什么意义呢?

1. 激发学习兴趣

小孩子的天性是爱玩、好动的。传统课堂将学生禁锢在一张桌子、一把椅子的范围内,强迫学生眼中只有教师。学生的双手也只能放在课桌上,仿佛在玩着木头人的游戏,谁动谁就输了。然而,现代教学重视学生的主体地位,课堂教学发生了重大的改革。学生不再是一动不动的小木偶,还可以在课堂上动起来！教师采用小组讨论的形式，打破了传统单一的讲授模式，鼓励学生在团体中相互学习、相互促进，利用团队解决问题。学生在一群同龄的孩子中，感到亲切、自由，有利于积极地讨论问题。这种充分发挥学生主体地位的教学模式，有利于激发学生的学习兴趣。

2. 培养行动自觉

小组讨论采取的是分组进行讨论的形式，利用团队的力量完成教学任务。教师作为一个"旁观者"，只能适时地对学生进行引导，或者参与小组讨论，不可能时刻都关注到每个小组的情况。学生在进行讨论的时候，应该学会约束自己、监督他人。以小组形式展开讨论，学生会为小组的荣誉而战，积极分析问题解决问题。总的来说，小组讨论是一种培养学生主动学习、自觉学习的良好形式。

3. 提高学习效果

教师让学生以小组为单位进行讨论是一种提高学习效果的方式。小组成员由成绩不一的学生组成，最优的组合方式便是包括优等生、中等生和学困生。组员相互合作，相互交流，针对一个问题共同研讨。苏霍姆林斯基说："当一个人同时也在教育别人的时候，他自己才能更好地受教育。"陶行知认为："小孩最好的先生是前进的小孩。"小组讨论按照优生带着学困生的方式，不仅提高优生自身的能力，还可以帮助学困生，增强同学间的友谊。

4. 培养合作意识

有的学生不大懂得处理人际关系。教师作为一个知识的传播者，应该教会学生如何做人，如何在社会生存。活动教学鼓励学生动起来，让学生学会在团队中合作。小组讨论以小组即团队的形式开展活动，学生在问题讨论中意识到团队合作的重要性，合作意识从中得到加强。

二、议的原则

1. 思想性

小组讨论属于现代教学中受到师生喜爱的学习方式之一。教师应该改变传统的教学观念，突破教师讲、学生听的教学模式，认识到作为活动教学形式之一的小组讨论不仅可以提高教学的效果，还可以促进教学目标的达成。小组讨论是一种可行的活动教学方式，但是每堂课都有自身实际的情况。教学主体和客体会影响操作的效果。不管作为学习主体的学生，还是作为引导者的教师，都应该从思想上认识到小组讨论对学习的重要作用，双方应该认真将小组讨论付诸行动。特别是教师，应该了解学生的想法，为学生"洗脑"，引导学生重视小组讨论，耐心地为学生解答问题。

2. 自觉性

小组讨论让学生以小组为单位，针对某个问题展开议论。活动教学鼓励学生全身心地动起来，发挥学生学习主体的地位，给予学生自由。在讨论中，学生畅谈感受和想法，在轻松的氛围中寻找学习的奥秘，在思维碰撞中激发无限的灵感。学生获得了自由，但应该加强自我管理，积极地投入到讨论中。学生的自觉性是畅所欲议的基本。

3. 参差性

既然小组讨论是以分组的形式进行，那么如何合理科学地分组呢？有些教师可能认为，应该将成绩相当的学生划分为一组。这样他们的水平较为接近，有着相近的思维模式。但是这样就造成了学困生的小组失去讨论的积极性，因为他们的思维可能比较狭隘，视野也不够开阔，难以顺利解决讨论的问题。值得我们注意的是，每位孩子都应该享有同样的教育权，教师不应该只将目光停留在优等生身上，忽视学困生，应该着眼于全班教育。小组讨论的分组应该采用优等生、中等生和学困生的搭配。优等生活跃的思维带动其他的同学，让他们尝试从不同的角度思考问题，激发活跃的思维。中等生面对自己羡慕的优生，将激发积极向上的动力，朝着优等生的方向发展。对于学困生来讲，一个良好的学习氛围会带动他们的学习热情，帮助他们融入热烈的讨论氛围中。优等生可以在小组中收获成就感，学困生可以在小组中收获进步，从而形成互帮互助的团队意识。

4. 引导性

这里讲的引导性主要强调教师的重要作用。教师应该正确扮演好引导者的角色，从而保证课堂教学顺利有序地进行。有些教师认为小组讨论就是让学生自由谈论，教师只要耐心等待讨论结果就行。这是一种非常错误的想法！教师不能因为将课堂交给学生，就可以撒手不管。在小组讨论过程中，教师应该作为一个特别参与者，亲近学生，与学生一起讨论。当学生遇到问题或者走弯路的时候，教师就应该及时进行引导，让学生的思维走上"正轨"。

5. 活跃性

议是为了让学生可以引经据典，活跃课堂气氛。在实际教学中，小组讨论可以让全班同学针对某一个问题议起来。这样可以让更多学生的嘴巴动起来，思维活跃起来，身体活动起来。教师作为引导者应该鼓励学生尽可能地活跃起来，在不同思维的碰撞下激发求异的思维，尝试通过小组的力量解决问题。但是值得教师和学生注意的是：活跃不代表讨论效果好。小组讨论应该保持学生一定的活跃度，但是要防止学生过度活跃，偏离讨论的话题，心思走出课堂。所以，教师要懂得如何掌控课堂，如何引导学生，让小组讨论保持合适的活跃度，顺利地完成某一个目标的讨论。如此，既可以锻炼学生的思维，又能够激发学生学习的兴趣。

三、小组讨论的方法

小组讨论作为活动教学不可或缺的教学形式，具有无可替代的教学效果。那么，如何有效地进行小组讨论呢？这就需要一定的方法和策略。现在我们一起深入了解如何开展小组讨论。

（一）合理分配，相互促进

上面提到小组讨论应该采用参差性的原则。这个原则主要针对的是教师如何将学生进行分组的问题。分组问题是一个需要十分重视的地方。教师应该清楚了解教学对象的学习情况和性格，有计划地进行分组。每一个组里应该包括优等生、中等生和学困生。在实际教学中，教师通常采用四人为单位的学习小组。这个组里面可以有一个优等生，两个中等生和一个学困生。每个小组应该设立一个组长，或者记录员、纪律委员等。这些岗位的设立并不一定是优等生，应该给予中等生，甚至学困生机会。在小组讨论中，学生各司其职，以便达到锻炼每个学生能力的效果。

教师根据实际情况分组后，应该做好几项工作。

1. 教师给学生做好思想工作

教师应该告知学生小组讨论是活动教学常用的形式。课堂的时间是宝贵的，学生应该珍惜讨论的机会，利用好每一分钟，相信团队的力量能够促进问题的解决。此外，学生可以在小组讨论中激发求异思维，调动学习的积极性，锻炼说话的能力，培养团队精神和交际能力。

2. 教师应确定小组内的分工

小组如果有四个成员，那么至少要安排一个组长。小组讨论将学习的主体——学生，放在一个极其重要的位置。它强调让学生在轻松、愉悦的氛围中，针对某一个问题自由地展开议论。在小组讨论时，可能有学生"肆意妄为"，这就需要一个组长扮演监察的角色，督促不自觉的组员，让每一个组员都全身心地投入到讨论中，争取有效地解决讨论的问题。还有，如果组长是成绩优秀的学生，要起到示范和引领的作用。很多学生会对成绩优秀的学生产生崇拜感，或者会对其"言听计从"。这个时候，作为组长的优等生要以身作则，给予组员一个正确的示范。若组员有不对的或者错误的思维方向，小组长应该及时引导。不过，现在的教师确定小组组长不再是以成绩优异作为标准。组长可能是努力的中等生、不爱讲话的学生，甚至是学困生担任。不管是什么人担任组长，组长一定要扛起重任，促进小组讨论的顺利进行。

一般来讲，4个人的讨论小组设立一个组长就足够了。但是考虑到有些讨论组的人数比较多，可以安排更多的职位给学生，以调动学生讨论的积极性。比如，教师可以在小组内增设记录员、纪律委员、发言代表等。总之，教师可以根据学生的特点和教学的需要，以完成教学目标为主要出发点，进行恰当的分工，从而促进小组讨论顺利进行。

(二)明确任务，勇往直前

开展活动教学不是盲目地让学生动起来，而是针对教学目标，为了完成教学任务而设计活动。小组讨论作为活动教学的形式之一，也要根据教学目标确定讨论的问题。

1. 制订教学目标

教师应该深入研究教学内容，根据课程标准的要求和教学对象的实际情况，合理地制订教学目标。制订合理的教学目标是进行小组讨论的重要前提。教师必须熟悉课程标准，依据课程标准进行教学设计。教师要了解学生的认知水平，做到因材施教。

2. 确定讨论内容

如果教师采用小组讨论的形式来完成教学任务，就应该根据教学的需要制订小组讨论的问题。一堂优秀的教学课是需要教师精心设计的。所以，教师应该提前做好准备,构思教学流程。如果确定以小组讨论的形式进行教学,那么一定要做好详细的计划和安排。教师在引导学生进行小组讨论之前,必须做到心中有目标,脑中有任务,话中有要求,让学生明确讨论的问题。教师应谨记,小组讨论是为了达成教学目标而开展的,不能仅仅为了活跃气氛而盲目地进行小组讨论。

(三)融入其中,适时引导

学生在进行小组讨论的时候,教师应该带着学习的心态去倾听学生的想法,或许学生的小脑袋可以迸发出教师意想不到的别致观点。一些经验十足、年纪稍长的教师,由于有多年的教学定势,一时难以改变固有的教学方式,很难正视学生学习的主体地位。所以,他们有时会产生学生的思维难以超越老师的想法。这就造成教师难以放下自身的架子,不愿用心倾听学生的心声,无法真正融入学生的讨论中。

教师应该放下架子,尝试走近学生,倾听学生的想法。学生的想法或许稚嫩和无稽,有着这样或那样的错误,但是这无碍于学生的进步。教师加入学生的讨论,可以较好地了解学生的学习情况,有的放矢地进行分析和引导。值得注意的是,教师的引导不等于牵着学生的鼻子走。教师的引导只能作为指南针,为学生指引正确的思考方向,让学生少走弯路。

(四)饱读诗书,引经据典

学海无涯,每个人都应该在学习的道路上勇往直前。议论可以活跃学生的思维、锻炼学生的表达能力、促进问题的顺利解决。学生可以根据讨论的话题,打开自己丰富的思维,大胆地把自己的想法与别的同学分享。教师应该鼓励学生大量阅读课外书,丰富自己的知识。在进行课堂讨论的时候,教师应该引导学生把课外知识搬进课堂,学会引经据典,增强自己的说服力。

学生引经据典,不仅需要深刻的分析力,还需要广阔的视野,更需要把二者结合起来,这是一种对学生更高的要求。

(五)注意倾听,学会总结

讨论是以小组形式开展,为了让不同观点进行有效碰撞,促进学生思维的一种活动形式。每个学生都可以把自己的想法与组员分享,当别人发言时,其他同学应该注意倾听,学会寻找关键点,判断这些想法是否正确。学生应该养成倾听的习惯,懂得用心倾听,这样才能有所收获。

学生在讨论的过程中不仅要做一个善于倾听的人，还要懂得从别人的发言中获得有用的信息，学会总结和评价。会听是前提，学会总结也十分重要。每个成员都会有各自的想法，想法有对有错。这就需要作为倾听者的组员提取正确的信息，把有用的信息加以整合，完成小组讨论的任务。

(六)表达观点，及时评价

通常在小组讨论后，教师会请每个小组或者几个小组派代表发表自己小组讨论的结果。这些代表可以是小组内推选的合适人选，也可以是按照教师的分工，提前安排好的组员，还可以是教师通过点名的方式指定的一些平常不爱发言的学生。不管是哪位学生作为代表上台发言，都应抓住这难得的锻炼机会。如果有学生比较害羞，或者自信不足，教师应该采取一些措施，让这些学生适应讲台、增强胆量、建立自信，以求逐渐成长。

及时评价是一个极其重要的环节。不管是在小组讨论进行中，或者在展示讨论结果时，评价都是不可或缺的部分。那么，具体该如何评价呢？首先，学生自评。绘制表格，根据讨论任务的完成情况、学生发表观点的积极性、学生根据自身的表现是否进步等方面进行评价。这样的评价方式让学生可以主动地意识到自己的优缺点，明确下次努力的方向。其次，学生他评。别人的评价是一面镜子，善于听取别人的评价，可以发现自身难以发现的问题，获得进一步完善的机会。最后，教师评价。教师是知识的传播者，拥有丰富的经验，可以做出更正确的评价。教师及时、正确的评价将会使学生获得十足的动力，勇往直前。

第三节　辩：针锋相对，激活思维

教学的辩，实质是"学生、教师、文本之间对话"，是指一种强调通过师生之间平等、宽松的互动交流来达到学生合作学习和自由发展的话语体系。它是人格对等基础上的心灵相约，是相互信赖氛围中的精神交融，也是教学相长情境下的切磋探讨。

第一次论战:洋务派与顽固派 ①

辩题：要不要学习西方先进的科学技术

正方：洋务派

正方论点：学习西方先进的科学技术维护清朝统治

反方：顽固派

反方论点：原封不动地维护清朝统治

辩论内容：

正方：落后就要挨打，这是不争的事实。鸦片战争，大清为什么会战败，就是因为西方列强的炮火太先进。可战争过后，大清王朝从上到下却没有完全认识到自身的落后。所以，林则徐、魏源等萌发的向西方学习军事技术的思想，在中国的思想大潮中并未掀起"波澜"，带来积极反响，中国丧失了大约20年自强发展的时机。结果，再次遭遇了第二次鸦片战争的惨败，皇帝出逃，京师陷落，圆明园被毁，割地、赔款，被迫签订城下之盟。更为严重的是，国内起义不断，镇压人民起义又显得力不从心。"三千年来未有之大变局"，已不容许我们固守传统，一成不变了。

反方："人心齐，泰山移"，"清朝"的失败，是因为人心不古，封建的纲常名教遭到了破坏。面对外敌，要是人人都有不怕死的决心和勇气，为祖国尽忠，奋勇杀敌，中国哪有失败的道理。

正方：人心决定胜负，听起来有一定道理。但是，中国人并非刀枪不入，血肉之躯终归难以抵御钢铁，鸦片战争清军的败绩就是最好的诠释，我看对方是"好了伤疤忘了疼"。大清朝没事的时候，总把西方兵器斥之为奇技淫巧，不屑一顾，可一旦有事发生，又惊讶外国的兵器变怪神奇，悔之晚矣！

中国的封建制度是比西方制度先进，但枪炮、战船确实比不过西方。"庚申之变"后，《北京条约》签订，外国军队按约撤出北京，可以看出，列强并非要推翻大清江山。只要我们严格遵守条约，保障各国在华权益，牺牲一些

---

① 陈文华.历史课堂引入"辩论赛"教学案例[EB/OL].[2015-10-21].http://web.5ykj.com/shidi/43144.htm.

利益换取相对和平的环境，抓紧时机制造先进武器，修铁路、设电报、办新学、派留学，多培养近代人才，徐图自强，最终同样可与西方列强一比高低。
……

英国的约翰·洛克说过："每一个人的心灵都像他们的脸一样各不相同，正是他们无时无刻不表现自己自由的个性，才使得今天这个世界如此精彩。"新课程高喊以学生为主体的口号，但是实际上仍保留以教师为中心的传统。

学生不可能完全按照教师的预设做出相应的反应。教师应该懂得随机应变，尊重学生自由思考，鼓励他们自主作为，不能硬拉着学生往自己预先挖好的"坑"里跳。教师如果不管学生有什么问题或者反应，都毫不理会，一味按照自己的设想进行教学，那么学生势必被迫跳入"坑"中，不敢有任何想法，这位教师大胆采用辩论方式，让学生提前做好资料收集做准备，指引学生探讨洋务派与顽固派的分歧。学生在激烈的讨论中，思维无限迸发，燃起学习历史的热情。

敢于质疑是一种良好的学习品质。课堂上难免会出现意见分歧，这是一种宝贵的教学资源，教师应该善于利用这种生成资源，顺势而为，让学生争辩、谈论，活跃思维，难得的惊喜往往在这种"针锋相对"中出现。现在，我们一起来探讨活动教学的另一种教学形式——辩论。

一、辩论的含义和意义

（一）辩论的含义

何谓"辩论"？《现代汉语常用词词典》对辩论做出这样的解释："双方由于对事物或问题的看法不同而展开的争论，常常以一定的理由来申明自己的看法，而揭露对方的矛盾，否定对方的看法。"

活动教学的辩论指的是在教学过程中，教师和学生，或者学生和学生之间针对某一个问题发表不同的看法，利用各种方式证明自己的观点，从而达到寻找问题的答案或者促进思维发展的目的。

（二）辩论的意义

培养创新能力，必须培养创新思维。在教学中开展辩论是培养学生创新思维的最"经济"的途径。

1. 锻炼表达能力

辩手通过准确凝练的语言表达自己的观点，辩手们讲起话来，有的如滔滔江水，有的像小溪细流，有的妙语连珠。虽然辩论赛可以进行前期资料准备，但是面对辩论对手激烈的辩驳，仍需临场机智应对。辩论赛是一种考验辩手驾驭语言能力的试金石，也是展示精彩口才的好时机。学生如果经常面对这种需要快速反应、清晰表达的辩论赛，语言表达能力往往能得到很好的提升。而这种良好的表达能力也有助于提高学生的沟通能力、自信心等。

学生辩论时的语言表达能力包括普通话是否标准、能否自觉运用所学知识、能否清晰地表达自己的观点等。

2. 锻炼反应能力

即使是对学生了如指掌的教师，也无法完全预测学生在学习中的反应。同理，在辩论赛前即使把对手研究透了，也无法完全预料对方如何反击。这就需要辩手保持清醒的头脑，沉着应对。辩论者若想取得主动权，就需要学会急中生智，具备"水来土掩，兵来将挡"的能力。久而久之，学生的反应能力就能获得提高。

3. 扩大知识面

辩论赛的辩手除了需要良好的表达能力和反应能力，也需要丰富的知识。有些人认为只要有高超的辩论技巧就可以有压倒性的胜算。这种想法是片面的。假如学生没有丰富的知识，即使有再高超的辩论技巧，面对强大的对手也无计可施。辩论一般都是比较开放的话题，没有固定答案，如果没有丰富的知识储备，就难以"纵横捭阖"，只能败敌于前。所以，若想成为一个优秀的辩者，就必须饱读诗书，积极拓宽自己的知识面。

4. 提高自信心

张霭珠教授说："辩论赛集道德涵养、文化积累、知识结构、逻辑思辨、心理素质、语言艺术、整体默契、仪表仪态为一体，是高水平的综合素质的较量。"在辩论的过程中，精彩纷呈的表述，妙语连珠的"攻击"，自然有力的手势，压倒性的胜利等都会赢得同学和老师的赞赏和掌声。学生将会从辩论中收获自信，为未来成长奠定坚实的基础。

5. 促进教学效果

在这里的辩论指的是课堂中活动教学的形式之一。首先，如果在课堂上进行辩论，一定要改变传统的教学模式，调动学生上课的积极性，让他们能够全身心地投入到激烈又紧张的辩论赛中；其次，教师可以通过辩论的形式将课堂交给学生，让学生在辩论中学会思考，收获自信，在热烈的辩论中达成教学目标。

6. 培养团队精神

通常，辩论双方都有多位辩手，需要各位辩手相互合作，共度"难关"，战胜对手。本队的辩手在发言，其他辩手就应该专心倾听，在需要的时候适时补救，支持本队辩手。辩论常常不是孤军奋战，而是"抱团"战斗，这需要队友间相互信任，默契配合，富有团队精神。

二、课堂辩论的原则

为了保证辩论在课堂中顺利地进行，要特别注意几个问题，以确保通过辩论的形式来完成教学任务。

（一）规范性原则

在实际教学中开展辩论，结果并不是最重要的，重要的是学生在此过程中享受辩论的乐趣，锻炼表达能力，发展思维能力。正所谓没有规矩不成方圆。有些学生可能不了解辩论的具体情况，这时教师应该向学生介绍什么是辩论，辩论的规则是什么，等等。辩论的规范性有利于学生遵守规则，也有利于避免犯一些低级错误或者影响辩论的顺利进行。辩论在规则制订上可以参考国际大专辩论赛的，整个过程分为陈词、攻辩、自由辩论、总结陈词等环节，每一环节都制订相应的规则。[①] 教师可以根据教学目标，以及学生的实际情况、场所和时间等对规则进行调整。

（二）教育性原则

基于辩论的教学是一种新型方式，可能有些人还不是很了解，以为应该进行"纯"辩论，让学生争个输赢。这是一种错误的观点。唐代魏征说："然则文之为用，其大矣哉！上所以敷德教于下，下所以达情志于上。大则经纬天地，作训垂范；次则风谣歌颂，匡主和民。"教学辩论也是如此，目的是学生通过参与辩论，提高综合能力，比如表达能力、思维能力、应变能力等。

---

① 高俊凤. 历史辩论赛对高中学生综合能力影响的研究［J］. 辽宁师范大学学报，2007（6）：5.

中共中央、国务院的《关于深化教育改革，全面推进素质教育的决定》提到："实施素质教育，就是全面贯彻党的教育方针，以提高国民素质为根本宗旨，以培养学生的创新精神和实践能力为重点，造就'有理想、有道德、有文化、有纪律'的德智体美等全面发展的社会主义事业建设者和接班人。实施素质教育，必须把德育、智育、体育、美育等有机地统一在教育活动的各个环节。"教学辩论一定要遵循教育性原则，否则就是南辕北辙。

（三）技巧性原则

老子云："天下难事必作于易。天下大事，必作于细。"辩论的"细"莫过于辩论的技巧了。辩手拥有良好的技巧等于磨锋利的宝剑，杀到对方辩手"片甲不留"，让对方辩手无言以对。在进行辩论的时候，辩手要注意在规定时间内，清晰地表达自己的观点。这一切都需要辩手在辩论的主题、声音和姿态等方面进行相关的训练。有了强有力的技巧，辩手如虎添翼，一定能事半功倍。

（四）团队性原则

辩论赛通常一方有几个辩手，依靠的是团队的力量。如果条件许可，辩手与辩手之间需要不断地进行磨合，相互了解、相互帮助、取长补短，培养相互之间的默契，为辩论的胜利增加胜算。学生必须意识到团队合作的重要性，切忌过分突出个人的作用。教师作为一个课堂教学的引导者，应该引导学生认识到团队合作的重要性，注重培养学生团队合作的意识和能力。

（五）评价性原则

辩论作为教学活动，是为了能让学生掌握知识，达成教学目标，锻炼学生多方面的能力。教师是教学主导者，更是进行教学辩论的参与者、组织者。不管怎么样，教师都应该在学生辩论结束后及时给予评价，让他们从中获得更多的能力。

三、辩论的策略

（一）辩论前的培训

辩论可以锻炼学生表达能力，发展思维能力，培养团队精神等。那么，如何才能保证教学辩论在课堂中顺利完成呢？

1. 饱读群书

满腹经纶的人才能口若悬河、滔滔不绝地说出自己的观点。辩手要在辩论上有精彩的发挥，多读书是必需的。辩论的主题是固定的，但是辩论的依据是丰富多彩的。辩手饱读诗书才有可能了解对方辩手提到的内容，及时地进行反驳，甚至将对方辩手"置之死地"。因此，辩手应该拓宽自己的知识面，博览群书。教师应该引导学生通过多种途径，比如网络、电视、图书等拓宽知识面，丰富自己的知识储备，以备不时之用。

2. 表达训练

表达方面的训练可以分为口头表达和体态表达。

（1）口头表达

辩论首要的是辩手可以将自己的观点清晰地表达出来，这就需要辩手必需能够流畅地讲一口标准的普通话。若要拥有清晰的口头表达，就必须有洪亮的声音、抑扬顿挫的语调、缓急相宜的语速。这种能力并不是与生俱来的，而是需要经过长期的训练才能获得。学生在上课的时候应该积极发言，积极参加演讲类型的比赛，让自己在"高压"的状态下激发潜在能力。另外，教师应该为学生做亲身示范，或者让学生多观看一些名家朗诵的视频，促进学生口头表达能力的提高。为了让辩论更加精彩，妙语连珠也是辩手追求的目标。辩手在辩论的时候，可以多采用各种修辞手法，夸张、排比和对比等修辞手法可以为辩论增色不少。

（2）体态表达

陈望道先生在《修辞学发凡》提到，语言包括声音语（口语）、文字语（书面语）和态势语。这里讲的态势语就是体态表达。虽然说辩论相对其他演讲不需要过分注重体态，但是仍然不能忽视。在辩论的过程中，辩手可以通过手势、肢体、表情和眼神等，让观众和对方辩手感受到自己所要表达的观点，帮助其他人理解和接受表达的内容。教师应该鼓励学生在辩论时采用体态表达，但是要注意自然适度，避免养成一些不良的小动作。总之，辩论也算是一种表演，辩手应该在唇枪舌剑的同时注意举止大方，将饱满的情绪和振奋的精神展现出来。

3. 善用技巧

哈萨克族有句谚语："找到了窍门，路就会短。"如果想在辩论赛中有精彩的表现，辩手不仅要有渊博的知识，还要懂得辩论的技巧。教师应该注重培养学生以下几方面的技巧。

（1）理解论题

辩论好像写作文一样，辩得再好，跑题了就于事无补。辩手首先要有理解辩论题目的能力，力求做到胸有成竹。只有方向正确，才有成功的可能。

（2）确定立论

立论是辩论的支柱，是辩论中要固守的条件和精髓。立论在形式逻辑上一定要合理，应以形式逻辑为主导①。这也是赢得一场辩论的基础，必须受到大家的重视。

（3）寻找资料

学生并不是经常接触辩论，再加上学生认知水平发展的局限，成功地进行辩论也是一个比较大的挑战。因此，教师要特别引导学生注意做好充分的前期准备。我们这里讲的前期准备便是收集资料。学生要围绕辩论的题目，通过书籍、网络和询问他人等途径收集一些名言警句、典型事例或者现实例子等，以加强自己观点的说服力。还有，学生要善于发现与辩题有关的理论依据，增加辩论的砝码，以便更有力地打倒对方辩手。

（二）辩论中的方法

1. 懂得放松

有些学生面对众多观众的注视，总会感到一些紧张，即使面对的是自己最亲近的同学，最熟悉的老师，也会害怕失败。这很正常，不必害怕。保持平常的心态和清醒的头脑，这对辩论获胜至关重要。

学生可以选择深呼吸，或者喝一口水，缓解自己的紧张情绪。学生也可以给自己做心理暗示：没有什么好害怕的，大不了重来一次，不要给自己过大的压力。最重要的是，教师应该引导学生，在课堂上进行辩论不要太看重结果，享受过程才是最重要的。

2. 大胆发言

辩论是一种发表自己看法的活动。在实际教学中，有可能进行的是全

---

① 刘砺，王启．论大学生辩论赛的兴起、作用与创新发展 [J]．湖州职业技术学院学报，2008（2）：16-18．

班的辩论会，直接将意见相反的学生分成两组。没有固定的辩手，每个学生都可以发表自己的看法。有些学生有满腹的反驳依据，但是由于胆怯而不敢发言。辩论就是发挥学生主体地位，改变传统的教学模式，让学生多说的活动教学形式之一。教师应该让尽可能多的学生参与其中，通过辩论的形式达成教学目标，锻炼学生各方面的能力，让学生在针锋相对的形式下激活思维。所以，教师更应该关注一些比较害羞的学生，鼓励他们勇敢地发表自己的看法。

3. 适时引导

在课堂教学中引进辩论是为了让学生在辩论的乐趣中收获知识。辩论需要学生快速的反应能力、敏捷的思维能力以及良好的表达能力。然而学生还处于一个学习阶段，对辩论的理解比较少，只有一些肤浅、零散的辩论知识，还无法达到正式辩论赛中辩手的水平。教师应该发挥主导者的作用，在进行辩论的过程中，根据学生辩论的情况，抓住生成资源进行适时引导。在课堂上，教师不仅要关注学生辩得如何，还要告诫学生要注意礼貌，不要恶语中伤，以免伤了同学之间的感情。

4. 注意倾听

对方辩手在进行论据陈述的时候，辩手、观众和教师都应注意倾听。

观众作为旁观者不能认为事不关己，应该思考别人的观点，从中收获正确的认识。即使这次的辩论不能作为"主角"，也要扮演好"配角"。或许有一天，观众也可以成为辩手。

而辩手就更需要懂得倾听，发现对手的弱点或者漏洞，适时反击。

教师不能完全放任学生在辩论赛中自行其是，要注意倾听，帮助学生发现不足。

（三）辩论后的总结

辩论的结束并不代表学习的结束。在完成辩论之后，大家应该进行总结与评价。

1. 辩手自评

辩手是课堂辩论的主要参与者，感受和收获一定是最深的。他们可以从自己准备辩论和现场辩论两个方面谈谈自己的感受。不管是优点还是不足，辩手都可以把自己的想法与大家分享，动员其他同学积极参与下次的辩论。

2. 观众评价

其他旁观的同学作为本次辩论赛的观众，即使不是完全地参与辩论，也可以对辩手做出评价，提出他们的优点和不足。还有，观众可以谈谈自己在观看这次辩论中学到了什么知识，和其他同学讲讲自己的想法。

3. 教师总结

教师的总结不仅可以给辩论来个画龙点睛的作用，让学生看到自己做得不错的地方和还可以努力的方向。教师的总结也可以作为一个示范，让学生学会怎么评价自己，从而更全面、正确地认识辩论的作用。

第四节　演：形神具备，巧妙添趣

形神具备的表演，为课堂带来了欢乐。为何不能演一演书中那可爱的形象呢？请看但老师的《蒲公英的种子》教学[①]：

师：（边画边说）仔细看，老师画的是什么？

生（齐）：蒲公英！

师：对了。（边指边说）这个白色的、毛茸茸的小球，就是许许多多蒲公英的种子。今天，有一位可爱的小伙伴要向我们介绍它自己，请大家仔细听。

（师带头饰表演、朗诵课文内容）

师：（表演后问）谁能告诉大家，它是谁？

生：它是蒲公英的种子。

师：说得对。今天我们就一起来学习第 12 课《蒲公英的种子》。

多媒体技术的发展，促使课堂教学紧跟时代的步伐。教师经常会利用多媒体为学生展现丰富多彩的世界，吸引学生的注意力。然而照片和影像的仿真始终代替不了现场的真实。教师放下自己的架子，亲自扮演蒲公英的种子。学生看到教师精彩的表演，忍不住爱上那可爱的蒲公英种子。教师教学《蒲公英的种子》，水到渠成。

---

① 胡重光. 现代活动教学与素质教育［M］. 长沙：国防科技大学出版社，2002：130.

一、角色扮演的含义与作用

（一）角色扮演的含义

《常用汉字源流字典》提到："演，形声，从水，寅（yín）声，本义为水长流，引申为润湿、扩展、发展变化、发挥、练习或计算、当众表演技艺等。"我们这里讲的演指的是表演、扮演的意思。

活动教学有一种教学形式就是角色扮演。角色扮演为心理学家莫雷诺（J. D. Moreon）所创，他在1920年创设以角色扮演为主题的心理剧，获得成功，此后角色扮演法就成为一种教育方式，在个体行为辅导、商业咨询，以及知识学习中广泛运用。[①] 随着角色扮演的逐渐发展，这种活动方式传入中国，成为现代教学中一种十分常用的教学方式。

何谓角色扮演？角色扮演，就是在教学中由教师根据学生的学习特点，对学生进行具体的角色设定；指导学生进入角色，领悟剧情，根据教学内容设计、并完成规定动作和自选动作。以学生所学特长和教学需要为出发点，以促成学习过程中知识向能力的转化，把"用"作为根本的立足点。[②]

角色扮演是活动教学方式之一，教师为了完成教学目标，自己或学生根据教学的需要，设定情境，扮演其中角色。通过角色扮演体会角色心情，用一种快乐又新颖的形式促进学生对学习内容的了解。

（二）角色扮演的作用

于漪老师说："要让学生走进语文，不是只听客观介绍，隔墙看花。"这说明学生如果单一地听教师讲授，是难以深入理解学习内容的。而如果采用角色扮演的方法就可以解决这个问题。现在，让我们一起看看运用角色扮演有什么作用。

1. 激发兴趣，活跃课堂

著名心理学家皮亚杰指出："所有智力方面的工作都要依赖于兴趣。"表演对于表演者和观众都是一种享受。在实际教学中，学生常常呆板、无趣地

① 朱晓利. 谈角色扮演在英语教学中的应用 [J]. 武警学院学报，2010（9）：84-96.
② 孙桂秋. "课堂角色扮演"教学法的实施及其价值探讨 [J]. 石家庄技术学院学报，2006（5）：55-57.

坐着，迷迷糊糊地看着教师在讲台上滔滔不绝地讲着不知所云的知识。平淡无奇的教学模式、习惯性的走马观花，导致课堂教学效果不佳。而角色扮演让学生在课堂中活动起来，获得一种全新的体验，极大地提升了学生的学习兴趣。同时，学生在讲台上精彩又有趣的表现，极大地活跃了课堂气氛，可谓一箭双雕。

2. 入情入境，感同身受

苏霍姆林斯基认为："从本质上说，儿童个个都是天生的艺术家。"儿童生性比较好动，情感容易被调动起来。教师利用表演的形式，让学生融入角色，使得学生的想法接近角色的想法，进而更好地理解教材内容。所以在实际教学中学生通过角色扮演，可以进入情境，感受角色的思想，促进对知识的理解。

3. 精彩呈现，能力锻炼

学生活泼好动，想象力极其丰富，可以依据设计的情境，顺利地进行表演。角色扮演为学生提供了新型的学习模式，建立了表现自我的舞台。学生通过角色扮演，感受人物的心理，给予观众视觉的享受，也给扮演者自身带来了乐趣。所以，学生在"玩"的过程中，展现了自己的表演能力，锻炼了自己的胆量，训练了自己的表达，从中得到了多方面的锻炼。

二、角色扮演的选择

角色扮演凭着本身独特的优势，获得了教师的喜爱，并广泛地运用到了实际教学中。那么，角色扮演在实际教学中应该如何操作呢？

（一）扮演喜爱对象

在教学中老师需要着重考虑学生的喜好，放手让学生选择，切记左右学生内心真实的需要。学生如果在课堂教学中扮演自己喜爱的角色，比如明星、偶像、科学家、美术家等，就容易激发学习兴趣。因为学生对喜爱的对象有一种情感驱动，若能凭借角色扮演的机会，感受喜爱对象的身份，体会角色在情境中的地位和言行，就能更好地理解学习内容。

角色扮演，生为主体

师：同学们，今天有几个漂亮的模特想和大家做朋友。他们有的很苗条，有的很漂亮，有的很时尚……现在请大家选择你喜欢的模特带着他们上台来展示。

（出示各种模特图片，学生选择自己喜爱的模特）

师：现在让我们一起走进时装发布会。

（配上走秀音乐）

生：让我们一起来！

（学生拿着模特图片，模仿模特的姿势在T型台上自信地走着，用他们的身体和面部表情展现他们对美的理解）

这一堂美术课的内容是《裙子上的花边》。教师让学生扮演着自己喜爱的模特走上T型台，激发了学生学习的兴趣。学生把自己当作模特，自信地走在T台上，通过肢体动作和面部表情把自己对美的理解很好地表达出来，享受台下羡慕的目光。我们相信，不管是模特扮演者，还是其他没有参与表演的学生，都会被这次T台秀深深地吸引，深入理解什么是美。

（二）表演生活情境

学习知识，是为了将所学知识运用到生活中。在实际教学中，我们会经常利用生活情境，帮助学生理解所学的知识。如果采用角色扮演法，则要求学生回归生活，演绎生活出现的情境。

教学案例

SHOPPING

师：同学们，今天我们的店铺要招聘营业员。请问，一名合格的售货员应该怎么做呢？

学生积极发言，指出一名合格的售货员必须热情，懂得业务知识等。

师：在外国，售货员会很热情地招待消费者，主动地向消费者打招呼。

137

通常，售货员会说："Hi，How are you? Can I help you?"

教师一边说一边和学生打招呼。

教师让学生以4人小组为单位，根据小组成员的想法开一间小商店，并为自己的小商店取上名字。还有，小商店里面的商品应该明码标价，配有售货员。一切准备工作完成之后，小商店就可以开始营业了。

师：同学们，让我们一起来买东西吧！

教师请一些学生扮演顾客去小商店买东西，用英语进行沟通，感受外国文化，提升学生的口语水平。

学生跃跃欲试，逐渐投入到角色扮演中。

在英语课上，许多教学内容都与生活息息相关。这位教师采用角色扮演的教学形式，让一些学生扮演营业员，一些学生扮演顾客，体验用英语购物的乐趣。这样的生活情境扮演帮助学生将所学知识运用到现实生活中，既锻炼了口语表达能力，又学会了沟通。

（三）表演艺术才能

很多学生都有一"艺"之长，并且有很强的表现欲。教师仿佛就是淘金者，让金子在课堂上闪闪发光。在实际教学中，教师可以让学生展示自己的艺术才能，既促进教学任务的完成，又给予学生展示和锻炼艺术才能的机会。

教 学 案 例

牧童短笛

上课开始，教师亲切地对学生说："同学们，正式上课前老师和小明为大家表演一个小片段，大家猜猜小明在干什么？"

幻灯片展示一望无际的田地里，有几头牛在吃着草。

教师打开琴盖，有感情地用钢琴演奏《牧童短笛》。这时，小明岔开双腿，仿佛坐在什么东西上面，手里拿着一支短笛，放在嘴边，仿佛吹着一首动听的曲子。

学生被教师优美的琴声和小明精彩的表演吸引，情不自禁地鼓掌。

师：同学们，大家猜到小明的角色吗？

生（齐）：牧童！

师：今天，我们来欣赏这首由我国著名音乐家贺绿汀所做的《牧童短笛》。请同学欣赏用长笛演奏的《牧童短笛》，一边听一边想象，牧童在牛背上悠闲地吹笛的画面。

师生合奏的一首《牧童短笛》令人赞叹。音乐课是一门用音乐贯穿课堂教学的学科。如果教师以播放的形式导入教学，相对角色扮演来说，学生的积极性可能不够高。古人云："为学贵慎始。"这位教师让小明和自己共同演绎《牧童短笛》，让学生眼睛一亮，顺利完成教学导入。

（四）呈现教学内容

有的教学内容隐藏着剧本，有的本身就是剧本，教师可以和学生将课本剧搬上讲台，通过角色扮演的形式将学习内容生动形象地演绎出来，以促进学生对知识的深入掌握。涉及剧本最多的科目就是语文，里面有许许多多的故事和对话，便于语文教师使用。音乐课同样可以采用角色扮演的形式，只是剧本隐藏在教学内容里面，需要加工提炼。这位教师通过语言的引导、音乐的渲染，让学生演绎一段段音乐所蕴含的故事，使得学生陶醉其中，感悟音乐表达的情感。

三、角色扮演的步骤

在课堂中进行大型的角色扮演活动，教师和学生都需要做好充分的课前准备。

（一）小组讨论

正所谓"众人拾柴火焰高"。小组讨论可以让大家都参与其中，有机会发表自己的看法，彰显学生的主体地位，激发学生对角色扮演的热情。讨论的问题有以下几个方面。

1. 确定剧本

剧本可以选自所学科目的课本，这是一种比较方便快捷的方法。但是如果学生或者教师有足够的经验和能力，就可以改编内容，甚至编写剧本。比如，语文学科，我们可以选择那些故事性比较强、有一定情节的课文进行改编。例如，人教版小学语文的《小蝌蚪找妈妈》《坐井观天》《称赞》等。

2. 确定演员

如果进行大型的角色扮演，需要许多演员。如何选择演员呢？

方法一：自愿报名。这种方式让感兴趣的学生参与其中，比较方便快捷。这些学生的积极性比较高，组织排练就相对比较轻松简单。

方法二：教师选择。相对来说，教师对学生的了解比较全面。如果要选择一些优质演员，就可以采取这种方式。但是这种方式容易伤害一些学生的积极性，没有给予每位学生展示自我的机会。教师可以考虑选择一些比较害羞的学生，鼓励他们积极参与，帮助他们提高自信心。

方法三：随机抽签。为了让每位学生都有机会参与角色扮演，可以选择抽签的方式，以此来决定每位学生是否能参与以及表演什么角色。

方法四：推荐形式。有些同学私底下交往比较深，更了解彼此的能力和兴趣。通过推荐的形式选择一些合适又有能力的同学担任演员，能够促进角色扮演的顺利进行。

3. 讨论角色

讨论角色的小组可以以扮演角色的学生为带头人，其他感兴趣的学生或者没有任务的学生加入其中。学生根据角色的人物性格特点，选择表演的衣服，设计行为动作等。学生通过团队合作的形式，促进角色扮演高质量地进行，给予更多同学参与的机会，激发学生对这次角色扮演的兴趣。

4. 前期排练

为了让角色扮演在课堂上顺利进行，应该进行排练预演。教师可以安排有能力的学生作为总导演，组织大家进行前期排练。其他学生也可以积极参与其中，为演员提出意见和建议。

5. 准备道具

为了表演可以更加生动形象，可以制作一些简单又经济的道具。考虑经费的限制，学生可以发挥丰富的想象力，利用身边的物品做道具。通过制作道具既锻炼了学生的动手能力，又培养了他们的想象力。

6. 布置场地

由于课室场地比较狭小，"舞台"布置较为受限，但是师生可以本着经济、简便的原则，利用黑板画出一个背景，同样可以让观众欣赏到精彩的表演，享受一场美好又难忘的视觉盛宴。

7. 总结点拨

角色扮演作为活动教学的形式之一，是为达成教学目标而服务、而存在的。所以角色扮演结束后，师生应该谈谈自己观看表演后的感受和想法。师生一起总结得失，以提高下次角色扮演的质量。大家还可以谈谈在表演后对教学内容的理解，加深对知识的理解。

虽然受限于时间和精力，角色扮演所有的准备和实行都在课堂有限的时间和空间内进行，有许多的步骤在实际操作中难免要进行删减或者改动，但是，我们仍要给学生一个舞台，为课堂巧添妙趣，为学习增加理解，为美丽提供机会。

第五节　实战案例：如何活动教学，寓教于乐

一、实战案例

有这样一个小村庄①

师：在第二个目标基本完成的基础上，我们的阅读还应怎样深入下去？

生：老师，我想这篇课文不仅仅是要告诉我们别乱砍树，还有更深的意义在里面，这更深的意义是什么呢？

师：（画了一个大问号）对，这就是我们这节课要达到的第三个目标，请每位同学用充满深情的话语，向未来的人们送上一句震撼人心的话，引起全社会的关注。

（生各自写自己的内容，写后交流）

生1：未来的人们啊，你们还想让这个小村庄的悲剧重演吗？擦干泪水，投入行动吧！

生2：保护环境，就是保护人类自己；破坏环境，就是毁灭人类自己！

生3：我们的水资源是多么宝贵啊，珍惜它吧！不要让地球上的最后一滴水只是人类的眼泪。

生4：再不保护我们唯一的家园，黄沙将遮蔽天空，我们的呼吸都将非常困难。

---

① 靳家彦.《有这样一个小村庄》教学实录［M］//刘海涛，豆海湛. 小学语文：名师魅力课堂激趣艺术. 重庆：西南师范大学出版社，2010：6. 本书略有删节。

生 5：噪声污染对人们的健康危害很大，在宣传环境保护时不要忘记治理噪声污染。

生 6：工厂排出的废气、汽车摩托车的尾气、燃烧各种废物放出的有毒气体，都是大气的污染源，让我们一起来制止这些破坏环境的现象吧！

（以上逐一用投影仪出示书写内容）

师：同学们的这些充满激情的话语，为我们敲响了警钟，能不能结合我们的现实生活，说一说我们学校周边和住宅附近还有哪些不符合环保要求的现象？

（生举例：一次性饭盒、筷子，建筑工地扰民，商店大声播放音乐，有人践踏绿地，在小树上晾衣物，往河里丢废弃物……）

师：大家从我们身边的现实生活入手，唤起人们的环保意识，这是当今人类应当具有的最重要的意识之一。在这方面北京的小朋友已经走在了前面。

（投影出示：北京小朋友上书国务院，提出环保建议，国务院领导给予高度评价，号召全社会重视环保问题。生读批示。）

师：同学们，小村庄的教训是多么深刻啊！一场洪水袭来，小村庄还存在吗？

生：没有了。

师：房屋还有吗？

生：没有了。

师：工具、家具还有吗？

生：没有了。

师：人，还有吗？

生：一个都没有了，都被洪水卷走了。

师：不，这个小村庄还真有几位幸存者，而且，今天来到了我们中间。

（生惊异，四处寻找）

师：（指一位男生）这位就是小村庄的 A 村长，请到台前。（生笑）

师：（指另一位男生）这位就是当初砍树最多的 B 先生，也请到台前。（生又笑）

师：（指一位女生）这位就是当初反对砍树而且积极植树的 C 女士。（生大笑）

师：这三位幸存者今天要召开一个记者招待会，在座的各位都是各大新闻媒体的记者，请大家发问，由 A、B、C 三位回答。（课堂气氛非常活跃）

生1：请问 A 村长，你是怎样幸存下来的？

A：洪水把我冲出很远，幸亏我抓住了一棵没被砍伐的树，才侥幸活了下来，好险啊！

生2：请问 B 先生，当初你为什么砍树，砍了多少棵树？

B：当初我只顾眼前能过得好一点儿，没有环保意识，更没想到这样做会祸及子孙后代，我砍了几百棵树，我有罪，我认罪。（生大笑）

生2：（继续追问）你这样做，难道村长不管你吗？

B：他也砍，所以他管不了我，再说我给他送礼了，他也不敢管我，他是个腐败村长。

生3：A 村长，是这样吗？

A：是，是，我也有罪，身为一村之长，不但不保护环境，还受贿，罪大恶极。（生笑声不断）

生4：请问 C 女士，您为什么反对砍树，而且植了许多树？

C：当时我觉得乱砍滥伐是不对的，长此以往，家园受到破坏，大自然一定会惩罚人类。我看到那么多树被砍掉了，只剩下光秃秃的土地，心里很难过，每年都植一些树。但砍树的人太多了，家家户户都在砍，我一个人的力量太小了。

生5：A 村长，你现在怎样认识这个问题？

A：如果还让我当村长，我一定把保护生态环境作为第一任务，再也不破坏环境、祸及子孙了。

生5：欢迎 A 村长的转变，欢迎你回到我们中间来。（大家热烈鼓掌）

生6：B 先生，你的认识有什么变化？

B：我们这个小村庄的毁灭是因为我们的环保意识太差了，我今后一定向 C 女士学习，保护树木，植树造林，重建我们的家园。

C：我也要加大宣传力度，让世人都知道保护环境的重要意义，再建一个美丽的小村庄。

师：今天的记者招待会就开到这里。请大家回去拿起笔，向全社会呼吁：我们只有一个地球，我们全人类要共同保护我们赖以生存的家园。大家可以写诗歌、编小品、绘图画、谱歌曲、写调查报告，记叙这次记者招待会，展望新建的小村庄会是什么样，还可以上网查资料，介绍环保知识，向环保部门提建议……让我们用美妙的歌声结束这堂课。

小松树，小柏树，

一排排来一行行，

长在平原里长在山冈上，

谁把它们领到世上来，

我们少先队员，

把小树种在祖国的土地上。

二、实战经验

这是特级教师靳家彦教学《有这样一个小村庄》的片段，是活动教学的典型范例，具有很强的借鉴性，这种教学方式深受现代教学的重视和青睐。

（一）转变观念，尊重学生

学生是学习活动的主体。活动教学将学生的主体地位放在一个较为突出的地位。教师应该转变传统的教学观念，尊重学生，将课堂交给学生。我们可以看到靳老师随机点了三名学生进行角色扮演。随机抽点既减少了时间，又让学生意想不到，产生一定的压力，从而激发了学生学习的兴趣，锻炼了学生的反应能力和抗压能力。

（二）寓教于乐，巧妙添趣

著名心理学家皮亚杰认为："所有智力方面的工作都要依赖于兴趣。"活动教学旨在通过活动，让学生在活动中快乐学习，在快乐中收获成果。学生在自由的环境中说出自己的想法，在活跃的小组中讨论问题，在激烈的辩论中享受成功，在有趣的角色扮演中体验人生……丰富多彩的活动形式，都渗透着快乐的因子。《有这样一个小村庄》是小学语文人教版五年级的一篇课文。课文旨在告诉学生，人类肆意破坏环境，最后会遭到大自然的严厉处罚。保护环境非常重要，保护环境应从小事做起。靳老师教学《有这样一个小村庄》，成功地运用角色扮演法，让学生通过有趣的角色扮演，在快乐中思考小村庄里人们的想法，促进对课文的理解。

（三）创设情境，联系实际

学生的常识离不开自己生活的环境，他们对自己周围的事物是最熟悉的。所以，教师采用活动教学的时候，应该以生活为依据，在学生的生活基础上进行活动教学，让学生在熟悉的环境中探究新知。靳老师给学生创设了一个情境——记者招待会，将生动的场景搬到课堂上，此举有利于学生凭借经验学习新内容。学生可以产生把所学知识联系实际的意识，从而达到学以致用的目的。

（四）渊博知识，熟练技能

教师在活动教学中鼓励学生说出自己的想法，但是有可能出现意想不到的答案。在实际教学做准备中，教师应该估计学生有可能说出的观点和课堂出现的情况。不过，教师即使做再充分的准备，学生也不可能完全按照教师编写的"剧本"走。因此，教师应该拥有渊博的知识、机智的应变能力，才能面对学生千奇百怪的问题做到镇定自若、应付自如。靳老师专业知识丰富、教学技能娴熟，驾轻就熟地引导着学生进行角色扮演，品味课文，探究问题，进而深刻地认识到环保的重要性。学生在名师的指导下，自信力、表现力和想象力等都得到丰富的发展。

三、实战策略

（一）活动教学，丰富多彩

说、议、辩、演是活动教学的主要形式。它们蕴含了多种的活动，丰富了活动教学形式。教师在选择活动教学的时候，把丰富多彩的形式带进课堂，可以使学生体验到学习的新颖性和趣味性，从而大大激发了学生的学习兴趣。最终，学生在丰富多彩的活动教学中，快乐地学习新知识，综合锻炼各种能力，为将来成为创新型人才奠定了坚实的基础。

（二）活动教学，改变传统

活动教学是课程改革背景下提出的新型教育方式，促使教师和学生的观念都发生了巨大的改变。学生意识到自己是学习活动的主体，可以在快乐轻松的环境中自主地学习知识。教师从知识的"灌输者"转化成为引导者，组织和指导学生学习，让学生通过活动学习知识，掌握知识。教师组织学生创作、活动和反思，发挥他们的才能，使众人的创造性及劳动融为一体。活动教学改变了传统教学呆板、封闭的形式，代之以生动、活泼的教学表现形式，从而极大地提高了教学质量。

（三）活动教学，传递快乐

活动教学丰富了课堂教学的形式，以轻松自由的氛围让学生在快乐中学习知识。教师应该在完成教学目标的前提下，营造快乐的学习氛围，让学生通过自身体验收获知识，感受学习的魅力。学生也应该主动地接受活动教学，融入快乐的学习氛围中，通过活动加深对知识的理解和掌握。

第四章

科学评价，鼓舞人心

善于评价的教师可以调动学生学习的兴趣，可以引发学生积极向上的动力。然而"不聪明"的评价语言，有可能影响孩子的一生。

你的嘴巴跟不上聪明的脑袋瓜

据说，美国通用电气公司董事长杰克·韦尔奇小时候有口吃的毛病，他曾努力试图矫正，却收效甚微。口吃给他幼小的心灵蒙上了一层阴影，他深感自卑，变得沉默寡言，甚至害怕和人交往，无论什么场合，他总是尽量紧闭双唇，轻易绝不开口说话。

有一天，韦尔奇和同学去餐厅吃饭，他点了一份最爱吃的金枪鱼三明治，没想到服务员却端上来两份。韦尔奇有些奇怪地问："我只点了一份三明治，你怎么给我上来两份呢？"服务员坚持说他点了两份。原来，韦尔奇在说"tuna sandwiches"（金枪鱼三明治）的时候，因为紧张，说成了"tu—tuna sandwiches"，而服务员听起来就是"two tuna sandwiches"。同学们为此笑得直不起腰来了，韦尔奇尴尬万分，委屈的泪水在眼眶里打转。

回到家里，他向母亲哭诉他的遭遇："每次我开口说话，别人就笑话我，我再也不说话了……"母亲拍拍他的小脑袋，轻描淡写地说："孩子，那是因为你太聪明，所以你的嘴巴无法跟上你聪明的脑袋瓜。"听到这句话，韦尔奇抬起头看了看妈妈，破涕为笑。

韦尔奇依然口吃，依然会遭人嘲笑，但他不再为此感到自卑，因为他对母亲的话深信不疑，相信自己有一颗聪明的脑袋。他发奋学习，35岁获得伊利诺伊大学化学工程博士学位，45 岁那年，他成为美国通用电气公司历史上最年轻的董事长和首席执行官。后来，韦尔奇经常提起母亲这句话。他说："那是我迄今为止听到过的最美妙的一句话，也是母亲送给我的最伟大的礼物。"

韦尔奇的成功，离不开家长的激励评价，可更重要的是韦尔奇对自己的评价，"他不再为此感到自卑""相信自己有一颗聪明的脑袋""他发奋学习"。正是这样一个自我认识、自我激励、自我调整、自我学习、自我改进、自我教育能力不断提高的过程，使韦尔奇的主体能动性得到了充分发挥，达到了主动学习、主动发展的目的，并最终取得了巨大的成就。

由此可见，科学的评价能够给人以鼓舞与激励、信心与力量，能够化平凡为神奇，促进人们主动发展，个性发展，全面发展。

第一节　诊断性评价：满足因材施教

不同的学生，存在着一定的差异。因材施教的教学要善于利用诊断性评价。

扁鹊见蔡桓公，立有间。扁鹊曰："君有疾在腠理，不治将恐深。"桓侯曰："寡人无疾。"扁鹊出。桓侯曰："医之好治不病以为功。"居十日，扁鹊复见，曰："君之病在肌肤，不治将益深。"桓侯不应。扁鹊出。桓侯又不悦。居十日，扁鹊复见曰："君之病在肠胃，不治将益深。"桓侯又不应。扁鹊出。桓侯又不悦。居十日，扁鹊望桓侯而还走。桓侯故使人问之。扁鹊曰："疾在腠理，汤熨之所及也；在肌肤，针石之所及也；在肠胃，火齐之所及也；在骨髓，司命之所属，无奈何也。今在骨髓，臣是以无请也。"居五日，桓侯体痛，使人索扁鹊，已逃秦矣。桓侯遂死。

战国时期的神医扁鹊，与蔡桓公四次见面，诊断出蔡桓公的病情一次比一次恶化。扁鹊在医学上最大的贡献，就是创造了"望、闻、问、切"四大诊法。望，就是观察病人的神色、形态、局部表现等症状来诊断病情；闻，就是听声音和嗅气味；问，就是询问病人病史，问体征等一些问题；切，就是为病人把脉。扁鹊创造的"望、闻、问、切"四大诊法，在几千年后的今天，仍被中医沿用。

不同的病患，病情自不相同；同一种病，病患体质、性别不同，病情也不相同。这就得通过医生进行诊断，掌握病人病情资料，对病人的健康状态和病变的本质进行辨识，并对所患病症做出概括性判断，从而开出医治处方，对症下药，"因病施药"，最终使患者康复。

医生对患者治病能够"望、闻、问、切""因病施药"，教育工作者对学生教育同样要"望、闻、问、切"、因材施教。每个学生的个体特征，如性别、兴趣爱好、性格、基础知识、接受能力、情感态度、身体状况、家庭教育等都不一样，要引导学生积极向上，让学生顺其自然，并能发挥自身优势，健康发展，教师必须对他们进行"望、闻、问、切"，根据诊断结果作出判断，进行因材施教，设计或改进教学策略，促进学生在原有的基础上获得最大的进步，并实现全面发展的最终目标。

一、锦上添花：教学评价好武器

教学过程中，教师常根据不同学生的特点，对其进行诊断性评价，培养学生学习兴趣，发挥学生学习的主动性，激发学生思维活动，使学生获得真正教育意义上的发展。

（一）诊断性评价发展现状

1. 诊断性评价的鼻祖——孔子

子路问："闻斯行诸？"子曰："有父兄在，如之何其闻斯行之？"冉有问："闻斯行诸？"子曰："闻斯行之。"公西华曰："由也问'闻斯行诸'，子曰'有父兄在'；求也问'闻斯行诸'，子曰'闻斯行之'。赤也惑，敢问。"子曰："求也退，故进之。由也兼人，故退之。"

早在两千多年以前，我国教育家、思想家孔子就根据自己弟子的不同性格特点进行诊断性评价，因材施教。孔子说："子路勇猛过人，但莽撞，要中和他的暴性，故抑而退之；冉有为人懦弱，畏缩谨慎，要激励他的勇气，故鼓而进之。"正是由于孔子进行科学的诊断性评价，因材施教，教育有方，才有"七十二贤人"的突出成就。

颜渊问仁。子曰："克己复礼为仁。一日克己复礼，天下归仁焉。为仁由己，而由人乎哉？"颜渊曰："请问其目。"子曰："非礼勿视，非礼勿听，非礼勿言，非礼勿动。"颜渊曰："回虽不敏，请事斯语矣。"

仲弓问仁。子曰："出门如见大宾，使民如承大祭。己所不欲，勿施于人；在邦无怨，在家无怨。"仲弓曰："雍虽不敏，请事斯语矣。"

司马牛问仁。子曰："仁者，其言也讱。"曰："其言也讱，斯谓之仁已乎？"子曰："为之难，言之得无讱乎？"

孔子的三个弟子问什么是仁，同一个问题，因为弟子学识能力、道德修养、性格特点等各不相同，故孔子的回答也各不一样。颜回聪明有才智，品德修养高，孔子说克制自己，一切依礼而行，这就是"仁"；而仲弓平时对人不够宽容，不够体谅别人，孔子则回答他做事严肃认真，宽以待人就是"仁"；司马牛性格急躁且语多浮夸，孔子说仁者说话慎重，行动认真。孔子对"仁"的不同解释，是根据学生的不同特点而回答的。弟子哪方面有优点、哪方面有不足，孔子进行诊断性评价，扬其长、补其短，因材施教，教育弟子成为德才兼备的君子。

2. 诊断性评价的发展情况

孔子育人因人而异、因材施教的教育观在中国教育史上有着深远的影响。时至今日，在教育领域以及其他领域，人们都会根据对象的个体差异进行针对性地教育或发展其才能。特别是作为育人、育才、育心的现代教师，在教学上更应顺应时代的要求，对学生的各方面情况进行全方位的观察了解，熟悉、掌握每个学生个体的具体实际情况，进行诊断性评价，进而因材施教，促进学生个性发展。

在美国，倡导教育革新的当代著名学者、美国芝加哥大学教授布鲁姆提出"以目标达成度为中心，注重适应并发展每个人能力"的教学评价理论。而诊断性评价则是布鲁姆"教学评价"理论中一个重要环节。他强调：学生之所以在学习该门功课上存在差异，原因是学生在各方面的不同"履历"造成的。为此，必须在教学之前，把这些不同"履历"诊断出来，摸清情况，继而为教师设计一种可以排除学生学习过程中障碍的教学方案，妥当地安排教学计划。我们的教学应针对不同学科的特性来确定诊断性评价的对象，从而根据评价对象的不同性质选用适当的评价手段，以保证评价结果全面和准确。只有这样，才能针对不同学生的特点，给予指导和帮助[1]。

事实证明，自古到今，从中国到外国，因材施教作为一种诊断性评价，随着时代的进步和发展，被赋予更多的内涵，已成为现代教育中一个重要的教学评价方法。综观古今中外，这个科学的教学评价方法都有着重大和深远的积极作用。

（二）使用诊断性评价的理由

在开展教学活动时，教师为什么要对学生进行诊断性评价？

1. 以生为本

大家都知道，现在每个班都有几十个学生。这几十个学生的个性、能力、智力因素各不相同。有的学生性格开朗，活泼好动，乐观向上；有的学生性格内向，沉默寡言；有的学生天生聪明，思维敏捷，理解能力、接受能力强；有的学生则思维转动较慢，对知识的理解、接受迟钝；还有的学生存在生理缺陷，自卑自弃。此外，这几十个学生的来源，也就是所谓的家庭背景都不尽相同。学生有的来自务农之家，有的来自工人之家，有的来自知识分子之家，家庭背景不同，家庭教育不同，学生先前的教育水平、文化水平、道德修养等都存在着很大的差异。如果对这样一群学习起点和学习风格不同的学生进行统一教学，就根本满足不了学生的多种需求。教师只有从每个学生的具体实际出发，根据学生的个性特点和特长来进行教育，才能让每一个学生都得到长远的发展。

教学案例

一样的口述能力，异样的口吃原因[2]

我班有四个同学口述能力较差，乍看，似乎都有口吃的毛病，但仔细调查辨别，却各有不同。第一个同学说话时舌头似乎短了一点；第二个同学是独子，十分娇惯，父母视上中学的儿子为幼儿，讲话时停顿多，规范性差，孩子耳濡目染，形成了习惯；第三个同学是小时候学口吃的人讲话，自己也逐渐口吃起来，想改，但一站起来说话就紧张，越紧张越说不清；第四个同学是思维比较

---

① 杨小峻. 布鲁姆的教学评价理论及其现实意义 [J]. 咸阳师范专科学校学报，1995 (5)：52-55.

② 于漪. 我和语文教学 [M]. 北京：人民教育出版社，2003：121.

迟钝，对外界事物不能迅速做出反应，因而说话结结巴巴，含糊不清。只有弄清楚他们口述能力差的原因，才可能寻找出最恰当的方法来纠正他们的毛病，提高语言能力。为此，应采取以下方法处理：对第一个同学，先从生理上解决，请医生诊断，手术治疗，然后进行说话训练。对第二个同学，与其家长联系，剖析家庭语言环境的重要性，请家长说话注意语句完整，再帮助该同学进行单句训练，让他阅读口语化的材料，从简单的说话开始。对第三个同学，注意使用"稳定剂""安慰剂"，逐步消除他的紧张心理。对第四个同学，则着重训练其思维的灵敏度，并指导他想清楚了再说。

于漪老师班中四个学生口述能力较差，似乎都有口吃毛病。造成他们说话困难，口吃的障碍是什么呢？表面看，虽然都是同一种毛病，但产生的原因则不尽相同。于漪老师没有置他们于一边不理，而是以教师高度的责任心和爱心去仔细调查辨别，通过"望、闻、问、切"找出了造成他们口述能力差的症结所在。于老师对症下药，采取相对应的方法，或从生理上解决，或从心理上解决，或从家庭环境解决，或从思维能力解决，为他们制订针对性的训练计划。经过正确指导和情感关心，这四个学生的口头表达能力有了显著提高，有的甚至彻底摆脱了口吃的毛病，消除了自卑心理，重新树立起了生活的信心，人也变得阳光、乐观和自信了。

2. 提供机会

布鲁姆指出："只要提供适当的先前与现实的条件，几乎所有人都能学会一个人在世界上能学会的东西。"他所说的"适当的先前与现实的条件"，指的就是给每一个受教育者提供或创造符合其自身发展的环境或条件，引导学生学习，让学生真正学会学习，认识世界。而"提供适当的先前与现实的条件"的前提，当然是对学生进行诊断性评价。只有这样，才能因材施教，让"几乎所有人都能学会一个人在世界上能学会的东西。"

3. 有的放矢

要提高课堂教学效率，使有效教学落到实处，教师必须对学生进行充分的了解，了解他们的兴趣爱好、知识储备、学习技能、学习态度、能力水平等，只有这样，才能有针对性地设计出适合每一个层次或每一个学生的教学策略，优化课堂教学效果，达到预期的教学目标。

4. 因材施教

哈佛大学心理学教授霍华德·加德纳（Howard Gardner）认为，每个人的身上都有很多不同的优秀潜质，各有所长。教师通过诊断性评价结果设计出适合其智慧发展的独特学习方式，使每个学生都有机会发挥自己的特长、才能和潜质。只要教师给予学生足够的肯定，学生的各种潜就能得到长足的、高水平的发展。

5. 挖掘潜力

诊断性评价挖掘出学生的潜力，让每一个学生都尽情发挥自己的优势，学生的才能得到充分的展示和肯定。学生体验到了成功的喜悦，学生的学习兴趣和学习热情更加高涨，提升了学生的学习动力、增强学生的学习自信心，促使学生更加主动地参与课堂教学，从而更加有利学生的发展。

（三）不使用诊断性评价的危险

1. 障碍学习兴趣激发

如果教师没有对学生进行诊断性评价，对造成学生学习困难的因素没有进行及时了解和诊断，没有采取对症下药的策略，那么，学生很容易就会对学习失去兴趣和信心。形成"想学学不懂，越不懂越不想学"的消极思想，最终导致厌学、逃学。

2. 障碍优秀人才培养

如果教师没有对学生进行诊断性评价，学生的个性才能、个人兴趣、优点潜质就得不到挖掘，也得不到充分发挥，特别是在某些方面富有天赋的学生。这样就忽略、埋没了学生的天性，压抑、扼杀了学生的思维，斩断了学生飞翔的翅膀，不能把学生培养成个性张扬、才能突出、与众不同的人才，而只能沦为泛泛之辈。

3. 障碍教师专业成长

如果教师没有对学生进行诊断性评价，过分强调教师居高临下的统一讲授，忽视学生在学习中的主体地位和作用，没有充分调动学生学习的积极性和主动性，未能通过学生的反应分析、了解自己在教学各个环节上的优势与不足，没有提出针对性的改进策略，就会成为教师专业成长的障碍。

4. 障碍学生个性发展

如果教师没有对学生进行诊断性评价，同一教师对同一班级的几十名学生进行统一教学，使用同一教学方法、提出同一教学问题、把学生安排在同一起跑线上，就会存在很大的局限性，就会出现有的学生"吃不饱"，有的学生"吃不透"的现象，不利于学生的个性发展。

二、望、闻、问、切：诊断性评价的特点

诊断性评价有什么特点？为什么古今中外的教育学家和一线教师一直在研究它、实践它？

（一）诊断性评价的定义

诊断性评价是教学评价的一种。诊断性评价一般是指在教学活动开始前，对学生先前所受教育的程度、掌握知识的能力、情感态度、先天和后天条件等所有对学生的学习产生直接或间接的，积极或消极的作用的因素做出诊断。在全面了解学生的共性之后，或慧眼识珠地识别和挖掘出个体学生的各种优点、长处和特殊才能；或火眼金睛地发现学生在学习中的不足或问题，从而根据诊断结果创设出能发展学生特长或排除学生学习障碍的有针对性的有效的教学策略，为不同的学生提供个性化的学习资源，使教学适合每个学生的需要，为实现因材施教提供依据。

（二）诊断性评价的内涵

为使教学计划顺利进行，达成教学预设目标，使每个学生都能得到发展，教师必须通过"望、闻、问、切"对学生进行诊断性评价。

1."望"

"望"指的是教师通过学生平时在课堂学习上的语言、动作、神态等，观察学生听课是否专注，思考是否积极，学习是否主动，态度是否认真等，对学生进行诊断性评价。

2."闻"

"闻"指的是教师通过听取其他教师、家长、同学或旁人的有关该学生的一些具体情况，了解其先前的知识储备，有什么优点缺点，有哪些兴趣爱好，有哪些经验技能等，对学生进行诊断性评价。

3."问"

"问"指的是教师通过与学生惬意轻松的聊天、郑重其事的谈话或简单问卷调查，了解学生学习需求，或帮助学生解决学习上的困难；或激励学生努力学

习给予信心；或鼓励学生分析解剖对自己的认识；或谈论自己的学习动机及自己的远大抱负等，通过这样面对面的谈"问"，对学生进行诊断性评价。

4. "切"

"切"指的是教师通过正面、侧面的观察了解，对学生有了充分认识后，对促进或限制学生发展的主客观条件、先天的禀赋、后天的努力等跟学生进行综合的交流分析，对学生进行诊断性评价。

三、神通广大：诊断性评价的用途

诊断性评价确有其独特魅力。然而，并不是每一个教师都认识到了诊断性评价的作用。为此，我们来认真探讨一下诊断性评价的用途。

（一）明确水平，提供依据

在进行新的教学活动之前，教师要明确学生发展的起点水平。每个学生在学习上都存在着差异，进入新的学习活动的起点水平也并不一样。教师必需在开始新的教学活动之前，诊断性地研究学生发展的"履历"，分析学生对必需的知识技能掌握的程度，和学生心理情感对进入新的学习活动的适应性。学生在某些知识或技能上有欠缺的，教师据此确定每个学生的教学起点并采取某些补救性措施，选择差异性的教学策略；学生对该学习活动感兴趣，会带着兴趣和热情进入学习活动中，如热情不高，则设计一些适合于激发情感的方式，给学生以情感方面的关心和支持，以使学生获得和保持学习动机和兴趣。有的放矢，为教学活动提供设计依据。

（二）适当安置，因材施教

1. 每个学生都是一个鲜活的个体

如果我们承认学生的差异性，承认学生能力水平的不同，承认学生的多样性，就必须按照科学的方法对学生进行合理的安置，为学生提供适合其特点的教学条件和学习环境。两千多年前的孔子尚且根据弟子"回也闻一以知十，赐也闻一以知二"的智力水平从客观实际出发，把学生大致分为"上智""中人""下愚"（《论语·阳货》）三类，更何况社会文明发展到21世纪的今天。根据学生的能力、兴趣、技能、知识等方面的差异适当安置学生，没有单一、唯一的标准，而应该是弹性、灵动的。有的学生对学习数学兴趣不高，思维活动不积极，成绩老掉后，可在手工制作课上，则兴趣盎然，乐在其中，作品栩栩如生，总能吸引全班同学羡慕的目光。如何适当安置学生？一是教师要对学生进行科学的诊断性评价，不能以偏概全，避免形成学生某科学不好，其他学科也不会好的错误观点。二是教师要科学利用诊断性评价的结果，把学生安置在能力水平基本相当的学习群体中，为学生提供适合和有利于他们发展的学习条件和学习环境，设计多种的教学策略和创设多样的教学情境，使每个学生都能得到关注和进步。

2. 给每一个学生展示长处的机会

通过诊断性评价，教师对学生各方面的情况了如指掌，可根据学生的个性特点因材施教：有的学生喜欢画画，那就多展示他的作品；有的学生活泼开朗、伶牙俐齿、表达清晰，那就多让他主持班级活动；有的学生聪明好学、思维敏捷，那就多让他上台讲解难题；有的学生内向寡言，那就多关爱、开导，让他融入集体；有的学生学习懒惰、态度散漫，那就多关注、鼓励，引导他积极向上；有的学生暴躁易怒，那就多找他谈心、安抚、教育他……教师或根据学生的长处创造条件，给学生充分展示自己的机会，让他的长处得到发挥；或根据学生的不足创造条件，给学生充分锻炼自己的机会，让他或她的不足得以弥补，向积极健康的方向发展。

（三）扫除障碍，及时补救

为了让每个学生都能根据自己的特点发展，教师应通过诊断性评价，对他们进行适当安置。在实践操作过程中，我们发现，有些学生虽然按照其个性、能力等诊断性评价结果给予了适当安置，但在学习过程中他们的学习效果并不理想，跟先前学习相比并没有多大进步，并不能达到预设的学习目标。这时，教师就有必要进行及时补救，想方设法调查了解学生不能进步的原因，为学生扫除学习困难的障碍，让他们再次出发。

影响学生学习困难的原因，也许是教育因素，比如，教师的教学策略不恰当，只顾及大部分群体，没兼顾到小部分的个体；也许是非教育因素，比如，学生的情绪不稳定，缺乏自信心，父母关系不好，身体有疾病……这些都可以直接或间接影响学生的学习。教师只有通过诊断性评价，识别出干扰学生学习的因素和影响学生发展的问题，才能采取有效措施为学生及时补救，扫除障碍。当然，有些学生的接受能力、思维能力等各方面的发展相对于普通孩子可能会慢些，教师不能操之过急、揠苗助长，应客观科学对待，给孩子的发展以时间和空间，让他们自由成长。

诊断性评价除了以上这些主要用途外，还有不少可以发掘的其他功能。但归根到底，其目的都是为了寻找到适合孩子们成长的方法、措施，使每一个学生的综合素质都得到发展。

第二节　发展性评价：促进个性发挥

如果缺少自己的个性，就难以形成鲜明自我发展性评价，给予学生前进的方向。

一、迫在眉睫：发展性评价的重要性

2001年，国务院在《基础教育课程改革纲要（试行）》中指出，基础教育课程改革的具体目标之一是改变课程评价过分强调甄别与选拔的功能，发挥评价促进学生发展、教师提高和改进教学实践的功能。[①] 教育要顺应时代需要，把学生培养成为有理想、有道德、有文化、有纪律的一代新人。但是，学生是学校集体中独立的、具有个性思想的、在学习中发展成长的个体，这就要求教师必须具有正确的教育观，要面向全体学生，了解每个学生的各项情况，对学生进行全面评价，重视学生的全面发展和促进学生自身优势的个性发挥，培养学生健康成长，朝着适合自己发展的道路迈进。

学生是发展变化的。可由学困到优秀，懒惰到勤奋，再到精益求精；也可由懂事礼貌到叛逆粗暴，特长突出到平凡无常，活泼开朗到沉默寡言……教师对学生的评价也是发展变化的。如果教师只单一地以学生的学科成绩、学生暂时的学习状态来评价学生，而对学生消极的心理不进行积极的健康引导，对学生的个性优势不加以助力推动，不以发展的评价、发展的眼光、发展的计划去教育培养学生，那学生何谈发展？何谈把学生培养成为有理想、有道德、有文化、有纪律的一代新人？那样只会阻碍学生的健康成长，阻断学生的发展道路。

经过长期的教育实践，对学生评价经过"传统—创新"这一历程，教师

---

① 教育部. 基础教育课程改革纲要（试行）[N]. 中国教育报，2001-07-27（2）.

更应关注学生的发展过程，从品德、价值观、责任感、学习能力、心理素质等多方面去综合评价学生，在理解、尊重、公平的基础上分析评价学生的优势与不足，关注学生的共性，更关注学生的个性差异，为学生制订符合其发展的近期目标和远期目标，促进学生主动自主学习，使其发挥个性，全面发展。

二、六脉神剑：发展性评价的独特魅力

发展性评价在吸取传统性评价优点的基础上，摒弃传统性评价中单一、片面、机械、被动、终结性的不利于学生发展的消极因素，以全面、主动、热情、尊重、互动、积极、健康、发挥学生个性特长和促进学生全面发展的独特魅力被广大师生所喜爱。

（一）发展性评价的定义

发展性评价的核心是关注学生的发展，是以学生的发展为出发点和落脚点，在考虑学生过去、重视学生现在、着眼学生未来的基础上，以学生健康全面发展为目标，通过各种方法途经对学生的素质进行客观合理的评价，尊重学生的个性和需要，为学生制订促进其个性化发展的计划，激励学生进步和发展的评价。

对于这个定义中的发展，有三个方面需要深入理解。

第一，所有学生的发展：是指面向全体学生。不遗漏或不放弃任何一个学生，特别是学习困难或在某方面的发展有不足或缺陷的学生。要让每一个学生都得到老师的关注和热爱，要让每一个学生都取得进步，得到发展。

第二，学生的所有发展：教师对学生的综合素质进行发展性评价后，对学生的个性特点、优缺点等有了充分了解，为学生制订促进其发展的计划。不是平均发展，亦非样样拔尖，而是激发潜能、扬长避短，学人之长，补己之短，让学生在原有的基础上取得进步，得到发展。

第三，主动积极的"发展"：学生是评价的主体，是自我教育、自我评价的主体。学生在评价的全过程中认识自我，体验到自己的进步，获得成就感，增强自信心，并最终实现由被动到主动，由消极到积极的转变，在原有的基础上取得进步，得到发展。

（二）发展性评价的特点：六脉神剑

发展性评价的特点可以归纳为六个字"明、重、全、多、能、挥"，简称为"六脉神剑"。

1. 明确目标：明

2001 年，《基础教育课程改革纲要（试行）》在"课程评价"中提出：建立促进学生全面发展的评价体系。评价不仅要关注学生的学业成绩，而且要发现和发展学生多方面的潜能，了解学生的发展需求，帮助学生认识自我、建立自信。发挥评价的教育功能，促进学生在原有水平上的发展。[①] 发展性评价的目标是满足不同学生的学习需要，激发学生的主体能动性和多方面的潜力，促进学生在原有水平上的改进和提高，使每个学生都能得到充分、全面的发展。

《窗边的小豆豆》中的高桥君身材矮小，"胳膊和腿都非常短"，生理有缺陷。为了培养永远长不大的高桥君的自尊、自信，小林校长为他精心策划了与众不同的"小型运动会"，让他在巴学园的运动会上尽显风采，拿走了所有比赛的第一。

当高桥君在游泳池中游泳时，他一开始非常害羞，但是一件一件往下脱衣服的时候，仿佛自己的害羞心理也一层一层地脱落了；当高桥君站在比自己还要高的跳马面前不知所措时，小林先生鼓励他说："没关系，你能跳过去！绝对能跳过去！"并仅仅在最后一刻才伸手托他一下，让人感觉这就是高桥君自己跳过去的，以此来增加他的自信心。

作为巴学园的校长，小林宗作先生根据高桥君"矮小、胳膊短和腿短而弯曲"的生理特点和"害羞、自卑"的心理特点，满足其发展的需要，设身处地设计出符合其生理特点的"小型运动会"，激发他参与比赛的热情，发挥他自身的潜力，让高桥君通过自己的努力而获取比赛第一名，一次又一次品尝到光荣和胜利的喜悦，让他充满自信，个性也得到充分发展。一句简简单单的"你绝对能做到"，充满了信任和鼓励，深深影响了高桥君的一生：他过着正常人的生活，拥有完美的婚姻，在一家公司担任了专门融洽同事们人际关系的重要职位。

2. 注重过程：重

学生是发展的，学生的发展是一个过程。对学生的评价也是一个对学生发展不断关注、不断引导和不断促进的过程。在学生的发展过程中，既要重视学生的现有情况，也要考虑学生的过去所为，更要注重学生的未来发展。

① 教育部. 基础教育课程改革纲要（试行）[N]. 中国教育报，2001-07-27（2）.

只有在学生发展过程中收集学生所有的关键资料，综合各方面的正面信息和侧面信息，才能对学生进行全面而正确的分析，才能针对学生的特点给予具体的、个性的、有针对性的改进建议，引导和促进学生的全面发展。

据说，有一次，孔子亲眼看到弟子颜回偷吃锅里的米饭，却不知道颜回抓吃米饭的原因，更不知道是因为炭灰掉进锅里，颜回见米饭弃之可惜，才抓出来吃掉这个事实，以至于误解了颜回。

生活中的这件小事，让孔子发出"了解一个人实在不容易"的感叹。如果我们只看到学生表面的、暂时的、局部的一个现况，只是"盲人摸象""管中窥豹"，没有对学生发展到这样现状的过程进行分析，没有洞察一切、了如指掌，就对学生做出片面的总结性的评价，就会阻碍学生发展，对学生的发展非常不利。因此，我们必须基于学生发展的全过程来评价每一个学生。

3. 内容全面：全

发展性评价的内容全面，注意学生学业性评价与非学业性评价的交融性，关注学生的全面发展。学业性评价主要是通过对学生平时的学业表现和测验考试的学科成绩进行综合评价，了解学生对于学科知识和学习技能的掌握情况；非学业性评价是对学生的品德、情感态度与价值观、社会责任感、终身学习能力、身心素质等方面进行评价。这些都是我们对学生进行发展性评价的内容。这些内容是紧密联系的整体，它们是同等重要，没有主次之分的，对任何一个方面的忽视都会影响学生的全面发展。因此，对学生进行全面评价是促进学生全面、健康、协调发展的必要条件。

4. 方法主体多元：多

（1）评价方法多元化

发展性评价的方法多种多样，有学业成绩的量化评价，也有成长档案的质化评价；有即时评价，也有延时评价；有自我评价，也有他人评价……教师对学生的评价，在教育实践中，一般有以下三种：对学生日常活动的即时评价，对学生学业成绩的评价，记录学生成长的档案袋评价。这三种方法的操作在后面的内容再进行具体陈述。

（2）评价主体多元化

对学生的评价，传统的评价是教师以主观感受为评价标准，以教师个人的情感态度来评价学生。有时教师只看到学生的优点，而忽视其缺点、不足；

有时教师只看学生的缺点、不足，而忽视其闪光之处，造成所谓"优生""差生"之分，主观色彩浓重，使得教师不能对学生进行客观的评价。新课程改革要求，对学生的评价，除了有教师、同学、家长等的他人评价，还有学生的自我评价，只有这些多元化评价主体的共同参与，才能对学生进行全面、客观的评价，学生才能获得公平、民主、尊重的评价。

由此可见，评价学生的"尺子"有很多，只有实现评价方法多元化、评价主体多元化，多几把评价的"尺子"，才能准确、客观地评价学生，才能使每个学生都有机会发挥特长，进而推动综合素质的全面发展。

5. 主体能动：能

发展性评价，注重学生本人在评价中的主体能动作用。布鲁纳说："教师必须采取提供学习者最后能自行把矫正机能接过去的那种模式，否则，教学的结果势将造成学生跟着教师转的掌握方式。"教师不仅要客观全面地评价学生，更要通过评价的过程及方法，潜移默化地影响和帮助学生学会进行自我客观评价，掌握自我评价的方法，培养和提高学生的自我评价能力。而学生自我评价的过程就是促进学生自我认识、自我反思、自我激励、自我调整的过程，也是学生自我学习、自我改进、自我教育能力不断提高的过程。这样，学生的主体能动性得到充分发挥，变被动为主动、变积极为更积极，从而达到学生主动学习、主动发展的目的。

一次家长会上，为了让学生对自己有全面、具体、客观的评价，班主任组织开展了一个"请您对我说……"的评价活动。活动中，首先，学生对自己进行自我评价，把评价内容简要记录在自己设计的记录本上，然后，请班里同学、班主任、科任老师对自己进行评价。晚上，家长在书桌上看到孩子的自我评价，还有学校老师、同学对自己孩子的评价，对自己的孩子在学校的学习生活有了具体的了解。最后，家长对孩子进行评价，使老师、同学对学生在家的表现也有了客观的评价。学生本人对自己的认识也更加全面到位，结合家长、老师、同学的评价及建议，学生知道了自己的哪些优点可发扬、哪些缺点要改正、哪些特长需发挥……学生有了明确的目标，才能自觉主动朝着正确的方向努力、前进。

6. 发挥个性：挥

1983 年，美国哈佛大学发展心理学教授加德纳博士提出了多元智能理论。

他认为智力是由多种结构组成，是动态的，可以发展的。每个学生都有自己的优势智力领域，有自己的学习类型和方法，学校里不存在差生，全体学生都是具有自己的智力特点、学习类型和发展方向的可塑性人才。适当的教育和训练将使每一个儿童的智力发挥到更高水平。教育应该在全面开发每个人的各种智力的基础上，为学生创造多种多样的展现各种智力的情境，给每个人以多样化的选择，从而激发每个人潜在的智力，充分发展每个人的个性。通过对多元智能理论的了解，使我们明白学校教育的宗旨应该是开发多种智能并帮助学生发现适合其智能特点的职业和业余爱好，应该让学生在接受学校教育的同时，发现自己至少有一个方面的长处，学生就会热切地追求自身内在的兴趣。

发展性评价的目的是促进每一个学生的发展。每一个学生都有着自己独特的先天素质，有着与他人不同的性格特点、兴趣爱好、学习能力、学业成绩等，每一个学生发展的速度、发展的目标、发展的潜力都各不相同，要尊重和肯定学生的个性差异，关注和重视学生个性发展的需要，正确发现和发展每个学生不同的潜能，促进学生的个性发展与全面发展。

三、察言观色：促进全面发展、个性发挥分步骤

作为教师，我们希望学生积极主动学习，全面发展。这时，仔细研究学生，学会察言观色，对学生进行发展性评价就很重要，这样才能有效影响学生，促进学生充分发挥个性，主动学习，全面发展。

（一）让学生对你产生信任

1. 自然地给学生良好印象

要取得学生的信任，就得先给学生一个良好的印象。在跟学生互动时，教师的外表、服饰、谈吐、一言一行都会给学生留下深刻的印象。整洁阳光的外表、得体大方的服饰、礼貌谦虚的谈吐、丰富专业的学识、尊重热爱的态度……或风度翩翩，或妙语连珠，或幽默有趣，或尊贤爱物……这些都会让学生感受到教师的诚意，感觉到教师的暖意，感受到教师的鼓励，感受到这样的交流是一种师生情感的平等交流，是师生心灵世界的共鸣。

2. 引话题让学生畅所欲言

在跟学生互动的过程中，要学会引出话题，让学生知无不言，言无不尽。这样才能知道学生的心理活动、学习需求，才能对学生有全面的了解。

3. 真诚地给学生鼓励赞美

人们都喜欢听到鼓励赞美之词，更何况是学生。哪怕学生的回答不是很中肯或是离题，也可以用"你今天敢站起来回答问题，真了不起！再认真思考一下，相信你一定能成功！"诸如此类的言语来评价学生。

鼓励赞美要显示出真诚，才能激发学生的信心，如"你真是博览群书，懂得这么多相关的课外知识""你的发现真让人惊喜"。

（二）多样评价，实际操作

对学生进行发展性评价，方法很多。只要是教师运用科学合理的评价方法和评价艺术，用发展的思想引导学生，达到学生发展的目的就是好的评价方法。

1. 把握时机进行即时性评价

现代心理学表明，当学生某种良好的行为出现之后，如果能及时得到相应的认可，就会产生某种心理满足，形成愉悦的心境，并为同类行为继续向更高层发展做出积极努力。反之，当学生出现某种不良行为之后，如果能得到及时的、尊重的、善意的提醒和教育，就会使学生得到启发而改正错误行为，树立正确的道德观、价值观。所以，教师对学生的评价应该是随时、随地，即情、即景，只要一发现学生有可表扬赞美的表现或需要指出改正的地方，就要把握时机，对学生进行即时评价。

（1）评价促进改正缺点

娇生惯养的丽丽对班级的事情从不关心，平时的值日工作也是怕苦怕累，地板不愿意扫，黑板不愿意擦。在学校开展的一次清洁活动中，同学们干得热火朝天，丽丽也被感染了，跟同学们一起提水、擦门窗、倒垃圾，干得满头大汗。看到这样的情景，班主任马上当着全班同学的面表扬她："同学们，丽丽干得多认真！你们看她，虽然个子矮小，但不怕苦不怕累，门窗擦得多干净啊！我们都要向她学习。"看着同学们的欢笑，丽丽也兴奋地笑了。从那以后，丽丽劳动可积极了。

当发现丽丽的表现有明显进步时，班主任及时对丽丽进行表扬，肯定性、鼓励性、实效性的语言给丽丽带来无限的动力，帮助她改正了以前不爱劳动的行为，变得积极主动，进而养成了热爱劳动的好习惯。

（2）评价关注个性发挥

高三学生郑杰，爱好体育运动，尤其是篮球打得特别好，但学习时总提不起精神，成绩总拉在班级后面。有一次，学校跟外校组织了一场篮球友谊赛，郑杰作为学校篮球队员之一参加了比赛。比赛中，双方你拼我搏，势均力敌，场上出现了长久的拉锯战，气氛非常激烈。郑杰想，再这样下去，我方体力不支，势必吃亏。于是，他一鼓作气，像一只勇猛的狮子奔跑、穿梭在球场上。在他的带动下，队员们精神百倍，最终取得了比赛的最后胜利。这时，老师激动地拥抱着他，笑着用力拍打他的肩膀，说："郑杰，不错，有冲劲！这么有拼搏的精神，相信你的学习成绩也一定可以跟上来。努力，争取考上你喜欢的体育院校，发挥你的特长，把篮球打得更好！"经过这次的比赛，郑杰像喜欢篮球一样喜欢上了学习，也像拼搏打篮球一样拼命地学习，最终考上了他理想的体育院校。在那里，他的篮球特长发挥得更淋漓尽致了。

老师的鼓励与评价给郑杰以信心和力量。老师对郑杰闪光点的赞美评价，对郑杰争取考上体育院校的建议性、目标性的评价，还有保护郑杰自尊心的"相信你的学习成绩也一定可以跟上来"的鼓励性评价，使郑杰清醒地认识到自己的长处及不足，认识到要使自己热爱的篮球打得更好，就得进入更高学府学习。有了这样的具体目标，有了这样的信心力量，他积极主动地投入学习中，最终得到了全面发展，个性也得到了充分发挥。

（3）评价尊重个性差异

英语课上，张老师想选两个同学上黑板听写单词，看着全班高举着的小手，老师选了张莹和李贺。结果在检查批改的时候，张莹全部都写对了，李贺则写错了两个。看着老师画在黑板上的对钩、听着同学们热烈的掌声，李贺羞愧地低下了头。这时，张老师发现了李贺这一细微的动作及表情，她对大家说："同学们，李贺这个学期刚转到我们学校，他在以前的学校没学过英语，这次听写他写对了4个，只写错2个，从这可以看出他学习英语多么认真啊！大家再看看，他写的字母多么规范，值得我们好好学习。"然后张老师也在黑板上给他打了一个大大的对钩。在同学们的掌声中，李贺红着小脸，咧开嘴笑了。

由于学生认知水平的差异，情感体验的差异，还有思维能力的差异，发展性评价中，教师要承认和尊重学生的个性差异，不能用同一标准去衡量和评价学生。课堂听写中，张莹听写全对，这固然值得表扬。但我们不能要求刚转学来校才开始学习英语的李贺也全对。因为他们的学习起点、发展速度、认知水平不一样，所以对他们的评价也会不一样。对听写全对的张莹，老师对她提出更高要求；对写对 4 个单词的李贺，老师的激励评价有利于减轻他的心理负担和压力，增强其自信心，以促进他积极主动的发展。

总之，以爱为源，尊重差异，符合学生特点且能促进学生发展的评价就是最好的评价。

2. 学业成绩，测验性评价

测验性评价，一般借助于测量工具，如以作业或单元测试等笔试、口试的形式，对学生的认知水平、情感态度进行评价。

（1）笔试

笔试是教学评价的一种最常用、最直观、最重要的手段。这种评价手段简便、及时、实用，主要是指完成一项学习任务或完成一个单元的教学任务后，布置即时作业或家庭作业，以定期的、正规的测验考试的形式，对学生知识掌握、学习技能、情感态度与价值观等"三维目标"进行检查，判断学生当前的学习状态，根据学生的基础，对学生的学习提出具体、合理的改进建议，提高学生的学习兴趣，关注学生的个性发展，促进其全面发展。

为使笔试的评价手段能够更加客观、全面地反映出学生的学习情况、发展情况，教师在作业的布置设计、测验试题的命题上，内容要由简到难，由基础的记忆性思维过渡到较高的综合分析思维，由课内知识延伸到课外知识，由"知识与技能"到"情感态度与价值观"的内化……内容力求丰富而巧妙，广泛而开放，全面而富有实效。

评价是为了促进学生的发展。对笔试内容的评价，可以评价学生的完成态度，如工整的书写、整洁的书面；可以评价学生的学习态度，如对课内知识的熟练掌握；可以评价学生的思维能力，如运用知识分析和解决生活问题的综合能力；可以评价学生的情感态度与价值观，如爱护环境，求真崇善，热爱生命等积极健康的生活态度……多方面、多维度评价学生，促进学生学习的积极性与主动性、培养学生的自信心与进取心，推动学生在原有水平上努力向前发展。

（2）口试

《义务教育语文课程标准（2011 版）》指出：口语交际能力是现代公民的必备能力。教师应培养学生倾听、表达和应对的能力，使学生具有文明和谐地进行人际交流的素养；重视在语文课堂教学中培养学生口语交际的能力，鼓励学生在各科教学活动以及日常生活中锻炼口语交际能力。作为现代公民必备的口语交际能力，不仅语文课堂教学中要重视培养，还要鼓励学生在其他学科的教学活动以及在日常生活中锻炼运用。而口试，也就是口头考试，正是根据这一课程理念，对学生进行发展性评价的一种手段。教师通过学生口头语言的表达，可以检测评价学生各方面的综合能力。

口试的内容有对数学、物理、化学等学科概念的掌握复述，对语文、英语等学科优秀篇章的理解朗读，对地理、历史、政治等学科的分析总结，有学生的演讲比赛、辩论比赛等实践活动。让学生通过口头语言对知识进行回忆、巩固、分析、理解、综合实践运用，借此评价学生知识技能是否熟练掌握、说话态度是否礼貌大方、表达是否清楚连贯等，培养学生学会倾听、表达与交流。

3. 成长记录，档案袋评价

顾名思义，档案袋就是用来收集和存放学生成长过程中，最能反映学生学习成就或体现学生持续进步的具体的实物信息资料。作为一种评价形式，档案袋评价是通过学生收集存放资料，制作档案袋的过程和对一个阶段的档案袋内容进行分析而促进学生发展的评价。

"学生成长档案袋"的具体操作包括以下几个方面。

（1）封面设计

档案袋的封面由学生自主设计，教师可根据学生的个性特点进行指导。档案袋封面应写上学生姓名、性别、出生年月等基本信息，然后可根据学生自己的爱好、兴趣、特长，对封面进行装饰，使其更美观、更别致、更富有个性。如有的学生喜爱绘画，可在封面上画上多彩的图案；有的学生喜爱手工，可在封面贴上自制的精巧作品；有的学生毛笔书法写得好，可在封面上挥毫泼墨……学生还可以给自己的档案袋取一个特别的名字，如"温暖快乐屋""快乐大本营""七彩童年""我成长，我快乐"……

自主设计档案袋封面的过程，其实就是学生成长发展的过程。

（2）具体内容

档案袋里收集和存放的是学生决定放进去的材料，都是最能体现学生学习成绩或学习进步的具有重要价值的实物资料。教师要有目标地指导学生装放资料：学习进步的一张测验卷、书写规范的一张字帖、受到表扬的一次作业、书画比赛的一张奖状、发表在报纸上的一篇文章、独立制作的一个小标本、生日时同学送的小发夹、打扫楼梯时邻居表扬的一段话、失败受挫时妈妈送的一本书、参加校运会跑步比赛的一张照片、与同学合作开展社会实践调查的一份活动报告……所有这些能记录学生成长的材料，无论是来自校内还是校外，无论是来自社会还是家庭，无论是来自自己还是同学，无论是来自邻居还是家长，只要是学生自己最喜欢，认为最重要、最有成就感的作品与成果都可以存放到档案袋中。

这些作品与成果是记录学生成长历程的真实信息和证据，是对学生知识技能、行为习惯、身心特点、情感态度等进行的全面而个性的评价，有利于促进学生的自我成长。

（3）展示评价

学生可经常翻看自己的档案袋，也可调换、补充作品。看着记录自己点滴进步的作品与成果，学生感受着成长与进步的过程，体验着成长与进步的喜悦，学生的自信心得以增强，促使学生不断向上努力。

学生可定期把档案袋带回家，请家长观看、评价。让家长了解学生的学习情况和发展情况。家长把欣赏赞美、鼓励进步、激励向上的评价记录下来，装进档案袋，实现家长与学生的对话、家庭与学校的对话，促进学生的全面发展。

教师可定期开展档案袋展示活动。师生之间互相观看评价，不断交流与分享。学生在与老师、同学交流分享的过程中，体验成长与发展的成就感、自豪感；学生在与老师、同学交流分享的过程中，自我评价、自我反思，看看自己在哪些方面取得进步，哪些方面有待进一步努力，学生的目标更明确、方向更鲜明，进而更加自觉主动地学习。教师与学生对话，学生与学生对话，能较为全面地评价学生，促进学生的全面发展。

（4）保管更新

学生成长记录袋，一般是在学校由学生自己保管，这样便于学生及时存放自己的作品和有关资料。当学生在重新审视自己、评价自己后，觉得有些资料不再有意义时，学生可根据需要删去旧作品或更新补充自己认为最有价值的新作品。这不断更新作品资料的过程就是学生成长发展的过程。

总之，学生成长记录袋可以让我们更加开放地、多层面地、全面地评价每一个学生，更加个性化地关注每一个学生的成长过程，使每一个学生感受激励、体验成功、自我进步。

（三）客观分析，揣摩学生的心理需求

发展性评价的最终目的，是通过各种方法途径对学生的素质进行客观合理的分析评价，尊重学生的个性和需要，为学生制订促进其个性化发展的计划，激励学生进步和发展。

教师对学生课堂教学中的表现、直观量化的学业成绩和制作档案袋的成长过程等所有原始材料和综合各方面的评价所生成的新资料进行客观分析，尽可能地进行横向和纵向的比较，并以尊重、公平、关怀的态度鼓励学生参与讨论，把握客观事实，以激励性的语言评价学生，全面客观地描述学生的发展状况。

1. 理解学生目前存在的问题

我们常说理解万岁。教师要理解学生目前到底存在着什么样的问题。比如，某个学生这段时间心情低落，化学成绩提不上去，在师生面前不愿表达自己的观点，造成这样的现状的原因，是学生胆子小不自信，还是根本不懂不会说？是基础差没兴趣学，还是努力学习可不得法？心情低落是生理原因，还是家庭因素？……

2. 掌握学生渴望解决的问题

接下来，教师需要通过与学生的真诚谈话，客观分析，明确在学生遇到的问题中最渴望解决的是哪一个或哪几个问题。比如：是锻炼胆量还是改变学习方法？是培养学习兴趣还是改善身体状况？……教师要与学生沟通交流，打开学生心扉，掌握学生内心深处最真实的想法，掌握学生最渴望解决的问题。

3. 摸清学生的心理预期目标

在掌握学生最渴望解决的问题后，还要针对这些最重要的问题，热情、和蔼地询问学生所要达到的预期目标。比如，在教师和同学面前，能有条理地陈述自己的观点。

学生的预期目标，能为教师下一步为学生制订改进计划，提供有力依据和方向性引导。

（四）改进方案，提供适合学生发展的计划

在明确学生最需要解决的问题和解决问题要达到的预期目标后，教师要改进方案，制订适合学生发展的计划。

1. 方案的改进和制订，要注意具体可行

方案要让学生容易完成，且效果直观明显，让学生感受到进步与成功，逐步实现目标。比如，要实现"在老师和同学面前有条理地陈述自己的观点"这个目标，教师可根据学生的具体状况，跟学生一起商讨，共同提出以下方案：

第一，认真听课，掌握好课堂上的知识，在陈述自己的观点时能胸有成竹。

第二，阳光自信，大胆站在老师和同学面前，昂首挺胸，精神抖擞。

第三，平时多与老师、同学、家人或其他人交流，锻炼口语交际能力。

第四，讲话时不心急，组织好语言，先讲什么、再讲什么、最后讲什么，条理清晰，培养思维能力和表达能力。

2. 方案的改进和制订，要关注差异不同

相同的状况出现在不同的学生身上，产生的原因不一定相同，解决的方法也会不同。所以，教师要关注学生的个体差异和不同背景，提出有针对性的、有个体化特征的改进要点。

3. 方案的改进和制订，要注重扬长避短

将其发展优势领域的特征向其发展不足的领域迁移，促进学生潜能获得不断地发展，在潜移默化中获得进步。

总之，我们要从学生发展出发，尊重学生的人格，关注个体差异，满足不同学生的学习需要，促进学生主动地、富有个性地学习，使每个学生都能得到全面的发展。

第三节　表现性评价：唤起真实情境

一、思想风暴：表现性评价理念大提升

为了选拔运动员参加跳远比赛，教练员通过综合考虑运动员的精神状态、起跑动作、助跑速度、横空弹跳、最佳成绩等一系列的表现，对运动员进行评价选拔。

其实这就是表现性评价。表现性评价要求情境是真实的，或是真实情境的模拟。表现性评价是对学生在"真实的世界"完成具体任务的过程和结果的评价。

现代学习理论，尤其是建构主义学习理论和情境认知理论，特别关注学

生高级、复杂的学习结果（如推理和思维技能），关注学生在现实世界实际问题的解决能力。表现性评价就是学生运用自己所学的知识和技能，创造性地解决真实生活中的实际问题，或解决模拟真实生活情境中的实际问题，教师通过观察学生实际任务的完成过程，分析学生解决问题的表现过程，对学生进行评价：评价学生掌握知识与技能的实际情况和综合运用知识与技能的能力；评价学生实际操作能力、解决问题的能力；评价学生在创新能力、实践能力、与人合作能力以及情感态度与价值观等非学业素质的发展情况。

表现性评价重视过程性评价，重视质性评价，重视非学业成就评价，更加尊重学生的个体性、主体性和创造性，促进学生多方位、多层次、更充分地表现自己。表现性评价已经成为当前国内外学生学习成效评价不可缺少的一种重要方法，其效果显著，备受广大教师的青睐。

二、精华解读：表现性评价特点大放送

（一）直接检测学习成效

表现性评价是通过观察和分析学生完成任务或解决问题时的行为、表现、过程进行的评价。在这个过程中，学生是否已掌握了知识，是否能够在操作实践的过程中，利用已有知识创造性地解决问题等，都需要教师对其做出正确、客观的评价。教师可以通过学生的行为直接判断学生学习的成效。例如，创设生活情境，邻居家突然失火了，让学生学会在情况危急时拨打119电话。在完成这一任务时，教师当场就可以根据学生的行为表现对学生的口头表达能力、随机应变能力、解决问题能力等高级思维能力做出评价。总体来说，表现性评价能够更直接、更真实地考查学生的学习结果。

（二）测验与学习活动于一体

传统的纸笔测验，往往是学生静坐教室，面对试卷的笔答过程。这个过程独立于教学活动，机械单一，枯燥乏味，且有时测验内容中的选择题，不能检测出学生是否真正掌握了这些知识。而表现性评价，则是学生在真实或接近真实的模拟情境中，运用所学知识解决问题、完成任务的过程。这个过程既是学生综合运用知识技能的学习过程，也是检测学生解决实际问题时多种思维能力的活动过程。学习与测验融于一体，真实的生活情境、生动灵活的解决方法，更能激发学生的学习兴趣，促使学生主动参与学习，提高自身

的学习能力。

（三）重视结果更关注过程

表现性评价最大的一个特点就是它不仅重视对学习结果做出评价，而且关注对学习活动的过程进行评价。教师不仅要看到学生完成了任务或解决了问题的这个结果，更重要的是要观察学生是如何完成任务、解决问题的。例如，小组合作表演《田忌赛马》。这个活动包括表演前角色的安排、对课文中人物性格的理解，表演时大家的相互配合、创造性的精彩表演，表演后大家的相互称赞、欣赏等，整个活动过程无不表现出学生的沟通能力、合作能力、创造性运用知识的能力和分享快乐的健康心理。表现性评价更关注活动过程的评价，这个过程可多方位、多层次地评价学生各方面的能力，有利于体现学生的个性，增强学生的信心，促进学生的发展。

（四）评价功能科学多样

表现性评价中需要学生完成的任务一般是比较复杂的，这就需要学生综合运用多学科的知识和技能，综合运用思维能力和情感态度来加以解决。所以，表现性评价的功能科学多样，既能评价学生知识和技能的综合应用情况，又能评价学生实际操作能力、解决问题能力、创新能力、实践能力、合作能力以及情感态度与价值观等非智力因素的发展情况。

（五）主观评价色彩浓

表现性评价不同于传统测验的评价。传统的测验一般都有标准的答案，特别是判断题或者选择题。而在表现性评价的活动中，学生是有独立思想、独特感受的个体，同一任务，不同学生去完成，方法也许就不一样。所以，表现性评价很少有唯一正确的答案或最佳答案。表现性评价的主观性较强，需要教师运用丰富的教学经验和自己的聪明才智对学生进行评价，"择其优点而扬之"，给学生以鼓舞，给学生以信心，促进学生各方面能力的发展。

三、丰富多彩：评价形式与任务类型总相宜

（一）演示

在教学正方形、长方形、平行四边形的认识时，当学生已初步认识三种图形后，可以通过演示的形式，对三种图形的特点及其内在联系进行更加具体的内化。学生用至少两个正方形可以摆成一个长方形；把正方形、长方形

对角轻轻拉动，可以变成一个平行四边形；四条边相等的平行四边形四个角拉成九十度，可变成一个正方形……学生可以运用自己所学的知识与技能完成这样一个复杂的结构性表现任务，通过这样的演示，展示其学习能力。

（二）实验

教学数学综合应用"保护水资源"时，教师根据教材的要求，让学生分组进行三项不同的实验。现就其中一项实验举例说明。学生在家实验，用一个量杯装水，调查研究一个滴水的龙头在 1 分钟的时间里流失的水量是多少，每隔 1 分钟记录一次，多次之后，得出 1 分钟流失的平均水量。完成相应的统计图后推算出这个滴水的龙头在 1 小时、1 天、1 年流失的水量。最后汇报交流实验结果。学生通过实验调查，在计划、实施及汇报成果的过程中，学会整理数据、实践操作，运用数学知识与数学方法解决生活中的实际问题，懂得保护水资源的重要意义，体现了学生的综合能力。

（三）研究

学生个人或学生群体完成一项科研项目，教师可以通过研究的过程及研究的成果，对学生个人或学生群体综合运用知识的能力做出评价。在实际运用时，主要有个体项目与群体项目两种形式。

（四）表演

口头描述主要是指教师通过与学生会谈对话，通过条理清晰、表达清楚的演讲来评价学生的口语表达技能。在社会生活中，口语表达能力具有举足轻重的作用。具备较强的口语交际能力，有利于促进学生的思维发展，为学生终身的学习、生活和工作奠定基础。戏剧表演则将口语表达能力、表演能力、运动技能及创新能力结合一起，是对学生多种高级复杂能力的综合评价方式。

（五）作品

展示学生认为最好的作品，或者展示学生在某一时间段内的教育成长过程，也是表现性评价的重要形式。比如，寒假实践作业"快乐探究生活中的传统文化"，学生的作品有：收集"春联"，查找"春节的来历"，记录"与春节有关的趣事"，规划"合理使用压岁钱"的健康生活方式，对师长、同学的"春节祝福"等，学生把这些作品汇合成集，制作成了作品集《快乐探究生活中的传统文化》。学生的这个作品选集不仅仅是学生所有作品的集合，还包括判断优秀作品的标准、学生对作品的修改，以及对作品的自我分析与反思。

表现性评价的形式主要有建构反应题、口头表述、项目研究、角色扮演、作文、演说、实验操作、调查、资料收集和创作作品等，学生可以通过文字表现、口头陈述表现、实际操作表现、认知活动表现、社会活动表现，也可以通过制作的各种实物产品，如图画、照片、音乐、模型、手工制品等，展示学生的学习过程和结果，教师收集关于学生的推理能力、表现性技能和成果创建能力的信息，在此基础上对学生的学习成效进行评价。

四、精心规划：表现性评价操作步骤要明确

1. 确定评价目的

表现性评价最基本、最核心的就是一定要明确所要评价的内容是什么，以及评价的目的是什么。评价目的是教师确定评价内容的依据，只有目的明确，才能根据评价目的设计评价性任务，进而去评价学生的能力和技能。我们可以评价学生的知识与技能，评价学生推理能力，评价学生表现性技能，评价学生创建成果的能力，评价学生的情感倾向。

2. 确定评价任务

（1）选择有意义的任务

确定评价目的后，教师要考虑学生有哪些思维习惯、哪些技能是传统测验不能检测评价到的，评价任务在深度和广度上是否能足够有效地评价学生的能力。教师应关注那些需要复杂智力技能才能解决并能反映多方面教学成果的任务。在任务的完成过程中尽量涉及问题提出、收集、组织、分析和处理信息等高级思维技能。结合评价目的，选取三个左右的高级智力技能进行评价。

（2）创建真实情境

表现性评价的问题情境是比较真实的，需要学生解决现实中的问题，而不是脱离现实情境的抽象问题。一般表现性任务的情境越真实，就越能反映出学生在完成任务时各项技能、各种能力的真实发展状况。有时无法展现真实情况，只能使用模拟情境。模拟的情境越接近真实情境，表现性评价的结果就越能真实客观地反映出学生的发展状况。因此，表现性任务一定要尽量真实。

比如，英语的口语测验，让学生给英国人当导游就是生活中真实的任务。可是，用这种方式进行评价是不大现实的。但我们可以设计尽量接近真实情

境的任务，如模拟对话，结合家乡美景，学生之间互相用英语进行交流介绍。这就比较接近真实任务，由此所引出的学生的反应也就更接近生活中的真实反应，评价效果也就更好。

（3）学生明确任务

表现性评价中，学生既是被评价者，又是评价者。为了保证学生很好地完成评价任务，教师可邀请学生共同参与任务的设计，且必须与学生进行交流，让学生明确应该做什么，怎么做，要达到什么目的。必要时，教师还要对学习目标、评价表现的标准、完成任务的指导语做出详细的解释。教师一定要把任务说清楚，要让学生很容易就能清楚自己要做什么，需要注意些什么。这样学生才能理解完成该项任务的意义，并把任务完成好，从而达到促进学生主动表现的目的。

教 学 案 例

心中有数①

师：用盒子里的材料，和你们小组的同学一起来做一个和我们课堂上使用的验电器一样的验电器。验电器做好后，用橡皮尺和羊毛布料来解决下面这些问题。

A. 带电的尺子靠近或远离验电器时，验电器的叶片会怎样变化？解释一下为什么。

B. 用带电的尺子去接触验电器，然后用手指去碰验电器，验电器的叶片会怎样变化？解释一下为什么。

C. 当带电的尺子靠近验电器的叶片但是不直接接触叶片时，会发生什么样的情况？解释一下为什么。

D. 用火柴将验电器旁边的空气加热时，验电器带电的叶片会发生什么情况？解释一下为什么。

师：在实验报告单上的相应部分将下面每个问题的情况填写好，预测将要发生的情况。

---

① 鲍里奇，等. 中小学教育评价［M］. 国家基础教育课程改革"促进教师发展与学生成长的评价研究"项目组，译. 北京：中国轻工业出版社，2004：193. 题目为作者所加。

a. 你们观察到的现象是什么？

b. 你们的预测得到验证了吗？

c. 用课堂上学的知识解释你们观察到的现象。

d. 画一幅画来表现电能是如何起作用的。

这个例子中，学生需要做什么、做完后需要交些什么材料，都描述得很简洁、清楚，学生一看便知。

完成"电能是如何起作用的"这个实验报告，学生非常明确自己的学习任务，一定要亲自动手，按照老师列的 A、B、C、D 的实验步骤，一个问题、一个问题，由浅到深一步一步完成。实验完成后，学生按照老师的要求，将自己在实验过程中所观察的、思考的、预测的内容用课堂上所学的科学知识进行分析、解释和总结，通过绘画"电能作用"图对"电能如何起作用"进行简洁、科学、形象的表述。学生明确任务，动手实验，主动性高，自然能很好完成实验任务。

3. 确定评分规则

（1）测量重要技能

评分规则中测量的是这个学科领域非常重要的、学生必须掌握的、与相关的标准一致的技能。

以作文教学为例。作文是学生运用语言表达思想的主要方式之一，是学生参与社会、加强交流不可或缺的重要工具。为提高学生的写作能力，教师确定了以下评分规则：

第一，标题新颖，主题突出。

第二，段落顺序安排合乎逻辑，衔接自然。

第三，过程的细节描述张弛有度、详略得当。

第四，开头结尾相互照应。

这个评分规则，从作文命题、立意、构思、方法的认知和理解、写作技巧等方面对学生进行测量，是语文学科写作部分学生必须掌握的重要技能。这些用来衡量学生反应质量的各种指标，可以引导学生的写作方向，促进其写作能力不断提高。此外，教师在确定评分规则时，列举的评估标准最好是三至四项。

（2）描述清晰明确

上述写作评价标准中，教师对文章标题的新颖有趣、结构的前后呼应、段落的自然过渡、描写的主详次略等写作技能都进行了清晰明确的描述，语句实用，操作简单，教师和学生都能清楚地了解这些规则。

（3）促进师生改进

确定评分规则，能够比较有效地、准确地评定出学生的真实能力和实际水平。还是以写作为例，学生参照写作评价标准进行写作，既能让学生明白自己现有水平与期望水平的差距，进行自我评价，并确立一个适合自身情况的奋斗目标，为下一步的学习提供有用的信息；又能让学生最终掌握写作技能，提高写作水平。教师可根据评价结果，判断学生是否达到了教学目标所要求的水平，从而确定下一步的教学计划。

（4）评分等级量化

教师可以对学生完成任务的表现进行整体评价，也可以根据评分规则进行分项评价，有时根据需要还可以将整体评价跟分项评价结合起来对学生进行评价。由于表现性评价是对学生综合的、复杂的、高级的技能的评价，所以评分时所采用的评估标准往往不止一项。每一项的评估标准都应尽量量化，可以用等级量表来表示，例如，可以采取 5 分制，5＝优秀、4＝良好、3＝满意、2＝合格、1＝不合格；也可以采用文字描述，如优、良、中、合格等。

第四节　实战案例：如何科学评价，鼓舞人心

一、实战案例

口语交际测验①

（一）背景简介

无论是在校园内还是校园外，学生在日常生活中都要完成许多类型的讲话任务。本表现性测验关注下面几种类型的任务，分别是描述物体、事件和

---

① 波帕姆. 促进教学的课堂评价 [M]. 国家基础教育课程改革"促进教师发展与学生成长的评价研究"项目组，译. 北京：中国轻工业出版社，2003：144-215.

经历，按顺序说明某个操作步骤，在突发事件中提供信息和说服某个人。

要完成一个讲话任务，讲话人必须向听话人简短地陈述某些信息。这一过程包括决定要说什么，将信息组织起来、根据听话人和场合的情况改编信息、选择传递信息所用的语言，最后正式表达。讲话的效果可以根据讲话人符合任务要求的程度予以评估。

（二）任务样例

1. **描述任务**：想想你最喜欢的课或课外活动是什么，向我描述一下，让我也了解了解。（某一学科、某一社团或某一运动项目）

2. **突发事件任务**：假设你独自在家，忽然闻到一股烟味，你打电话给消防队，而接电话的正好是我。现在你假装正在和我通话，你要告诉我帮助你所需的各种信息。（直接对我说，从说"你好"开始）

3. **顺序任务**：想一想你会烹调什么。告诉我，一步一步地，怎么完成这一过程。（爆米花、三明治或煎鸡蛋）

4. **说服任务**：想想你希望在学校看到的某一转变，比如说校规的变化。假如我就是学校的校长，试着说服我学校应该这样变化。（说说走廊通行的规则或报名选课的程序）

5. **总任务**：在某个课堂活动中，要求学生在同学面前做一个规定内容的口头沟通。（即兴演讲或精心准备的演讲）

（三）评估标准

每次口头沟通根据四个标准进行评价，表达、组织、内容和语言。每个评价标准需要考虑2—3个因素。评价标准中的因素，（如有必要）在下面加以说明（解释）。

这些标准运用的严格程度随口头沟通的性质而变化。例如，评价即兴演讲比精心准备的演讲期望要低一些。同时也应该考虑学生的年龄。

在考虑每一个评估标准的因素时，你可以使用合格和优秀来加以区分。合格学生的表现是指与期待的发展或教学进度一致的水平。因此，从一定意义上说，某一因素合格大体意味着学生的表现正处于被期望的等级水平，而优秀则意味着学生表现明显超过期待的等级水平。四个标准中的每一个都可以给1—3分。因此，任何一个演讲都能获得4—12分的总成绩。尽管这些规则被分解开来加以使用，但如果不考虑每个标准的分数分配，它们还是能被完整地运用的。

1. 表达

口头沟通表达方式的评定依据三个因素，即音量、音速和发音。

优秀演讲（3分），所有三个因素至少合格，并且有2—3个因素为优。

熟练演讲（2分），三个因素至少都合格。

部分熟练演讲（1分），三个因素不是都合格。

2. 组织

口头沟通的组织评定依据两个因素，即交流中多个观点间的顺序和相互关系，也就是演讲中观点间的顺序和联系是否清楚。

优秀演讲（3分），两个因素都为优。

熟练演讲（2分），两个因素至少都合格。

部分熟练演讲（1分），只有一个因素合格。

3. 内容

口头沟通内容评定依据三个因素，即内容的量、内容与指定主题的相关性，以及内容对听众和情境的适应性。

优秀演讲（3分），所有三个因素至少合格，并且有2—3个因素为优。

熟练演讲（2分），三个因素至少都合格。

部分熟练演讲（1分），三个因素不是都合格。

4. 语言

口头沟通语言评定依据两个因素，即语法和词语选择。

优秀演讲（3分），两个因素都为优。

熟练演讲（2分），两个因素至少都合格。

部分熟练演讲（1分），只有一个因素合格。

二、实战经验

（一）齐头并进

口语交际测验根据表现性评价的特点，模拟现实生活中的真实情境，确定有意义的四种类型的评价任务，将操作目标中的内容与教学活动密切整合，测验与学习活动合为一体。通过学生表达、组织、内容、语言这四个方面的表现，评价学生的口语交际能力。评价功能科学多样，有对学生说话时音量高低、音速快慢、发音准确与否的表达能力评价；有对学生交流中多个观点间的联系是否紧密、条理是否清楚的组织能力评价；有对学生沟通时内容与主题任务是否相关的思维分析能力评价；还有对学生遣词造句时语法是否正确、用词是否灵活精彩的语言表达能力评价，注重知识技能的整合与综合运用。

（二）尽力而为

教师对学生所要完成任务的指导语进行了非常明确的说明，学生对自己要做什么、怎么做、要达到怎样的目的都十分清楚。评价规则描述清晰，根据不同层次学生的认知水平、思维差异，有优秀、熟练、部分熟练三种不同层次能力的细化评分标准。也许有的学生在组织、内容方面逊色一些，可在表达时感情丰富、抑扬顿挫；也许有的学生善于写作，在语言方面用词准确、生动，在组织和内容方面条理分明、过渡自然等，可在表达时，始终保持一个音调、一个语速的表述让人觉得乏味平淡。所以，三种不同的细化评分标准，关注和尊重学生的个性差异、个性发展，促进学生自定目标、自我评价、自我调整，并在活动中尽力而为，并最终实现在实际操作中学习知识和发展能力的教学目标。

（三）收获颇丰

口语交际测验较好地对学生的口头表达能力、文字表达能力、随机应变能力、想象创造能力等进行发展性、表现性评价。在语言、组织、内容方面发展好的学生，在活动中得以发挥长项，优秀的评价激励他以后在这些方面发展得更好；而在表达方面有欠缺的学生会进行自我评价，客观认识自身的不足，从而进行自我调整，主动发展，在表达方面加强训练。培养学生创造性地解决真实生活中实际问题的操作能力，能够促进学生长远、全面的发展。

三、实战策略

教育要顺应时代需要，教师必须拥有正确的教育观，面向全体学生，对学生进行全面、客观、科学的评价，促进学生的个性发挥和全面发展。

（一）有的放矢

1. 诊断性评价

诊断性评价通过"望、闻、问、切"的方式对学生进行诊断，因材施教，根据学生的个性差异，明确学前水平，为学生开始新的学习活动提供依据；制订符合学生个性发展的教学策略，适当安置学生；为学生扫除和解决阻碍发展的不利因素，给予学生教学指导及情感支持，促使每个学生都能得到长远和全面的发展。

2. 发展性评价

发展性评价是一把"六脉神剑"，具有"明、重、全、多、能、挥"六脉，分别对应于"明确目标""注重过程""内容全面""方法多元""主体能动""发挥个性"的特点。它关注学生差异，把握时机，对学生进行即时性评价；结合学业成绩，对学生进行测验性评价；收集学生成长记录，建立档案袋，对学生进行阶段性评价，为学生提供适合其发展的计划，促进学生的全面发展及个性发展。

3. 表现性评价

表现性评价就是"集测验与学习活动于一体"，通过"演示""实验与调查""科研项目""口头描述与戏剧表演""作品选集"等活动形式，关注学生在活动过程中的表现，对学生进行多功能的科学评价，促进学生充分地、多方位地、多层次地表现自己，发展自己。

（二）因"生"制宜

要想培养学生全面发展，教师就必须因"生"制宜。教师应根据诊断性评价、发展性评价、表现性评价等不同评价方法的特点，结合学生自身实际情况，制订适宜学生发展的具体办法。如对学生进行诊断性评价，确定其学前水平、认知层次后，教师因材施教，在教学过程中根据不同层次学生的水平，分层设置问题，让每个层次的学生都能运用自己的认知和思维能力解决问题，得到认可、进步和鼓励。学生的学习积极性、主体能动性得到了充分发挥，自然能够促进学生的个性发展与全面发展。

（三）围魏救赵

对学生进行多种评价，才能更全面了解和促进学生的发展。如对学生进行诊断，对学生的客观条件全面了解后，教师创设生活情境，组织开展各种实践活动，在活动中对学生进行不同内容、不同能力的发展性评价。如实战案例"口语交际测验"，表面上这是为了教学而开展的学习活动，实际上由这些活动而对学生所进行的科学评价，是为了促进学生智力因素和非智力因素的发展，促进学生的个性发展、全面发展。

第五章

鼓励比赛，激活思维

猜不到的结局可以吸引人兴趣，精彩的比赛让人不想错过。强强对决的羽毛球比赛，怎能缺少全世界的"球迷"？

信心来自积极的评价

2010 年 5 月，第二十六届"汤姆斯杯"羽毛球比赛在马来西亚举行。该届"汤姆斯杯"比赛最精彩的看点是林丹与李宗伟之间的强强对决。中国羽坛王者，大马一哥之间势均力敌的拼搏吸引了全世界"羽迷"的眼球。林丹当年在各项比赛的成绩平平，在全英超级赛和瑞士超级赛上均未进入四强，这是以往从来未有过的；而李宗伟以前曾经两次在马来西亚公开赛中战胜过林丹，且李宗伟当年各项比赛成绩卓著，连夺三站超级赛冠军。为此马来西亚队提出了在主场击败中国队的口号。如按常理，这次比赛冠军非李宗伟莫属。但最终林丹表现得镇静自若、坚强自信，很快取得比赛的胜利，为中国队夺下了至关重要的第一分，彻底打击了马来西亚队的士气。赛后，李宗伟透露了其中的原因："完全是输给了自己，尤其是在第一局进攻不奏效的时候，自信心受到了很大的影响。"

比赛的目的主要是通过竞争促进参赛者的发展与进步。为了获取比赛的胜利，在比赛的过程中，比赛者的观察力、记忆力、创造力等思维能力得到迅速发展。林丹在比赛中调整自己的心态，在与李宗伟的角逐中，冷静思考、拼搏创造，取得了比赛的胜利。

在教学过程中，教师可以充分利用学生追求胜利、追求成功、不服输、希望得到他人认可和尊重、展示自我等心理特点，把比赛的竞争机制引入教学，用于提高学生学习积极性，提高学生的思维能力，促进学生发展进步。

第一节　敢比：树立自信心

比赛就是不甘落后，力争上游，它激发学生以更积极、主动、认真的态度去学习，促使学生的知觉更敏锐、更准确，注意力更集中，想象力更丰富，思维能力更敏捷，充分发挥学生的主观能动性。竞赛给每个学生提供了一个公平参与教学活动的平台。既然是比赛，就一定有胜负输赢。面对比赛，有的学生充满信心，勇于进取，敢于比赛；而有的学生则惧怕失败，畏缩不前，不敢比赛，缺乏自信心，思维潜能受到压抑，能力再强也无法自由发挥。

英国约翰逊·塞缪尔在《蒲柏生平》中说："自我信心是伟大行动的首要条件。"培尔辛也说："除了人格以外，人生最大的损失，莫过于失掉自信心了。"自信心是人们迈向成功的基石，是激发人们前进、创造的动力；胆怯退缩，缺乏自信，是人们成功道路上的绊脚石，是人们向前发展的障碍。教师要帮助学生树立自信心，让他们勇敢站出来参加比赛，从而促进其学习的积极性、主动性，最终实现促进学生全面发展的目标。

一、相信学生：学生树立自信心的外在助力

当学生面对困难、挫折而退缩，不敢直视，不敢前进，或灰心丧气，或一蹶不振时，教师要相信学生，相信学生一定可以树立起自信心。教师要调动自己的一切力量，用科学的方法、足够的耐心和温暖的爱心，想尽一切办法去帮助他们、关心他们，并最终帮助学生树立自信心。

（一）宽松愉快的氛围，学生敢比，树立自信心

相信学生，帮助学生树立自信心，关键是要营造一个宽松、尊重、民主、平等的学习氛围。没有权威、没有优差、没有歧视，学生在这样的学习氛围中，没有压力，思想放松，心情舒畅，才会敢于竞争，敢于表现，敢于陈述自己的观点。胜利了，成功了，老师的表扬和同学的掌声会激励他们更加积极、更加自信；受挫了，失败了，老师的尊重和同学的鼓励会激励他们重新

站起来，继续前进。尊重、平等、愉悦的学习环境更容易让学生树立自信心，积极学习。

（二）竞赛式课堂教学，学生敢比，树立自信心

每个人都有一颗好胜之心，都想在众人面前表现自己，都想得到大家的认同和尊重，特别是中小学生。所以，教学中，教师应该善于利用学生好胜不服输、追求成功和希望展示自我的心理特点，精心创设竞赛式的教学情境，把竞争机制引入课堂，让学生最大限度地表现自己，树立自信心。

1. 竞赛式课堂促进学生主体性地位的发挥

竞赛式课堂是充满了学生的语言、思想、智慧的活跃课堂。这样的课堂充分尊重学生在教学过程中的主体地位，保证每个学生都有自主表现和发展的空间，提供机会让所有的学生参与课堂学习，自主学习、主动发展。学生在比赛中发现问题、研究问题、解决问题，通过联想、推理、综合、分析形成科学的观点，培养学生创新意识和实践能力，促进学生学习主动性和学生主体性地位的发挥，使学生真正成为课堂学习的主人。学生是主人的竞赛式课堂，可以让学生树立自信心。

2. 竞赛式课堂消除学生自卑心理

有的学生，特别是学困生，在老师和同学面前很少有信心主动回答问题，他们往往内向自卑、沉默寡言。在竞赛式课堂里，教师要及时给这样的学生抢答的机会。把容易的问题留给他们，耐心引导他们得出正确答案。当他们在没有别人帮助的情况下得出正确答案时，要给他们充分的鼓励。这样既满足了他们的自尊心，更唤醒了他们的自信心。在竞赛式课堂里，小组竞赛机制需要每个人的努力，需要集体的力量，需要合作精神。于是，为了集体的成功，为了集体的荣誉，学生勇敢地站起来了。而自己的努力和成功得到了老师和同学的认可，多次之后，学生就会变得积极阳光、健康向上、充满自信。

3. 竞赛式课堂教学兴趣盎然

竞争的形式多种多样。有男组、女组比赛；有个人比赛，集体比赛；有朗读比赛、知识比赛、抢答比赛、书法比赛、演讲比赛、手抄报比赛、辩论比赛、篮球比赛、足球比赛、围棋比赛、象棋比赛、表演比赛、唱歌比赛、舞蹈比赛、绘画比赛、泥塑比赛、编织比赛、口算比赛、科技作品比赛等。可颁发各种特色奖项，如最佳创意奖、最精彩绝招奖、最精妙语言奖、最佳

表演奖、最生动作品奖等。学生以百倍的热情投入各种活动中，并在多种多样的竞赛活动中培养能力、提高水平、激活思维、发挥特长、肯定自我、增强自信心。

（三）因材施教，学生敢比，树立自信心

因材施教，教师必须精心设计比赛活动的内容，根据学生认知水平和思维能力的实际需要，以平行式或环环相扣递进式的比赛引导学生进入到对知识的学习、理解和掌握当中。比赛的设置必须充分照顾到各个层次的学生。特别是学困生，更要充分调动他们的竞争意识，鼓励他们参与竞争。因材施教，让每个层次的学生在比赛中都有机会表现自己，享受到成功的喜悦，树立自信心。

苏联教育家苏霍姆林斯基说："世界上没有才能的人是没有的。问题在于教育者要去发现每一位学生的禀赋、兴趣、爱好和特长，为他们的表现和发展提供充分的条件和正确引导。"因材施教，教师会惊喜地发现每个学生都有某种特长潜能。作为教师应该充分发挥自己在教学中的引导作用，善于发现学生长处，并为他们创造表现机会，使他们有体验成功的经历，享受成功的喜悦，使他们能更加自信地参与比赛活动。

（四）发展性评价，学生敢比，树立自信心

1. 评价学生，要注意科学性

教师要多角度评价学生。学生在比赛中表现出来的既有知识技能的智力因素，也有学生表达能力、想象能力、创造能力等非智力因素。教师要因人而异，多方位地评价学生，让学生更全面、更准确地看待自己。学生扬长避短，学人之长补己之短，自然信心百倍，敢于比赛。

2. 评价学生，要注意即时性

也就是在前面发展性评价中谈到的"把握时机进行即时性评价"。一发现学生有值得表扬的表现，教师马上对其进行评价，及时让学生看到自己的进步和成绩，立刻感受到成功的喜悦，从而产生积极情感，使学生增强学习的信心和动力。学生自然信心百倍，敢于比赛。

3. 评价学生，要注意正面性

教师对学生多做肯定性、鼓励性评价。教师对学生所给予的肯定和鼓励，能产生积极的心理效应，促进其形成成功心理暗示，形成稳定的内心倾向，

增强自信，树立自信心。适当的、真诚的赞美是滋润自信心的雨露。鼓励多一些，成功的体验多一些，学生自然信心百倍，敢于比赛。

总之，教师要创设竞赛式教学情境，通过比赛给学生提供充足的学习机会，学生则需学会把握机会、创造机会。有了多种形式的竞赛，有了积极的课堂氛围，有了教师及时的激励性的评价，有了个人特长的发挥，有了为小组做贡献的愿望，敢于比赛就成了学生参与的机会、表现的机会、主动探究的机会、获得成功的机会。日积月累，积少成多，多次的成功让学生保持参与竞赛的积极性，形成持久的自信和勇气。最终，学生树立自信心，并逐步走向成功。

二、学生自信：学生树立自信心的内部动力

自信心是人们发自内心的自我肯定。它是一种积极进取的内部动力，是人们自我评价的积极态度。自信心的树立除了教师的正确引导外，最重要的还是学生对自我的肯定。自知才能自信，自强才能自信，自知自强就是自信。学生对自身的优缺点进行全面、客观的自我分析和自我评价，积极进取，肯定自己，相信自己，这种主动、自觉、积极、进取的行为才是学生树立自信心的内部动力。

（一）开朗阳光，学生敢比，树立自信心

自信的孩子开朗、乐观、阳光、热情、善良、尊重、关心他人；自信的孩子勇于冒险、敢于竞争，善于创造；自信的孩子朝气蓬勃，走路昂首挺胸，精神抖擞；自信的孩子对生活满怀希望，充满活力……

自信的孩子敢于比赛，敢于成功，敢于失败，"胜不骄败不馁"，心理健康，充满信心。

（二）自我赏识，学生敢比，树立自信心

自我赏识，即自己欣赏自己。"金无足赤，人无完人。"世上没有一个人是完美的，每个人身上都有不足、缺点，有不如他人的地方；可每个人身上也总有自己的优点、长处，有着他人所没有的风采。"天生我材必有用。"我们要看到自己身上的闪光点，学会相信自己、欣赏自己，展示优点特长，展现个人价值，发展自己的特点，树立自信心。下面的故事，也许能给大家一些启发。

在自我赏识中肯定自己①

有个小男孩头戴球帽，手拿球棒与棒球，全副武装地走到自家后院。"我是世上最伟大的球手。"他满怀自信地说完后，便将球往空中一扔，然后用力挥棒，但却没打中。他毫不气馁，继续将球拾起，又往空中一扔，然后大喊一声："我是最厉害的球手。"他再次挥棒，可惜仍是落空。他愣了半晌，然后仔仔细细地将球棒与棒球检查了一番。之后他又试了一次，这次他仍告诉自己："我是最杰出的击球手。"然而他第三次的尝试还是挥棒落空。

"哇！"他突然跳了起来，"我真是一流的投手。"

男孩勇于尝试，能不断给自己打气、加油，充满信心，虽然仍是失败，但是，他并没有自暴自弃，没有任何抱怨，反而能从另一种角度"欣赏自己"。

世界上有太多太多的舞台，但我们永远不能忘记自己的舞台，更不能忘记我们都是自己舞台上的主角。要学会欣赏自己，在舞台上把自己最闪、最亮、最美的一面表现出来，舞出自己的特点，舞出自己的价值，舞出自己的信心，舞出自己的新天地。

欣赏自己是一种醒悟，是面对困难时给予自己信心的源泉，一种推动自己向挫折挑战的动力！我们要像小男孩学习，成不了最厉害的球手，但"我真是一流的投手"。学会从另一种角度欣赏自己、鼓励自己，从点点滴滴的自我完善中获得快乐，让每一天都充满活力，洒满自信的阳光！

学生只有懂得欣赏自己、肯定自己，才能在比赛中敢于挑战，展示自己的个性，发挥自己的特长，才能自知、自信、自强。

（三）自我评价，敢比，树立自信心

自我评价，即自己评价自己，是学生对自己全面、客观、正确的评价。在教育活动中，学生不仅对自己在活动中所取得的成果进行评价，也对自己

---

① 佚名. 自我赏识中肯定自己 [N]. 云浮日报，2012-01-16 (06). 本文略有删节。题目为作者所加。

在活动中的表现进行评价；不仅评价自己在知识、技能等智力因素方面的发展，还要评价自己在情感态度与价值观等非智力因素方面的发展。只有这样，学生才能正确认识自我，提高对自己的认识。哪里需要查漏补缺，哪里可以取长补短……学生进行自我反省、自我教育、自我调整、自我进步，明确自己以后要努力的目标和学习的方向。只有这样，学生自身的潜力才能得到充分挖掘，学生的主体能动性才能得到充分发挥，变被动为主动、变积极为更积极，从而树立自信心，敢于参加各类比赛，实现全面发展。下面的故事更能说明有自信才能有超越。①

20世纪70年代，中国科技大学的少年班闻名全国。在当年那些出类拔萃的"神童"里面，就有今天的微软全球副总裁、IEEE最年轻的院士张亚勤。但在当时，全国大多数人都只知道有一个叫宁铂的孩子。20年过去了，宁铂悄悄地从公众的视野里消失了，而当年并不知名的张亚勤却享誉海内外，这是为什么呢？

张亚勤和宁铂的区别，主要在于他们对待挑战的态度不同。大学毕业后，宁铂在内心里强烈地希望报考研究生，但是他一再地放弃了。第一次是在报名之后，第二次是在体检之后，第三次则是在走进考场前的那一刻。

张亚勤后来谈到自己的同学时，异常惋惜地说："我相信宁铂就是在考研究生这件事情上走错了一步。他如果向前迈一步，走进考场，是一定能够通过考试的，因为他的智商很高，成绩也很优秀，可惜他没有走进考场。这不是一个聪明不聪明的问题，而是一念之差的事情。就像我那一年高考。当时我正生病住在医院里，完全可以不去参加高考，可是我就少了一些顾虑，多了一点自信和勇气，所以做了一个很简单的选择。而宁铂就是多了一些顾虑，少了一点自信和勇气，做了一个错误的判断，结果智慧不能发挥，真是很可惜。那些敢于去尝试的人一定是聪明人，他们不会输。因为他们会想，即使不成功，我也能从中得到教训。"

"如果你看看周围形形色色的人，就会发现，有些人比你更杰出，那不是因为他们得天独厚，事实上你和他们一样好。如果你今天的处境与他们不一

---

① 李开复. 比你更自信，比你更勇敢 [J]. 文苑（经典美文），2008（6）：9.

样，只是因为你的精神状态和他们不一样。在同样一件事情面前，你的想法和反应同他们不一样。他们比你更加自信，更有勇气。"

张亚勤高考期间生病住院，可他完全没有因担心考不上而不参加高考，而是以一种积极健康的心态去面对所有的困难。"哪怕不成功，也能从中得到教训。"正是这样不怕输、不气馁的精神，使他多了一分自信和勇气。也正是他对人生的自信态度，才让他踏上了成功之路；而宁铂正好相反，他"智商很高，成绩也很优秀"，可因为不自信、自弃、怯懦，才一而再、再而三地放弃自己强烈报考研究生的愿望，一步步走出大众的视线。他们的故事正好是美国爱默生一句名言"自信是成功的第一要诀"的真实写照。

正像张亚勤所说，我们周围有些人很杰出，并不是因为他们得天独厚，而是他们和我们在面对同样一件事情时，他们更加自信，更有勇气。

自信心作为一种积极进取的内部动力，在学习、工作、生活中有着非常积极的意义。有了自信就能产生勇气、力量和毅力，就能获得成功，取得胜利。

（四）发挥特长，敢比，树立自信心

加德纳博士在多元智能理论中认为，每个学生都有自己的优势智能领域，都具有在某一方面或几方面的发展潜力。只要为他们提供合适的教育，就能激发学生潜在的智能，充分发展学生的个性，使每个学生都能成才。我们在教学中不难发现，有的学生剪纸栩栩如生，有的学生读书过目不忘，有的学生写作下笔如有神，有的学生演讲口若悬河，有的学生表演入木三分，有的学生投篮百发百中……拥有一技之长是令人关注、令人羡慕、令人佩服的。一旦发现学生某种特殊才能或在某一方面出类拔萃，教师就应该因势利导，为学生创造多种多样的展现各种智能的机会，给学生多样化的选择，以激发学生潜在的智能，充分发挥其特长。让学生敢于参加比赛，在比赛中展示它、发展它，并获得成功。老师的赞扬、同学的佩服、成功的体验，使学生的自信和勇气油然而生，使学生树立自信心，逐步走向下一个成功。

三、培养健康的竞争心理，树立自信心

健康的竞争心理，是指学生积极的情绪、坚强的意志、高尚的情操和对

外界活动所作出的一切积极向上、奋发拼搏的个性反应。比赛竞争中，教师要正确引导学生面对成与败，养成"胜不骄败不馁"的健康心理。帮助学生树立正确的人生价值观，树立信心，敢于比赛，敢于成功，敢于失败。任何时候都坚定自己的信念，相信自己通过努力能够取得进步。

自信的学生敢于竞争，敢于尝试，敢于奋斗；自信的学生思维活跃，潜能巨大，创造无限；自信的学生相信自己，相信人生，相信这个世界充满希望；自信的学生拥有晴朗的天空，成功的快乐。

第二节　会比：培养兴趣点

一、兴趣定义，愉悦情绪

兴趣是指一个人以特定的事物、活动为对象，力求认识某种事物或从事某种活动所产生的带有倾向性、选择性的积极态度和愉悦的情绪反应。任何一种兴趣都是由于获得这方面的知识或参与这种活动而使人体验到情绪上的满足而产生的。

例如，一些集邮迷，一谈起邮票便会津津乐道，一听到哪位朋友有了一枚新邮票便想一睹为快，或者看到自己从未有过的邮票便用尽一切方法想"占为己有"，这就是对集邮有兴趣；一些篮球迷，对喜欢的球队、球员如数家珍，一有比赛，不管白天还是深夜，肯定是紧盯屏幕，兴致勃勃、乐此不疲；一些对学习有浓厚兴趣的人，通常是全神贯注、废寝忘食。科学家丁肇中用6年时间读完了别人10年的课程，最后终于发现了"J粒子"，并成为第一位获得诺贝尔奖的华人。记者问他："你如此刻苦读书，不觉得很苦很累吗？"他回答："不，不，不，一点儿也不，没有任何人强迫我这样做，正相反，我觉得很快活。因为有兴趣，我急于要探索物质世界的奥秘，比如搞物理实验，因为有兴趣，我可以两天两夜，甚至三天三夜待在实验室里，守在仪器旁。我急切地希望发现我要探索的东西。"这就是对学习有兴趣。

集邮、篮球、学习、游泳、看书、跳舞、跑步、登山、摄影、书法、下棋……这些都是人们的兴趣，都能使人们因获得这方面的知识或参与这种活动而获得巨大的满足感和愉悦的体验。

二、兴趣作用，神通广大

（一）产生愉悦

兴趣在人们的实践活动中具有重要的意义。它可以使人产生愉快紧张的心理状态，集中注意力和精力去获得知识，并深入钻研、创造性地完成当前的活动。兴趣能使人们工作目标明确，积极主动工作，自觉克服所面临的困难和挫折，获取工作的最大成就，并能在活动过程中不断体验成功的愉悦。

（二）凝聚动力

兴趣是学生学习动机中最有趣味、最有活力、最有动力的成分。莎士比亚说："学问必须合乎自己的兴趣，方可得益。"对于自己感兴趣的学问，兴趣可以激发和强化学习的内在动力，从而调动学生学习的积极性、创造性，使学习变得积极、活跃、主动、愉快。一旦成功或取得一定的成绩，学生就会从中获得巨大的满足感，体验成功的愉悦，从而促进学习兴趣的深化和丰富，产生新的学习需要，大大改善学习方法，提高学习效率，并最终获得最佳的学习效果。因此，兴趣是推动学生学习的一种最直接的内部动力或内在动机。

（三）思维活跃

兴趣是一种具有浓厚情感的志趣活动。孔子说："知之者不如好之者，好之者不如乐之者。"这种浓烈的热爱心理集中在学习的对象上，使人观察力敏锐，想象力丰富，记忆力持久，创造力活跃，还可以激发拓展人的思维能力。

三、把握时机，兴趣盎然

兴趣是学习的动力。当学生对某一事物发生强烈的兴趣时，他的注意力就会非常集中，思维就会特别活跃，就能产生积极的学习意愿。这时，学生最大限度地调动良性情绪，在轻松快乐的环境中，积极、主动、热烈地参与活动，探究问题，开发智力，发展思维，点燃智慧的火花。

那么，什么时候学生的学习兴趣最高？什么样的状态最能激发学生的学习兴趣呢？北京教育学院关鸿宇教授总结了22个学生兴趣最高的时间段：[①]

---

① 关鸿宇. 换个角度看检测：培养学生兴趣，我们做过什么［EB/OL］.（2012-11-22）［2013-11-12］. http://blog. sina. com. cn/s/blog—4d096b8f0101642r. html.

1. 遭遇到理智挑战的时候。

2. 发现知识存在异议的时候。

3. 能学以致用的时候。

4. 能自由参与探索，甚至在争论中擦出思维火花的时候。

5. 教师讲解深入浅出，能听明白时。

6. 老师讲课生动活泼时。

7. 教育者指导方法灵活多变时。

8. 在课堂上教学气氛民主、和谐时。

9. 被鼓舞和被信任时。

10. 得到关注，对教育者充满向心力时。

11. 主观能动性得到调动时。

12. 得到教师、家长表扬，受到激励时。

13. 考了好成绩，同学羡慕或忌妒时。

14. 回答问题漂亮，得到同学赞赏时。

15. 尝到学习的甜头时。

16. 战胜了学习困难，有成就感时。

17. 心情比较愉快时。

18. 有更高的自我期待时。

19. 学习方法得当，越学成绩越高时。

20. 学习负担适中，压力不大时。

21. 睡眠良好，精神处于最佳状态时。

22. 生物钟处于高潮状态时。

通过这 22 个学生学习兴趣最高的时间段，我们可以看到，当教师的课堂民主和谐、教师的教法灵活多变、教师的讲解生动明白时，学生的学习兴趣最高；当学生的学习方法得当、学习成绩进步、被老师家长关注信任、被同学羡慕称赞时，学生的学习兴趣最高；当学生的认知与知识有异议、主动自由参与讨论探索、思维撞碰擦出火花时，学生的学习兴趣最高；当学生学以致用、对自我期待更高时，学生的学习兴趣最高。要培养学生的学习兴趣点，教师除要加强自身专业知识学习和提高教学实践能力外，更重要的是创设教学情境，激发学生学习兴趣，激活学生思维，提高学习效率。

教学案例

画苹果①

5岁的美国男孩杰克在老师的建议下画苹果。老师把画画用到的工具，画本、铅笔橡皮、彩笔等为杰克准备齐全，又在他面前放置一个苹果，然后就离开了。至于苹果应该是什么形状的、应该被涂成什么颜色、整个画纸如何布局等具体问题，杰克的老师并没有给予他任何建议，老师唯一能做的，就是充分相信杰克，相信他可以用自己的心灵去感悟，用自己的眼睛去观察，用自己的手指去描绘。至于杰克会画出什么样的苹果并不重要，用杰克老师的话说："重要的是，他在独立完成自己的作品。"

到了最后，杰克与其他同学在画纸上"创造"出了各种各样的苹果，有规规矩矩的红苹果，有被咬了一口的绿苹果。杰克听说过圣经故事"一个金苹果"，于是，他就画出了一个黄灿灿的"金苹果"。

画苹果的故事中，教师信任、尊重孩子，让学生根据自己的生活经验，用自己的身心体验去想象、去探索，独立"创造"苹果，学生的主观能动性得到充分发挥；学生在"创造"苹果的过程中，没有老师预先设定的牵制和禁锢，没有任何压力，思维始终处在开放、发散、活跃的状态，心情一直是轻松、愉快和美丽的。这时，学生"画苹果"的兴致很高，学生的记忆能力、观察能力、想象能力、绘画能力、创造能力得到了充分发挥和发展，整个过程培养了学生的探索精神，提高了学生独立解决问题的能力。

四、魄力四射，比赛培趣

德国一位学者有过这样精辟的比喻：将15克盐放在你的面前，无论如何你难以下咽。但当将15克盐放入一碗美味可口的汤中，你却能在享用佳肴时，将15克盐全部吸收了。情境之于知识，犹如汤之于盐。盐需溶入汤中，

---

① 本书编写组. 教师如何帮助孩子爱上学习? [M]. 北京：世界图书出版公司，2011.

才能被吸收；知识需溶入情境之中，才能显示活力和美感。

聪明的教师为了培养学生的学习兴趣，参与合作的意识和思维能力，精心创设教学情境，融趣味比赛于教学活动之中，使学生在比赛中学习、在比赛中探究、在比赛中实践、在比赛中创造，让学生体验成功的喜悦，培养学生浓厚的学习兴趣。

（一）知识型比赛

知识型竞赛，可以选文学知识，也可以选法律知识；可以选时事知识，也可以选历史知识；可以选动植物知识，也可以选地理知识；可以选生活知识，也可以选科学知识等。

为加深对学科所学知识的理解，巩固对学科所学知识的掌握，扩大对学科所学知识的知识面，教师创设知识型竞赛活动，变单调、枯燥的知识测试为知识竞赛，让学生在比赛中学习，在学习中比赛，培养学生学习兴趣。比如：

以赛激励①

在教学"印度"一节时，老师除了根据课本基本知识设计一些比赛题目外，还补充设计了以下课外知识比赛题目：（1）我国唐代称印度是什么？（2）印度是哪个宗教的发源地？（3）印度把什么宗教作为国教？这种宗教把哪种动物奉为神灵？（4）印度为什么是英联邦国家？为什么把英语也作为官方语言？这与历史有什么联系？（5）印度人心目中的"圣河"是哪条河流？为什么印度人把它看作是"圣河"？（6）世界上年平均降水量最多的地方在哪里？其成因是什么？（7）印度最著名的古典建筑是什么？它与哪几个建筑并称为世界古代七大建筑奇迹？（8）印度的硅谷是哪里？（9）妇女额头上点的红痣有什么意义？（10）印度和巴基斯坦有争议的领土在哪里？说说印巴矛盾的由来。（11）印度菜的最大特色是什么？（12）印度人摇头和点头分别表示什么意思？（13）你还知道印度人有哪些风俗习惯？

学习本节内容，学生要掌握四个方面的知识：印度的人口问题，认识人

---

① 张文艺. 用知识竞赛激活地理课堂［J］. 地理教学，2004（6）：36-37. 本文略有删节。

口过度增长与资源环境、经济发展的关系；印度旱涝灾害频发的原因；自然条件对农业生产的影响；工业布局与资源的关系。学生通过对课文的学习，虽然对印度这个国家的整体状况有了初步的认识，但这些知识理论性、综合性强，且印度地理空间遥远，学生的视野、见闻受局限，兴趣不高，主动学习的积极性不强。若要激发学生对这一课的学习兴趣，就应对印度这个国家其他方面的情况进行趣味性补充，拓展、丰富学习内容。只有真正激活学生思维，激发学生的参与热情，才能增加学生的学习兴趣，促进学生自觉强化、巩固所学知识。所以，教师在上课前出示了课外知识比赛题目。这些比赛内容，既有本节课要求学生掌握的知识，也有关于印度饮食、印度服饰、宗教建筑、宗教信仰、发展历史、工业发展、风情民俗、边境争议等课外知识。为了自己的小组能够在比赛中获胜，取得成功，课前学生主动深入图书馆、阅览室，上网查阅相关书籍、资料，在团结合作中自主学习，讨论探究，体验学习的乐趣，享受学习的快乐，这样，学生的学习兴趣就在不知不觉中提升了。

（二）游戏型比赛

美国心理学家布鲁纳说："最好的学习动力莫过于学生对所学知识有内在兴趣，而最能激发学生这种内在兴趣的莫过于游戏。"游戏，以其生动、活泼、有趣、愉快、轻松的特点深受学生喜爱。学生在充满快乐、竞争、合作、宽松的游戏活动氛围中参与比赛，在玩中学，乐中学，思维活动更活跃。学生在游戏活动中学习，在学习活动中提高，智力得到充分发展。游戏型比赛促进学生思维的发展，培养学生的学习兴趣。例如：

学习"元、角、分"后，在学生认识人民币，理解掌握元、角、分之间的关系后，教师设计游戏活动——"爱心小超市"购物活动。数学老师把学生分成四组，每组有"售货员"4名，"顾客"6名。充分利用学生现有的文具盒、铅笔、尺子、橡皮、削笔机、课外书、书包、帽子、矿泉水、饮料等物品，还有学具、纸币等进行模拟购物活动，然后将所卖物品的收入全部捐献给"红领巾爱心"。

"爱心小超市"购物活动，教师对"各组物品的合理标价"，"付钱、找换钱币的准确度、速度和方法"，"所卖物品总款项"三项内容进行综合评比，评选出"爱心大使"。

在"爱心小超市"购物活动中，学生兴致勃勃，整个活动场面气氛活跃。学生结合生活经验，在教师的指导下学会对物品进行合理标价，如铅笔1.5元，书包45元，帽子6.5元等。在进行购物过程中，"售货员"与"顾客"之间付钱找钱的准确度与速度，还有付钱找钱的方法等，可以实现评价学生是否掌握"元、角、分"知识的目的。学生快乐动手，快乐操作，使原本枯燥乏味的数学知识变得生动有趣，让学生体验快乐学习的有趣，从而激发学生的思维。最后爱心款的捐赠也是对学生进行情感态度与价值观的教育。

模拟生活场景的"爱心小超市"游戏比赛活动，学生兴趣浓厚、思维活跃，在生动活泼、充满个性思考和团队智慧的活动中，亲身体验、感悟，经历观察、猜测、计算、推理、验证等过程。学生在活动中独立思考、积极参与、合作交流、动手实践，综合运用"元、角、分"的知识解决生活中的实际问题，积累生活经验，提高利用数学知识解决现实生活问题的能力。当学生能够学以致用时，学生的学习兴趣最浓厚。"爱心小超市"游戏比赛活动，融数学与生活为一体，寓知识于游戏比赛中，学生的思维火花被点燃，学生的探究欲望被激活。学生在游戏中开发智力，在游戏中增长知识，在游戏中培养学习数学的兴趣。

（三）表演型比赛

教学中的表演，是指通过装扮、语言、动作、表情等，把学习内容直接再现或通过艺术加工再现出来。它具有较强的综合性，集认知领域、思维领域、情感领域和艺术领域于一体，有利于学生全面发展，有利于培养学生的学习兴趣。

教学案例

巧妙扮演，开心学习

孔子东游，见两小儿辩斗，问其故。

一儿曰："我以日始出时去人近，而日中时远也。"

一儿以日初出远，而日中时近也。

一儿曰："日初出大如车盖，及日中则如盘盂，此不为远者小而近者大乎？"

一儿曰："日初出苍苍凉凉，及其日中如探汤，此不为近者热而远者凉乎？"

孔子不能决也。

两小儿笑曰："孰为汝多知乎？"

《两小儿辩日》是人教版小学《语文》六年级下册里的一篇文言文。学习这篇课文，要引导学生初步认识文言文的语言特点，学会将文言文的意思翻译成现代白话文，感受文言文语言的奇特魅力，产生学习文言文的兴趣；学习两小儿善于思考、善于观察、敢于质疑的精神；学习孔子谦虚谨慎、实事求是的态度；通过学习课文，学生可以掌握自然生活中的科学常识。

为达成这些教学目标，在学生结合文中注释自学和在教师的指导下理解文言文的意思后，教师要创设教学情境，开展表演比赛活动。教师将全班同学分成三组，每组进行"古代版两小儿辩日"和"现代版两小儿辩日"两个版本的表演。三组表演评选出一、二、三等奖。

活动中，每个小组的同学都齐心协力、出谋献策，挑选"古代版两小儿辩日"的"演员"时，为了小组荣誉，同学们有的推选，有的自荐。定好角色后，如何装扮又是在考验学生已有的生活经验。两小儿的装扮要可爱活泼，衣着要符合古代的特点，而"孔子"的头饰、胡须、衣着则要体现出一个博学谦虚的老人的特点。而"现代版两小儿辩日"的加工创造，则更体现出了学生的想象能力和创新能力。"现代版的小儿"肩背书包，手拿课本，边走边讨论。"孔子"则西装革履，风度翩翩，满腹经纶。

表演过程中，"古代版两小儿辩日"中的"演员"按照课文内容，通过原文的语言对话，表现出文言文的节奏美、韵律美，让学生感受学习文言文的乐趣，加深和巩固对课文的理解，培养学生学习文言文的兴趣。

而"现代版两小儿辩日"，"两小儿"在原文的基础上通过现代文的语言对话，"现代孔子"对自然现象的科学分析，则让故事情节、人物形象更丰富多彩，提升了学生的想象力和创造力，使学生的表演更具生命力。愉快活跃的学习氛围、积极主动的活动参与，使学生的思维能力得到了充分发挥，增强了生活的体验和感受等，提升了学生学习语文的兴趣。

（四）辩论型比赛

辩论比赛是指学生就某一问题，提出自己的观点，表达自己对这一问题的看法及态度，运用所学的理论知识，并结合现实生活中的事实依据来论述、辩论的一种竞赛活动。它具有很强的理论性、思辨性、逻辑性、综合性等特点，可以锻炼学生语言组织能力、表达能力，拓宽学生知识面，是学生智慧的碰撞，是学生思维火花的绽放。辩论比赛有利于培养学生的学习能力，有利于培养学生健全的人格，有利于培养团队合作的精神，有利于培养学生学习的兴趣。

教 学 案 例

辛亥革命成功了，还是失败了？①

师：辛亥革命的成果就这样被袁世凯窃取了，因此，有人说辛亥革命失败了，但也有人说辛亥革命成功了。下面我们以辛亥革命是成功了还是失败了为辩题，进行现场辩论。

（大屏幕展示辩方及辩题：正方——辛亥革命成功了；反方——辛亥革命失败了）

师：请正方和反方各自陈词。

正：我方的观点认为辛亥革命是成功的。这是因为，辛亥革命推翻了清王朝，结束了中国两千多年的封建君主专制制度，这是中国近代史上的丰碑。

反：鲁迅的《祝福》有这样一段话："年年如此，家家如此——只要买得起福礼和爆竹之类的——今年亦是如此。"可见中国农村并未发生什么新变化，说明阶级关系照旧，风俗习惯依旧，人们思想意识陈旧，封建势力和封建迷信对中国人民统治依旧。辛亥革命并未完成反帝反封建的任务，所以说它失败了。

正：辛亥革命开创了完全意义上的近代民族民主革命……为中国革命的进步打开了闸门，使反动统治秩序再也无法稳定下来。辛亥革命已完成反帝

---

① 梁哲. "四环节开放式"教学模式设计与实践 [J]. 课程教学研究，2012（7）：82-88. 本文略有删节。题目为作者所加。

反封建的任务，所以说它成功了。

反：鲁迅在《阿Q正传》里有这么一段话：未庄的人心日见其安静了。据传来的消息，知道革命党虽然进了城，倒还没有什么大异样。知县大老爷还是原官，不过改称了什么，而且举人老爷也做了什么——这些名目，未庄人都说不明白——官，带兵的也还是先前的老把总。请问正方同学，你们感受到革命潜伏的危机了吗？

正（笑着回应）：没有。

……

师：正反双方的唇枪舌剑让我不得不禁佩服你们的随机应变。双方都说得有理有据，不分伯仲。那么，辛亥革命到底是成还是败呢？下面我提供一个看法（投影播放）：衡量一场革命的成败，关键是看革命的根本目的和预定目标是否达到了。

师：辛亥革命作为一场反帝反封建的资产阶级民主革命，它的基本目的是要推翻帝国主义压迫，铲除封建统治，使中国成为真正的民主共和国。从革命的最终结果看，这两个基本目的都没有达到，中国半殖民地半封建社会的性质没有得到根本改变。但辛亥革命为寻求救国救民和实现民族复兴之路所做的探索和所取得的历史功绩将永远被人们铭记！辛亥志士开启的实现民族复兴之路让后人前赴后继，直至今日！

有人说过："你给我一个苹果，我也给你一个苹果，交换之后，我们手里还只是一个苹果；我有一种思想，你有一种思想，交换之后，我们拥有了两种思想。"比赛中，无论是正方，还是反方，大家都引经据典、旁征博引，围绕所阐述的观点，既表达了自己的见解，施展了自己的才华，又从对方的辩论中增长了见识；既培养和提高了思维能力，又从中学会了辨证分析问题的能力；既培养和提高了学生学习的兴趣，又培养了学生的综合素质能力。

（五）设计型竞赛

设计是学生进行技术性和艺术性的创作活动。《全日制义务教育美术课程标准（2011年版）》指出，"设计·应用"学习领域的主要目的是培养学生形成设计意识并提高动手能力。因此，在这一学习领域的教学中，应遵循学生的认知发展规律，从学生实际出发，避免学科知识专业化倾向。教学内容的选择应贴近学生的生活实际，联系社会，加强趣味性、应用性，使学生始终保持浓厚的学习兴趣和创造欲望。

例如，在教学《设计校徽》一课时，教师结合学校开展的校园文化建设活动，创设生活情境，指导学生为学校设计校徽，为美化、宣传自己的校园献策献力，激发学生的设计热情，培养学生热爱学校的美好情感。课中，学生在教师指导下，从美感、功能、趣味、应用等方面欣赏各校校徽，对校徽的设计意义及要求有了初步的认识，或结合学校原校徽，在其基础上加以改进，或根据自己的理解体会，重新设计新校徽。学生小组讨论合作，每个人都根据自己的生活体验、情感体验，联系学校实际，充分发挥各自的才能，大胆创造。这种集技术性、艺术性、探索性、实践性、实用性、趣味性于一体的设计比赛活动，怎能不激起学生学习的兴趣呢？

通过比赛活动，培养学生学习兴趣的方法还有很多，教师应融会贯通，根据不同学科特点，结合教学内容，尊重学生差异，在教学过程中适时创设比赛情境，合理开展表演、辩论、设计、游戏等活动。只要教师精心设计、合理安排，定能达到激发学生自主学习兴趣、培养学生思维发展、点燃学生智慧火花的目的。

第三节　能比：挖掘潜在力

一、藏龙卧虎：潜在能力，隐藏不露

潜在能力，是指人类原本具备，却潜藏于人体内部尚未显现，还没有发挥出来的能力。

心理学认为，潜在能力是一种尚未显现的能力，它一旦外化，与活动联系起来并影响活动效果，就会变成显在能力，即通常所讲的能力。能力只是潜在能力外化的极小部分，有的科学家讲，如果人的潜能充分发挥出来，一个人能记忆 50 座美国国会图书馆全部藏书储存的信息，能熟练掌握 40 种语言。苏联还有人在 1964 年的《苏联今日生活》报上指出：如果人的大脑使用一半的工作能力，"就可以轻而易举地学会 40 种语言，将一本苏联大百科全书背得滚瓜烂熟，还能学完数十所大学的课程"。国内外学者都用"海上冰山理论"形象地说明人类潜能的巨大。人的能力好似一座浮在海面上的冰山，浮在水面上的部分就像人类已知能力——显能，这是很小的一部分，而沉没在水面之下的未显露部分却是显露部分的 5 倍、10 倍、20 倍、30 倍……

美国心理学家威廉·詹姆士认为，一个正常健康的人，只运用了其能力的 10%，尚有 90% 的潜能。美国人类潜能研究专家奥托在其发表的《人类潜在能力的新启示》一文中指出："据最近估计，一个人所发挥出来的能力，只占他全部能力的 4%。我们估计的数字之所以越来越低，是因为人所具备潜能及其源泉之强大。现在的发现，远远超过我们 10 年前、5 年前的估测。"控制论奠基人之一的维纳说："可以完全有把握地说，每一个人，即使他是做出了辉煌创造的人，在他的一生中利用他自己的脑潜能还不到百亿分之一。"①

潜在能力隐藏不露，等待人们去挖掘；潜在能力作用强大，等待人们去利用。还处在智力开发阶段的学生们，其潜能几乎无限，如果教师能够切合学生的特点而开展有趣有效的学习活动，就可以激发学生的潜能。学生的内在力量得到激发，将会给学生带来惊喜，并促使他们成为优秀人才。

二、万紫千红：潜在能力，丰富多彩

潜在能力主要有智力潜能、专门潜能和创造潜能三种。

（一）智力潜能

智力潜能包括潜在的观察力、记忆力和概括力等。观察力是指大脑对事物的观察能力，如通过观察发现新奇的事物等，在观察过程中对声音、气味、温度等有一个新的认识。人的观察力并非与生俱来，而是在学习中培养，在实践中锻炼起来的。记忆力是识记、保持、再认识和重现客观事物所反映的内容和经验的能力。记忆，就是过去的经验在人脑中的反映。它包括识记、保持、再现和回忆四个基本过程。其形式有形象记忆、概念记忆、逻辑记忆、情绪记忆、运动记忆等。记忆的大敌是遗忘。提高记忆力，实质就是尽量避免和克服遗忘。在学习活动中只要进行有意识的锻炼，掌握记忆规律和方法，就能改善和提高记忆力。概括力是从某些事物中抽取出一些相同属性，并将

---

① 佚名. 潜能 [EB/OL]. （2013-11-20）［2012-11-20］. http://wiki. mbalib. com/wiki/%E6%BD%9C%E8%83%BD.

其推广到具有这些属性的一切事物，从而形成关于这类事物的普遍概念的能力。观察力、记忆力和概括力是人类思维最基本的能力。

（二）专门潜能

专门潜能是指音乐、绘画、机械、计算等特殊的潜在能力。比如音乐潜能是指先天具备的还没有表现出来的感知、理解、表现和创编音乐的能力。它包含对音乐的感知辨别能力、对音乐关系的理解能力、对音乐技能的表现和运用能力。

（三）创造潜能

创造潜能是指潜在的、还没显现出来的创造力。创造力是指产生新思想，发现和创造新事物的能力，是人类特有的一种综合性本领。它是成功地完成某种创造性活动所必需的心理品质。创造力是一系列连续的、复杂的、高水平的心理活动，它要求人的全部体力和智力高度紧张，创造性思维只有在大脑运转到最高水平时才能进行。

三、含蓄内敛：潜在能力，未显可现

（一）未显性

潜能是未显现的能力。人脑中的潜能世界是一个未被打开的宝库，那里蕴藏着惊人的能力，一般情况下不采取一定的措施是难以开发出来的。

1. 潜能需要激发和挖掘

教师要根据学科特点和教学内容，或设疑问难，或创设情境，挖掘学生的内在潜能，使其显现并得以发展。

2. 潜能会在意外时迸发

一旦遇到意外情况，特别是在遇到危及性命的紧急情况下，人的潜能包括潜在的体力会一起迸发出来，创造人间奇迹。2011 年 7 月，杭州"最美妈妈"吴菊萍在危急关头，张开双臂，徒手准确地接住了从 10 楼掉下的两岁大的妞妞。由此可见，人确实存在极大的潜在能力。当吴菊萍看到妞妞快要从楼上掉下时，她的第一反应是一定要接住这个孩子，正是这种信念，使她的潜能得到了发挥。

（二）可诱发性

可诱发性，是人的潜能的又一特征。可诱发性是指人本来没有某种能力，经过教育、培养，能出现这种能力。创造潜能是人的一种重要潜能。美国一些心理学家曾对一些人进行创造能力训练，经过训练，受试者的创造力提高了3倍，浙江省有一个地方两年间出现了17个"心算神童"，这在全国绝无仅有。这些学生能一口报出几十个两位数连加，15—20个三位数相加、减的得数，速度超过电子计算器。为什么出现这么多"心算神童"？这是因为学校运用了珠算式心算最新教学法诱发了学生的潜能。

能一口气报出几十个两位数连加，15—20个三位数相加、减的得数，且速度超过电子计算器的学生并不多。这17个"心算神童"昔日无论如何也不会相信自己在短短的两年时间里能有这样的计算速度。能产生这样的奇迹，恰恰体现了潜在能力可诱发性的特点。我们有理由相信，如果能够发现并充分挖掘学生在某一方面的潜在能力，就能够让潜能变成显能。

四、不遗寸长：潜在能力，挖掘发现

新课标指出：学生具有未完成性。从积极的意义上理解，这种未完成性是指，在我们的学生身上，具有丰富的潜能，存在着广阔的发展空间，蕴藏着对于实现"中国梦"至关重要的人力资源。促进每一个学生的充分发展是这次课程改革的一项重要使命。

这项重要使命对教师提出了更高的要求。教师在教育过程中，一定要细心发现学生的长处、优点，并充分挖掘学生的潜在能力，促进学生全面发展。

（一）比赛，挖掘学生的智力

智力，是指认识、理解客观事物并运用知识、经验等解决问题的能力，包括记忆力、观察力、想象力、思维力、注意力、判断力等，智力是各种认知能力的综合。

在比赛活动中，学生注意力会高度集中，记忆力会快速反应，思维活动会异常活跃，符合比赛要求和能够促使比赛获得胜利的各种智力潜能会被激发和挖掘出来。这时教师的肯定和称赞，能让学生对这种能力更加自信，从而在以后的学习中显现出来，发挥出来，并最终促进学生的充分发展。

教学案例

"创模"在行动

1. 问题

同学们，我市正在创建"国家环境保护模范城市"，如何在广大市民中宣传环保知识，提高市民环保意识，为家乡创建"国家环境保护模范城市"献策出力？请按活动方案、活动过程、活动小结三部分进行总结汇报。

2. 方案

问题一提出，每个小组的十几个成员纷纷出谋献策，发挥自己的聪明才智，有的根据自己平时生活观察，有的根据自己积累的生活经验，有的根据自己的爱好特长……四个小组最后得出了不同的方案。

第一小组：环保知识宣传及抢答活动。

第二小组："变废为宝"环保小制作展示活动。

第三小组：上街道打扫卫生，清除乱张贴活动。

第四小组：环保时装秀现场表演活动。

3. 行动

同学们利用空余时间查找环保知识，印刷宣传资料；在全校开展"变废为宝"环保小制作的征集活动；收集废旧的报纸、环保袋、塑料袋、彩带、光碟、羽毛、旧衣服、树叶、扑克牌等材料，自行设计各形各色的帽子、衣服、饰物……经过一个星期的充分准备和团结努力，同学们利用周末时间，在老师及家长的带领下，纷纷走向大街小巷。每个小组都按照方案有条不紊地开展活动，或进行环保知识的宣传和抢答；或向人们展示利用废旧物品制作的环保小作品；或使用扫把、小桶、小铲等工具热火朝天地上街打扫卫生，清除乱张贴的小广告；或在动感美妙的音乐声中进行环保时装表演……同学们以各种不同的形式，亲身投入到家乡"创模"的行列中，为提高家乡人民的环保意识作出自己应有的贡献。

活动中，家境富裕的李小娜针对爸妈浪费水电的现象，在环保知识抢答环节中提出生活中"节约能源"的具体做法，以个人生活经历教育父母、教育市民。平时学习后进懒散的王东杰，在打扫卫生时，一马当先，不怕苦不怕累，虽汗流浃背却不亦乐乎，听着老师、同学、家长的称赞，相信热爱劳动的王东杰一定也会变得热爱学习。平时做事不拘小节、大大咧咧的"假小子"许楠，利用丰富多彩的小贝壳、蟹壳、小石砾、精致的小草、小花等制作了一幅装饰性、观赏性、实用性极强的栩栩如生的"海底世界"。许楠细致的思维想象、巧妙的设计构思、灵巧的手工创作在这次活动中得以充分显现。对流行衣饰情有独钟的小美、婷婷，环保服饰的设计创意奇特，物尽其用，色彩搭配和谐如画，把她们丰富的想象力和创造力发挥得淋漓尽致……

新课标指出："学生掌握知识的过程，实质上是一种探究的过程、选择的过程、创造的过程，也是学生科学精神、创新精神，乃至正确世界观逐步形成的过程。"为了解决与学生生活紧密联系的实际问题，教师给学生创设了让学生自主设计、自主组织、自主开展的比赛活动，让学生个人的生活经验、潜在能力等被激活而得以彰显。

这次比赛活动，教师尊重学生，保护并发挥学生的主动性、积极性，让学生在调查、探究、实践中富有个性地学习，感受到学习是生活的需要。学生在活动中积极主动思考，团结协助合作，个人潜能在活动中得到了充分发挥。

比赛活动评选出了"最佳创意奖""最实用环保奖""最佳宣传奖""最有号召力奖"等，通过活动促进学生自主学习、主动学习、积极学习，挖掘学生潜在能力，并充分利用和发挥这些能力解决实际生活中的问题，促进学生全面发展。

（二）比赛，挖掘学生的专门能力

专门能力是指符合某种专业活动要求的一些特殊能力的结合，如音乐能力、语言能力、绘画能力，机械能力、教育能力、逻辑数理能力、身体运动能力等。

教学案例

我感恩，我快乐

1. 背景

母亲节快到了，为弘扬中华民族尊老爱幼的传统美德，引导学生孝敬母亲，感谢母亲的养育教导之恩，让学生懂得拥有一颗感恩的心的快乐和幸福，班级开展"我感恩，我快乐"的感恩教育活动。请同学们通过自己的实际行动，以自己喜欢的方式表达对妈妈的感恩之情。活动结果以"妈妈的感言"评选出"感恩小天使"。

2. 活动

父母关切之爱，养育之恩，教导之情，点点滴滴，学生亲身感受，铭记于心。感恩母亲，是学生感情世界自然涌动出来的真情流露，是学生内心世界对母亲最真挚的热爱。于是，就有了学生感情的迸发、灵感的跃动、潜力的发挥、创造的活力，就有了学生感人肺腑的感恩之举。善于绘画的陈莹，发挥特长，用手中的彩笔，展现心中的浓情，描绘了一幅这样的图画：田野里，妈妈弯腰辛勤耕作，夕阳的余晖洒在妈妈的身上。画中的妈妈散发着令人温暖的光辉。画中写着"妈妈，您是世界上最美的图画"。善于设计、富于想象的杨东，制作感恩爱心卡片，卡片上既有"慈母手中线，游子身上衣。临行密密缝，意恐迟迟归。谁言寸草心，报得三春晖。"的感人诗句，也有诗句中的"妈妈"给"游子"缝补衣服的情景，还有"青翠的小草，普照的太阳"所表达的对妈妈的感恩之情。作文比赛屡屡得奖，并常在报刊上发表佳作的柏丽文，给妈妈声情并茂地朗读了一篇自己写的赞颂母爱的文章，表达了对母亲的深深热爱。对自己歌声极不自信、很少在别人面前开口歌唱的林娜娜，就为了满足妈妈常说的一句"你能为我唱首歌吗"的愿望，日夜苦练妈妈最喜欢的《月光下的凤尾竹》。母亲节这天，当她满怀深情，为妈妈送上这首歌时，歌声是那么清脆、那么柔婉、那么动听，妈妈为女儿的孝心感动流泪了，林娜娜也为自己可以唱出这么美妙的歌声而激动地流泪了。林子康看着相册里妈妈最喜欢的那张单人照片，脑子一转，突发奇想，找来小木棒、小铁锤、小钉子，根据相片的大小，制作了一个精巧的相片框架。框边用明艳的彩笔画上美丽的小花，用闪亮的彩带打成蝴蝶结装饰，相片框里的妈妈显得更加神采飞扬了。平日饭来张口、衣来伸手的张明明，在妈妈下班回家时，给妈妈捧上了一杯热茶。吴明给妈妈送上了一束粉红的"康乃馨"。心灵手巧的李艳利用旧衣物，给妈妈缝制了一副温暖牌手套。一向懂事当家的陈豪，端来热水，为劳累一天的妈妈洗脚……

3. 反响

妈妈们的感言很多很多："看到相框，我真是太感动太惊叹了！孩子懂事了！他能设计创作出这么漂亮的相框，真是太了不起了！""太意外了！当我从孩子口中竟听到自己最喜欢的歌曲，且又是那么的动听时，我真的热泪盈眶。孩子，妈妈为你骄傲，为你的勇敢自信而自豪！""孩子，你送给妈妈的画，妈妈会永远珍藏着。妈妈永远爱你！""真没想到孩子可以做这么多的事情，会关心妈妈，会给妈妈缝制手套，给妈妈温暖，真的太感动。"……是啊，这么可爱的孩子，哪个不是"感恩小天使"呢！

感恩母爱，激情澎湃，真情流露，激发思维。在这样一个感恩活动中，不少学生都做到了潜能显现。其实，只要给孩子以空间和时间，给孩子以尊重和自由，给孩子以信任和赞美，孩子的音乐能力、语言能力、绘画能力，动手操作能力等专门能力就一定能够发挥显现，并在学习和生活中得以长远的发展。

（三）比赛，挖掘学生的创造能力

创造力，就是对自己已积累的知识和经验进行科学的加工和创造，就是发散思维，用自己独特的方法，创造新颖事物的能力。它是人类特有的一种综合性本领。

例如，在前面"我感恩，我快乐"的感恩教育活动中，孩子们描绘的图画、制作的相框、朗诵的美文、缝制的手套……都是他们综合运用美术、数学、语文、手工等学科知识，调动记忆力、观察力、想象力、思维力、注意力、判断力等智力因素，再加上孩子们孝敬、热爱母亲等优良品质的非智力因素，由感恩而发散思维、开启智慧、捕捉灵感而独创出来的别人没有的感恩妈妈的方式。

这些新意、灵感、发明、杰作等都是孩子们创造力的具体表现。它激发孩子们的思维，撞击出灵感的火花，是孩子们发展的源泉。英国著名思想家约翰·密尔有句名言："世界上所有美好的事物都是创造力的果实。"是啊，孩子们送给妈妈的任何一种礼物，都是孩子们创造力的果实，它是世界上最美好的事物。收到礼物的妈妈们真幸福，富有创造力的孩子们更幸福。

第四节　实战案例：如何鼓励比赛，激活思维

一、实战案例

I like the... with the...

教学过程：

1. Warm-up：Sing a song *Colour Song*（热身准备：唱《颜色歌》）

(1) Talk about the colours in the song and the colours they like.

由歌曲中的彩虹引出颜色，复习颜色单词。教师提问："How many colours are there in a rainbow? What are they?"引导学生回答："There are seven. They are red, yellow, pink, green, purple, orange and blue。"

(2) 课件显示各种颜色图案和单词，教师继续提问学生："What colour do you like?"（学生回答："I like……"）

2. Presentation（导入新课）

(1) 课件呈现，引入课题。

教师让学生看时装表演图片，并问学生想不想参加时装表演? 然后告诉学生我们今天也要进行一次时装表演，在这节课中表现突出的同学可以参加时装表演，激发学生兴趣。

(2) 教师带领学生进入模拟时装店，观看各种各样颜色丰富的衣服. 初步感知衣物名称。教师说明今天的学习任务是先学会这些服装的单词，然后选择自己喜欢的衣服买下来，参加时装表演。（课件显示服装店，引入服装单词）

(3) 学习单词：jacket, brown jacket, sweater, white sweater.

学说句子：I like the brown jacket.

(4) 学习：skirt, green skirt.

学说句子：I like the white sweater with the green skirt.（强调"with"）

教师利用课件，先显示白色毛衣图片，说"I like the white sweater"，再显示绿色短裙，说"I like the green skirt"。然后让两个图片构成一组搭配服装的图片，引入"with"的用法和句子"I like the white sweater with the green skirt"。

解决难点，操练句型"I like the... with the..."。（课件显示各种颜色的毛衣与各种颜色短裙的配搭图片，学生两人一组操练然后回答老师的提问："What do you like? I like the... with the..."）

......

3. Consolidation（巩固）

......

Play a game.（做游戏）What is missing?（什么不见了？）

教师解释游戏规则。课件显示游戏的 6 个衣服图片，教师先让学生逐一说出服装的英语名称。然后认真看图 10 秒钟，教师点击鼠标，减少一个图片，让学生快速用英语说出不见了什么衣服图片，重复 6 次不同的服装。此游戏可让学生抢答，加强学习气氛。

4. Extension（延伸）

（1）课件显示人物穿着图片，培养学生合理搭配衣服的审美观。

（2）小结今天的句型。

（3）课件出示不同颜色的各种衣服图片，学生同学之间操练句型"I like the..." "I like the... with the..."，讨论并决定买下哪些服装来参加服装表演。

（4）Fashion show.（时装表演）

① 教师根据学生在课堂上的表现选出男女各 10 名学生进行时装表演。

② 播放音乐，学生跟着节奏进行时装表演，并用英语说出自己的衣服搭配。

5. Homework（布置作业）

（1）Design the clothes you like .（用卡纸设计自己喜欢的衣服）

（2）Talk about the clothes you like to your family.（和家人一起谈论这些服装）

二、实战经验

这是湛江市第十六小学陈淑勤老师的一节英语教学课，其通过比赛活动，激活学生思维的做法很值得一提。

（一）争先恐后

"Play a game. What is missing?"游戏比赛环节：课件显示出 6 张衣服图片，然后 10 秒钟的时间内少一个图片，让学生快速用英语说出不见了什么衣服图片。这时，学生在兴奋紧张的抢答比赛气氛中，精神高度集中，思维异常活跃，学生通过动脑记忆、开口说、思维判断学习新知，学习兴趣高涨。

（二）水乳交融

"fashion show"表演比赛环节：伴随着动感愉悦的音乐，学生自由搭配衣服，身穿色彩斑斓的衣服，学生边走边秀边说，"I like the pink T-shirt." "I like the red sweater with the blue skirt."……根据学生喜欢表演的天性，结合与学生生活紧密联系的穿衣搭配，培养学生实际生活中运用语言的能力，教师设计了富有童趣、动感愉快的"fashion show"。这既能加深巩固所学知识，又是学生所学知识在实际生活中的应用，更是对学生审美能力的培养。整个表演过程充满趣味性、知识性、生活性，学生学习英语的兴趣和自信心自然得到了充分的激发和提高。

（三）心旷神怡

"Design the clothes you like"设计比赛环节：学生在家自由设计自己喜欢的不同颜色的衣服。通过课堂学习，学生复习巩固了颜色类旧单词，掌握了衣服类新单词。"设计衣服"是学生旧知、新知积累内化的具体呈现。学生在宽松自由的家庭环境中，没有任何压力，在充足的时间和自由的空间内发挥想象，与家长一起设计、制作自己喜欢的衣服，心情自然快乐无比，描画勾勒、设计裁剪自然兴趣十足，学生的绘画潜能、设计潜能、创造潜能等内在潜力自然能够得到充分挖掘和发展。

三、实战策略

（一）"眉目"传情

1. 比赛，传自信之情

创设比赛活动，传递的是教师对学生的尊重、信任和激励之情；是学生敢于比赛、敢于成功、敢于失败，相信自己、肯定自己、表现自己之情；是学生自我赏识、自我评价、阳光乐观，对生活充满热情之情。

2. 比赛，传"兴趣"之情

创设比赛活动，传递的是教师精心创设教学情境、激发学生学习兴趣的专业负责之情；是学生在知识型、游戏型、表演型、辩论型、设计型等比赛活动中学习兴趣、各种能力得到发展的喜悦之情。

3. 比赛，传"挖掘"之情

创设比赛活动，传递的是教师细心发现、善于挖掘的"伯乐"之情；是学生智力、专门能力、创造能力在实践活动中得以挖掘、发挥、显现的幸福之情。

（二）养精蓄锐

学生的自信心、学习兴趣点、内在的潜能，是可以培养和挖掘的。这是一个长期的、需要持之以恒的过程。教师在教学过程中需要耐心，以培养学生自信心、激发学生学习兴趣和挖掘学生潜能为宗旨，不断计划、设计、开展各类学习活动，坚持实践，坚持引导，鼓励学生努力奋斗不放弃。当学生的各种潜能得到充分发挥时，学生自主学习、主动发展的主体能动性就会被激发出来，并最终促进学生更加健康、全面的发展。

（三）唇齿相依

自信心、兴趣点、潜力三者关系是密切相关，不可分离的。只要教师善于发现和培养学生的兴趣点，学生的潜能就能够被挖掘和发挥出来，学生必定自信乐观，健康成长；只要教师培养学生自信心，学生就会动力十足，学习兴趣浓厚，潜能就一定能够被激发和显现出来，并得到充分发展；只要教师挖掘出学生潜能，学生自然信心百倍，更加努力学习，热爱学习。

任何一个平凡的学生，只要教师帮助他们树立自信心，培养兴趣点，挖掘潜能，就一定可以在人生道路上有所发展、健康成长。

第六章

创设情境，追求形象

创设情境是课堂教学常用的手段，教师把"文具店"搬到课堂，给予学生生活的教学活动。

激趣练说①

师：我是售货员小王，欢迎大家到我的文具店来。（师摆铅笔、橡皮、笔记本、水彩笔……）快来买吧，我店里的东西物美价廉。谁是第一个顾客？

生：阿姨好！

师：小朋友真有礼貌，你想买点什么？

生：我想买铅笔。

师：我这儿的铅笔品种可多了，有写字用的，有画画用的，还有自动铅笔，你需要哪一种？

生：我想要 HB 铅笔。（师借机指导学生学会挑选商品）

师：在这儿，给你。

生：HB 铅笔多少钱一枝？

师：5 角钱一枝，这可是物美价廉呀！1 元钱可以给你 3 枝，薄利多销嘛。

生：麻烦您，那就拿 3 枝吧。

---

① 王峥，许睿. 创设情境 激趣练说：《买文具》课堂实录及评析 [J]. 小学青年教师（语文版），2003（9）：28.

师：你还需要些什么吗？

生：谢谢，我不需要了。（引导学生使用礼貌用语）

师：那好，拿好铅笔，欢迎你下次光临，再见！

体验式教学已经成为现代教学中的重要教学模式。何克抗在《建构主义革新传统教学的理论基础》中指出，知识不是通过教师传授得到，而是学习者在一定的情境即社会文化背景下，借助其他人（包括教师和学习伙伴）的帮助，利用必要的学习资料，通过意义建构的方式而获得。[①] 体验式教学提倡在教学过程中创设情境。创设情境可以通过形象的方式激发学生的学习兴趣，更好地掌握新知识。

一、创设情境的含义

何谓创设情境？创设情境指的是在课堂教学中，教师根据教学内容和目标，借助多媒体、图片、音乐等教学用具，灵活采用质疑问答、模拟表演、交流讨论等形式对一些事件的形象描述或模拟情境，将抽象的东西形象化、具体化，让学生仿佛身临其境，在情境中产生形象的画面，从而促进他们对课本中抽象复杂知识的掌握。

二、创设情境的意义

（一）亲身感受，促进体验

学习知识需要自我亲历，才有体验，才有收获。创设情境的目的在于让学生参与活动，在活动中"以身体之，以心验之"，从而产生独特的感受。教师创设学习情境，激发学生的学习兴趣，为学生建立一个将课本知识与生活实际相联系的学习环境。

（二）实情入手，事半功倍

苏霍姆林斯基说："儿童是用形象、色彩、声音来思维的。"特别是低年级学生，以形象思维为主，而认识和表达的内容都不能离开具体事物。荀况说："不闻不若闻之，闻之不若见之。"学生面对课本知识的理解，如果能把文本所要表达的内容，用形象生动的形式展现出来，就更加有利于学生对知

---

① 何克抗. 建构主义：革新传统教学的理论基础 [J]. 中学语文教学，2002 (8)：58.

识的吸收与消化。因此，教师在教学中通过创设情境，将抽象单一的课本知识形象逼真地展示出来，加强了学生对课本知识的理解和领悟。

（三）生动有趣，快乐学习

"教学应激发学生的学习兴趣，培养学生自主学习的意识和习惯，引导学生掌握学习的方法，为学生创设有利于自主、合作、探究学习的环境。"创设情境可以让学生通过角色扮演、竞赛活动和游戏等方式进行，让学生在多种途径中快乐学习，感受学习的魅力，激发学习的热情。

三、创设情境的要求

（一）联系生活，贴近学生

学习课本知识是为了让学生运用知识解决实际生活中的问题。教师创设情境，不能远离学生的生活，不能空泛化、虚假化。此外，教师应该根据学生的年龄特点和认知水平，创设符合学生实际情况的情境。教师应该联系生活、贴近学生，让学生在熟知的情境中学习新知识，将知识回归到生活，应用于生活。

（二）教材出发，创设有效

教师必须根据教材内容，在教材的基础上进行情境创设。如果创设情境的材料来自于新知识，就可以促使学生掌握新知识。教师可以在教学各个环节创设情境，有效地发挥创设情境的作用，激发学生的学习热情。

（三）正确引导，树立三观

"在学习过程中，培养爱国主义、集体主义、社会主义思想道德和健康的审美情趣，发展个性，培养创新精神和合作精神，逐步形成积极的人生态度和正确的世界观、价值观。"无论是哪一个学科，教师都应该重视引导学生树立正确的思想意识，让学生学会做人，学会做事。所以，在创设情境的过程中，教师应该发挥教学引导者的作用，帮助学生树立正确的人生观、价值观和世界观。

第一节　创设求异情境，放飞学生创新的翅膀

教师善于创设求异情境，促进学生创新思维的发展，培养学生的创新能力。

创设情境，激趣乐学①

《谁是最可爱的人》一课，在选材方面是颇具特色的。如果我们这样提问："这篇课文在选材方面有什么特点？"这样的问题虽然也可以引起学生思考，但学生只是顺着"有什么特点"这个单一的方向去考虑问题的答案，而在认识上潜藏的矛盾就很难暴露出来。其结果，学生对该文选材特点的认识可能浅尝辄止。有的教师是这样提问的："作者写这篇文章，原来用了二十多个例子，后来改为五个，最后又删去两个，成了现在的课文。究竟是用二十多个例子好，还是像现在这样只用三个例子好？人们的看法不太一致，请同学们说说自己的看法。"这样的提问就可以一石激起千层浪。有些同学认为实例写得多些，内容就更丰富一些，感染力就更强一些；有些同学则认为，对众多的例子进行精选，事例就更典型、更有代表性，文章也就更加感人。这样的问题，本来是作者创作时反复推敲过的问题，现在通过提问，再让学生推敲推敲，争论争论，体会一下作者的认识过程，这无论是对于提高学生的阅读能力还是作文能力，都会是大有裨益的。

在课堂中，教师不仅要力求创设求异情境，还要善于激发学生的求异思维，培养学生的创新能力。

一、求异情境的内涵与意义

（一）求异情境的内涵

什么是求异情境呢？首先我们要解决何谓"求异思维"的问题。《新语词大辞典》给"求异思维"下的定义是："指关注现象之间的差异，意在暴露已知与未知之间的矛盾，揭示现象与本质之间的差别的一种思维。求异思维的第一个特征是对被人们认为是完美无缺的定论持怀疑态度。第二个特征是能打破习惯思维程序。"而《宣传舆论学大辞典》认为："求异思维又叫发散思维、辐射思维。是从一个信息源导出不同结论的思维类型。求异思维是创造性思维的主导部分。求异思维具有求异流畅、灵活、独创的特性，对信息刺

---

① 余同生. 提问要力求创设求异情境［J］. 语文教学与研究，1987（1）：13. 题目为作者所加。

激能随机应变做出不同寻常的反应。"

求异思维就是学会从多角度看待问题，让思维得以创新，有效地、快速地解决问题。求异情境就是教师通过创设情境，激发学生求异思维，让学生有效地发散思维、创新思考、解决问题，是促进课堂教学的一种手段。

（二）求异情境的意义

那么在教学过程中创设求异情境有什么意义呢？

1. 培养创新型学生

正所谓昨天靠汗水，今天靠知识，明天靠创新。习近平主席在海南博鳌亚洲论坛中指出：勇于变革创新，为促进共同发展提供不竭动力。世间万物，变动不居。要摒弃不合时宜的旧观念，冲破制约发展的旧框框。"教育是知识创新、传播和应用的主要基地，也是培育创新精神和创新人才的摇篮。"我国相对于西方发达国家来说，创新能力严重缺乏，这与时代要求非常不符。创新教育，培养创新型学生，是教育工作者的目标，更是不可推卸的使命。

2. 鼓励爱问的学生

《礼记·学记》："善问者，如攻坚木，先其易者，后其节目。"陶行知认为："发明千千万，起点是一问。禽兽不如人，过在不会问。智者问得巧，愚者问得笨。人力胜天工，只在每事问。"善于提问的学生必然爱动脑、勤思考。在教学过程中，教师如果创设求异情境，让学生转动自己的小脑袋，大胆地说出自己的想法，或许学生会迸发出意想不到的美丽的思维火花。勤于思考，积极探究，是成为一个优秀学生的基本条件。教师应该在这方面帮助学生打下扎实的基础。

3. 提升课堂的效果

教师为了保证教学活动的顺利进行，往往想方设法选择最好的教学策略。这些策略一定要为教学目标服务，符合学生的年龄特点和认知水平，以激发学生学习的热情和主动性为目的。求异情境有助于学生积极思考，主动探究，学生一旦在学习上享受到了成功的喜悦，就会更积极地投入学习中。

4. 融入创设的情境

教师通过创设激发学生发散思维的情境，使学生的思维犹如岩浆迸发，能够有效解决问题，减轻学生学习新知识的负担，促使学生产生学习新知识的热情。创设求异情境，就好比把学生带入一个奇妙的世界。这个世界似乎有一种神奇的力量，能够让学生展开自己思维的翅膀，遨游在知识的天空。

总的来说，求异情境鼓励另类思考、多角度想象，鼓励学生用别出心裁的眼光看问题，力求突破思维桎梏。求异情境符合发展创新思维的要求，在现代教学活动中具有不可忽视的重要作用。

二、创设求异情境的原则

如果教师想要创设一个优质的求异情境，就必须遵循灵活性、积极性、诱发性和实际性等原则。

1. 灵活性

俗话说：看风使舵，顺水推舟。变则通，通则存，存则强。求异情境要求教师根据教材的内容，学生的情况等进行灵活的改变，切忌生搬硬套。

比如，农村学校的教学设备比较差，无法和城镇学校的教学设备相比。教师创设情境，主要是依靠教师的语言表达、肢体语言和面部表情等来进行。但是如果学校拥有先进的多媒体设备，教师可以利用先进的多媒体技术来进行，让情境更加真实、更加形象。这既能减轻教师的负担，又能增加学生的兴趣。同样的教学内容，不同的教学环境影响创设求异情境的实际操作。因此，创设求异情境，教师应该视具体情况进行，不可强求，否则教学就难以顺利进行。

2. 积极性

求异情境追求的是让学生的思维可以朝着多个方向开出无数美丽的花朵，让学生可以为自己的芬芳而自豪。如何"求异"？向周围学习，适应环境变化，在社会上获得生存领域和发展空间，是每个人无法回避的现实。虽然每个人所在的家庭、学校、社区、组织千差万别，但大环境——同样的文化背景、强烈的时代特征深深地影响着人们的思想，在强大的惯性思维导向下，大多数人被动地适应所处环境，在起居、学习、工作、娱乐上与周围保持一致，他们的生活信条是：忌冒风险、与世无争、随波逐流、随遇而安、自我满足、但求无过，等等。这恐怕是大多数人不能创新的起始原因。创新者必须自觉地防止思想落入世俗定式的惯性思维，保持清醒的头脑，立足所处时代。在意识中注入怀疑因子，对人们习以为常的社会活动和生产活动加以"挑剔"，敢于并善于质疑现行规则，主动求异，脱颖

而出，力争走在时代前列，面向未来追寻创新[①]

在教学过程中，教师应该积极创设情境，积极引导学生发散思维，将创新的想法迸发出来。学生在求异情境中要敢于脱离"凡人"的思维模式，敢于另起炉灶，敢于质疑问难，从而形成属于自己的独特思维。

3. 诱发性

如果单靠"一步到位"的提问是难以激发学生的创新思维的。教师应该善于通过诱发性提问"步步为营"，让学生思考问题，为学生"刨根问底"创造机会，从而使学生的创新思维获得锻炼。例如：

> 讲完"减数分裂"内容时，如果这样问：什么是减数分裂？这种问答只是把教材内容复述一遍，纯属模仿性设问。若把这个概念换作单一性问题，就可以这样问："减数分裂的特点是什么？什么是染色单体、四分体、联会？等等。"这样就将减数分裂分解为若干单一性的设问，有助于概念的深化，如将有关减数分裂的概念换作多重性设问，就可以这样问，性原细胞在减数分裂的过程中染色体变化规律如何？通过染色体的复制、配对、重组、互换、分离等变化规律，了解减数分裂的本质是染色体数目由 2N 减半为 N，对减数分裂知识通过模仿性设问、单一性设问、多重性设问，引导学生进行多方位思考，并最终达到求异思维目的。[②]

教师善于提问，并创设了一个求异情境，诱发学生从多个角度出发思考问题。求异情境的诱发性原则就是要求教师利用自身引导者的身份，把学生"拉进"求异情境，让学生在求异的世界里迸发出不同一般的智慧。

4. 实际性

求异情境要求学生翱翔在求异思维的天空，但是飞得再高也无法脱离实际这个保护层。教师在课堂教学中创设求异情境，使学生摆脱某一问题或现象固有思维模式的禁锢，充分放飞思维而获得自由，学会从不同的角度和方向去寻找新的答案。然而在放飞思维的过程中，自由并不意味着可以肆意妄为、胡编乱造。教师应鼓励学生不要迷信权威，但是不能让求异思维变成

---

① 魏建武. 创新思维中的"求异"、"求同"、互动 [J]. 海南广播电视大学学报，2004 (4)：79.
② 莫恒光. 求异思维在高中生物新课程教学中的应用 [J]. 华南师范大学学报（自然科学版），2010 (4)：56.

"断了线的风筝"。因此，教师要让学生的思维在实际的基础上起飞，在合理又安全的飞行高度寻找新奇的事物，成为出色的创新者。

三、创设求异情境的方法

贝尔纳说："良好的方法能使我们更好地发挥天赋的才能，而拙劣的方法则可能妨碍才能的发挥。"新课标要求我们教师改变传统"填鸭式"教学，从"独裁者"转变为引导者，以生为本，重视学生思维的发展，激发学生学习的兴趣。创设求异情境可以满足这些要求。那么，如何创设一个好的求异情境呢？

（一）端正心态，改变思想

在实际教学过程中，求异情境的创设是对传统教学方法的冲击，颠覆了人们的观念。因此，人们应该端正心态，更新观念。

启思导想①

用纸条做两个角（如图），让学生比较大小。

角1　　　　角2

一位同学提出这样的结论：角1比角2大。学生的理由是：把两个角的顶点、两边分别对齐后，角1的两条边都比角2的两条边长（很显然，这位学生对角的大小的认识是错误的）。于是，教师把角1的两条边撕掉一部分，使角1的两条边比角2的两条边短，角2不变，再让学生进行比较（教师的这一教学行为很明显就是要让学生暴露出自身的认知障碍），学生得到的结论是角2大。原因是角2的两条边分别比角1的两条边长（此时学生还没有意识到自己的说法已经是前后自相矛盾了）。此时教师又把角2的一条边撕掉一部分，使这条边比角1的一条边短，另一条边不动，再次让学生比较，学生感到茫然（学生已经意识到自己的认识有问题了，也就是说学生在此时已经

---

① 陈建军. 做学生学习的引导者教师应做到"四个重视"[J]. 辽宁教育，2005（3）：49. 题目为作者所加。

产生认知冲突，开始进行反思了）。稍后，教师让学生用这两个角去与三角板的一个角去比较，结果这两个角与三角板的一个角完全吻合，学生沉思片刻后恍然大悟："角的大小与边的长短无关。"（此时，学生已经在反思中解决了自己认知中的问题，领悟了新知）

这位教师为我们示范了怎样做一个引导者，怎样突出学生的主体地位，把学习权利交还给学生。

1. 教师是引导者

龚向和和张雪莲在《引导者：人权教师的角色定位》中提到，教育本身是一个信息交换的过程，在这个过程中，教师与学习者共同学习，教师更多的是充当一个引导者的角色，学习者的生活经验和知识应当得到承认和尊重。在教育过程中不区分主客体，学习者能意识到自己对知识创造过程的参与，他们在接受既有知识、信息和价值的同时也进行独立思考和批判分析[1]。有些人认为："知识是那些自以为知识渊博的人赐予在他们看来一无所知的人的一种恩赐。把他人想象成绝对的无知者，这是压迫意识的一个特征，它否认了教育与知识是探究的过程。教师在学生面前是以必要的对立面出现的。"[2] 在这里，我们可以看出对教师的地位有两种不同的看法。

新课程标准提出，教师是学习活动的组织者和引导者。然而在传统教学思想中，教师代表的就是权威，教师一切说的、做的都是对的。然而，这种观念已不再符合时代要求，常常遭人诟病。现代教育重视学生的主体地位，要求在教学过程中进行师生平等对话和交流。教师应该清楚地意识到时代的要求，必须积极改变落后的思想，尊重学生，尝试将学习的权利归还给学生，让学生在自由的天空里自主飞翔。

2. 学生是"主宰者"

学生是求知的主体，对学习应该有自己的主宰权利。在教学活动中，学生既然是学习的主体，就应该与教师处于平等的地位，平等对话、平等交往、平等相待。学生也应该改变自己的观念，努力争取自己的学习权利，追求属

---

[1] 龚向和，张雪莲. 引导者：人权教师的角色定位 [J]. 广州大学学报，2010 (7)：17.

[2] 弗莱雷. 被压迫者教育学 [M]. 顾建新，赵友华，何曙荣，译. 上海：华东师范大学出版社，2001：25.

于自己的话语权。只有这样，学生才能积极发散自己的思维，迸发灿烂的思维火花。

（二）寻找突破，迸发思维

我们的教育总是多了一些约束，少了一份开放。创设求异情境为解放学生的思维提供了良好的环境，让学生在那些"常人"看来不那么正常的思维得以激发。

如何寻找求异情境的突破口？最常用又最有效的方法是提问引导法。教师在教学过程中仿佛就是舵手，掌控小船（学生）前行的方向。教师应该发挥好自己"导"的作用，把学生带到求异情境中，让学生的思维迸发出美丽的火花。让我们一起来看看下面这节美术课。

教学案例

引而不发

美术课上，教师准备了一大堆的材料：线、棉花、塑料瓶、零食包装盒、果冻壳。

师：同学们，我们看到了讲台上有许多日常生活中常见的东西，还有小朋友喜欢吃的零食的包装盒。你们猜猜老师今天想让同学们干什么？

（学生皱着眉头，冥思苦想，都不知老师葫芦里卖的什么药）

师：同学们，这些东西虽然都很不起眼，平时会被小朋友随手丢掉，但是都有用处。想一想，它们都能做成什么呢？

生1：我们可以利用塑料瓶做花篮、风铃等小物品。

生2：纸盒的包装可以裁剪出各种各样的东西，比如房子。

生3：果冻壳能用来做人的头，只要贴上点头发、五官。

师：你们瞧，这又是什么？

（教师拿出一张纸和一卷透明胶）

师：请大家仔细想一想，胶带纸有什么用处？它和纸会发生什么奇妙的反应呢？

（小组形式展开讨论。讨论结束后，学生们纷纷举手回答。一致答案是纸破了能用胶带纸贴好）

师：没错！但是我们今天不用它贴纸，而是——

（教师故意拖长了音调）

师：请大家发挥想象力猜一猜。胶带纸还能做什么？

（学生积极发挥想象，在老师的引导下大胆猜想）

师：老师告诉你们，原来这不起眼的透明胶带还能画画呢！多奇妙啊！小朋友们想学吗？

生：想！

（教师出示课题）

教师的每一个问题都是通向突破口的导航，为学生创新思维打好基础。学生每一次回答，都是走向创新的基础。求异情境需要创设，突破口更需要寻找。只有在求异情境中寻找突破口，才能走向新天地。

第二节　创设生活情境，关注学生内心的体验

创设情境需要联系生活，在课本知识和生活之间架起一座桥梁，教师应该打开学生生活的源泉，重视学生的亲身体验，关注学生内心深层的认知。

教 学 案 例

激发潜能

师：同学们，老师想在上课前讲一个故事，好吗？

生（齐）：好！

师：让我们一起回到1945年8月15日12时。那是一个让人难以忘怀的时刻。从日本广播电台传出一个低沉的声音："帝国政府已受旨通知美英中苏四国政府，我帝国接受彼等联合宣言之各项条件……"假如你们是当时的中国人，听到这个消息后会有什么反应呢？

生1：高兴极了！我要跑去大街上欢呼！

生2：我一定激动得热泪盈眶！

师：在这一时刻，经过八年浴血抗战的中国人民奔走相告，欢呼雀跃。我们终于胜利了！（语气高涨，声音洪亮）然而这一切的喜悦都饱含着中国人

的血泪。在 1937 年 7 月 7 日晚上，日军借口一个士兵失踪，要求进入我国搜查，遭到中国守城军队的拒绝。你们知道后来发生什么事吗？

生 3：卢沟桥事变。

师：是的。从那以后，中国人民开始了长达八年的抗日战争！日本侵略者所到之处，烧杀淫掠，无恶不作。中国人民仅有的粮食被夺走，挚爱的亲人被杀死，简陋的屋子被烧毁……你们想到了什么？

生 4：我仿佛看到我们的中国同胞一个又一个地死在我面前，他们哭得撕心裂肺。

生 5：无家可归的孩子流离失所，人们三餐不继！

师：日军侵略我们的土地，杀死我们的同胞，30 万同胞被杀的南京大屠杀、1200 余人丧生的潘家峪惨案、"七三一"部队找中国人做惨绝人寰的实验……无不体现着日本侵略者对我们中华民族的滔天罪行。虽然这已经成为历史，但是作为中华民族的未来，我们必须牢记历史，记住历史的惨痛，激发我们前进的动力。同学们，让我们走近抗日战争，体验当时中国人民悲惨的过去，看看我们英勇奋战的中国部队吧！

德国著名教育家第斯多惠指出："教育的艺术不在于传授本领，而在于激励、唤醒、鼓舞。"同样的教学内容，甚至相同的教学设计，由不同的教师讲授会有不同的效果，这便是教师形象语言的魅力所在。

学生在教师形象化语言的引导下，在脑海中形成清晰的画面，犹如真实的情景出现在眼前。生动形象的语言较容易激发学生的无限想象；抑扬顿挫的语调带动学生的情感共鸣；激越的声音让学生热血沸腾……这便是学生对中国人民抗日战争激烈的情感体验，在这个过程中，学生的爱国情怀被慢慢激发了出来。

老师用低沉的音调和富有感情的语言将抗日战争的历史画卷向学生徐徐展开。学生在情境中，仿佛看到当年饱受痛苦的同胞在抗争、在还击、在奋起！他们沉浸在历史情景里，仿佛看到了日军的残忍，感受到了中国人的坚强，爱国热情被唤起、被点燃。

抗日战争是一段远离学生生活的过去。学生无法强烈地感受到当年抗日战争中人们流离失所的惨、失去亲人的痛、抗日军民的勇……在教学活动中，教师创设情境，让学生回忆历史，结合现实，把学习与生活结合起来，将语言和感情联合起来，促进学生对新知识的掌握。将学生的生活情感投射到课本知识上，用这种方法才能更好地引起学生强烈又真实的感受，并为接下来新知识的学习奠定坚实的情感基础。

一、生活情境的内涵与意义

（一）生活情境的内涵

教师必须考虑学生的实际能力水平，结合学生的最近发展区进行提问，让学生"跳一跳就能摘到桃子"，避免提一些过于抽象的问题，以免学生雾里看花，无从思考。

避免抽象，难易适度[①]

在教学哲学常识"现象与本质的关系"时，许多学生对假象也是事物本质的反映感到难以理解，老师就借助学生的生活体验为其铺路搭桥。老师先问学生，生活中有的人明明喜欢与某一异性接触，却往往装出一副满不在乎的样子，既然心中喜欢，为什么还要装作"不喜欢"呢？这一问题让学生心生疑惑，议论纷纷：有的说这与人的性格有关，是怕羞；有的说是怕对方不愿意，感到难堪；有的说是怕别人讥笑，让自己丢脸，等等。这时，老师再问学生，你们所说的理由都离不开一个"怕"字，这个"怕"字或者说这个"装作"是他内心本意的体现，还是歪曲反映？这样学生就明白了，"怕"或"装作"的背后体现了"喜欢"的本意，"装"就是从反面歪曲地反映其本意。由于学生正处于豆蔻年华，大都有这样的切身体会，这样的情境就能让学生在哄堂大笑中化难为易，释疑解惑。

学生难以理解哲学常识"现象与本质的关系"。这位教师积极引导学生动脑思考，利用生活中喜欢异性的话题为切入点，解决"现象与本质的关系"的难题。低年级学生缺少生活经验和课本知识的积累，抽象思维发展较差，缺乏将课本知识形象化的能力。教师应该为学生化解抽象，将难以理解的知

---

① 李国华. 教师需要创设什么样的教学情境 [J]. 青年教师，2007（11）：6-7. 题目为作者所加。

识形象化、生活化。

哲学一般比较抽象，一时难以被学生理解。教师通过创设生活情境，借助学生的生活体验，促进了学生对"现象与本质的关系"这一抽象问题的理解。

那么什么是生活情境呢？

古人云："虚正涵咏，切己体察。"这指的是生活才是创设情境的基础，教师把教材的内容和学生的生活进行组合，通过创设情境，将学生的生活经验"嫁接"到新知识的学习中，不仅能够强化学生对学习内容的体验，还能加深他们对课本知识的理解。

创设生活情境就是让新知识与生活实际密切联系，让学生更好地掌握新知识。学生在生活情境中对新知识产生亲近感，并能形成自己内心深层的体验，化陌生为熟悉，化抽象为具体。

创设生活情境应该建立在真实的生活基础上，建立新知识与生活的密切联系，并使其具有反映生活又高于生活的特点。知识是真实生活的浓缩，真实生活又是知识的再现，而生活情境则是校园生活、家庭生活等真实的再现。

（二）生活情境的原则

生活情境的原则何在？

1. 简单性

新课标要求教学从学生已有生活经验出发，让学生亲身经历实际问题，把问题抽象成模型并进行解释和应用。这要求教学重视创设情境，重视生活化的情境。创设生活情境就是将生活和知识紧紧相连，通过生活化的场景将知识化难为易，让学生减少学习知识的困难。

2. 生动性

学生拥有活泼好动的天性，喜欢生动有趣的教学。教材内容是静止的，大都以枯燥单一的语言来叙述，教师要把课本静态的文本转化为生动的知识，加强学生内心的体验，使学生产生独特的感受。教师应善于引导学生通过联系现实生活来学习课本知识。教师只要做到了知识生活化，课堂必将充满情趣。

3. 联系性

生活处处皆知识，知识时时现生活。知识来自人们的生活实践，是经过前人的探索总结得出的概括性的认知。生活是课本知识的源泉，课本知识与生活密不可分。正因为课本知识和生活不可割裂，所以我们既要把生活内容融入教材，将教学过程生活化，又要让教材内容体现现实生活，使其充满生机。

走进生活，展现生活，只有将课本知识的种子深深地种在生活这片广阔无垠的土地上，知识才能在学生的大脑中生根发芽。在学习中联系生活，用生活来理解知识，将是一种别有意味的体验。

二、创设生活情境的原则

（一）关注体验性

在教学过程中，教师创设与生活有关的教学情境就是为了让学生将自己的生活体验迁移到课本内容的学习中。因此，学生内心的体验将直接影响教师创设生活情境的成败。

1. 教师应该清楚学生的认知水平

学生在不同的阶段有不同的特点，认知水平不同，心理特点也具有差异性。教师应该了解本班学生的认知水平，因材施教。教师切忌盲目创造生活情境，否则不但不能促进学生的认识，反而会加重自己的教学负担，得不偿失。心理学研究表明，只有外部的刺激与学生已有的知识经验相似，才能引起学生对外部刺激的注意，才能将自己已有的知识经验与新接触的刺激建立联系，进行新的创造。教师应该充分利用这些特点，积极调动学生学习的积极性，提高教学效率。

2. 教师应该懂得学生的体验转移

在教学过程中，创设生活的情境就是为了让学生在课堂中获得独特的体验。教师要重视学生的体验，将体验升级，实现体验作用的最大化。比如，教学《乌鸦喝水》，教师为学生做了一个实验——乌鸦喝水。学生通过乌鸦喝水这个实验获得了情感体验，知道将石头装进有水的瓶子就会让水面升高的道理。这时教师应该好好利用学生刚刚获得的情感体验，将学生的注意力再次转回《乌鸦喝水》的学习中，让学生把情感体验放在课文的理解上，将自己的体验通过课文的朗读体现出来，让体验促进对知识的理解。

（二）遵循客观性

"问渠那得清如许，为有源头活水来。"生活是我们教学源源不断的泉水，灌溉我们渴望知识的幼苗，照亮我们的未来。创设情境并不是脱离实际进行胡编乱造，而是以真实的生活为依据，根据课本内容，科学地将生活情境生动再现。

1. 依据真实的生活创设情境

掌握课本知识只是学习的基础，不是学习的最终目标；将所学知识和生活融会贯通，把课本知识运用于生活，尤其是创造性地运用，才是我们追求的最高目标。教师创设生活情境要以真实为第一标准，这样才有助于学生学以致用。

创设生活情境，教师应尽可能地用生活化工具。所谓生活化就是学生比较常见的、容易接触到的东西。情境越生活化，学生就越容易将在课堂上学习到的知识顺利地迁移到实际生活中，尝试解决实际问题，实现真正的学以致用。

2. 用科学的标准创设情境

教师是知识的传播者，课堂教学是传授知识的主要形式。不管在哪里教、教什么，教师都应该以科学为标准进行教学设计。因此，创设生活情境必须以科学的标准进行衡量，教师应该正确引导学生，切忌为了创设生活情境而胡编乱造，以免误导学生。

三、生活情境创设的方法

生活情境在教学过程中发挥着极其重要的作用，教师应该善于创设生活情境，促进学生产生深刻体验，让学生更容易理解课本知识。那么如何进行生活情境创设呢？

（一）前提：端正心态

不管教师还是学生都应该明白，课本的知识来源于生活。学生通过课堂学习逐渐收获知识是为了解决生活的实际问题。教师应该在教学课本知识的时候，引用实际生活例子，让生活走进课堂。只有这样，当学生在实际生活中遇到问题时，才能够运用课本知识进行解决。陶行知认为"生活即教育"，杜威认为"教育即生活"，教师应该结合两者的观点，在教育中融入生活，在生活中运用教育。

（二）方式：多种多样

在教学中，教师把生活融入教育的方式多种多样，极大地丰富了课堂教学的形式，让学生在快乐中学习。

1. 演示实物

"百闻不如一见。"运用实物演示让学生能够真正地看得见、摸得着，学生通过摸、观、听、闻、尝等方式，感知实物，从中获得感性的认识和深刻的体验。比如：

> 教学"物质出入细胞的方式"，教师首先让学生观察一个非常熟悉的现象：教师手里拿着两盘黄瓜，一盘是糖拌黄瓜，另一盘中的黄瓜什么都没加，请问为什么糖拌黄瓜会出现大量的水？学生各抒己见，争执不休。教师明确指出，通过今天的学习大家就明白答案了①。

学生在实际生活中不是没有见过黄瓜。但是一盘糖拌黄瓜和一盘什么都没有加的黄瓜出现在课堂上，倒是很新鲜。学生纷纷发表自己的看法。教师通过两盘黄瓜把生活带进课堂，学生的兴趣一下子就被激发出来了。或许，以后每当学生吃黄瓜时，就会毫不费劲地说出在"物质出入细胞的方式"中学到的知识呢！

2. 多媒体展示

多媒体创设的生活情境虽然不如实物演示那么直观和真实，但是视听效果更具特色。教师可以利用多媒体手段，将更多生活化的东西带到教学中来。

教 学 案 例

新奇的伞②

（教学过程从伞的构成入手）

首先，老师运用多媒体动画表示出一把普通的伞是由伞柄、伞面等组成。

其次，再添加一个新装置后，使它变成一种多功能的新伞。

---

① 杜雯雯. 高中生物课堂教学生活情境创设方法 [J]. 新课程研究，2012（4）：48.

② 杨莲菁，王钢. 情景创设 [M]. 上海：上海教育出版社，2004：81. 略有删节。题目为作者所加。

在学生通过想象并有序地介绍新伞的过程中，教师用多媒体演示各种新伞的动画。如：

音乐伞（伞里装上袖珍收音机），可以让人听到各种优美的音乐。

风凉伞（伞里装上小电风扇），可以在撑伞的同时享受阵阵凉风。

照明伞（伞柄上装有手电筒），可以在漆黑的雨夜为行人照亮道路。

……

最后，引导学生展开想象的翅膀，设计出更多新奇的伞，从而取得理想的教学效果。

伞对于学生来说是一件非常常见、常用的物品。教师不把真实的伞带到课堂，而是通过多媒体进行展示。多媒体奇妙地展示了多种多样的伞，一下子就吸引了学生的注意力。学生被生活化的物品吸引住，不知不觉中进入学习状态。

3. 学生扮演

学生仿佛是那一个个活跃的小音符，总喜欢发出自己的声音。教师应该给学生提供一个展示才艺的舞台，让学生演绎真实的生活。例如：

在教学《摩擦力的影响因素》一课时，教师让大家推选全班公认力气最大和最小的两位同学，然后问：大家怎么知道他们谁力气大？谁力气小？根据同学们的提议：让两个同学到台上来进行一场拔铁棒比赛。当大家都认为这是没有悬念的比赛时，结果却让大家出乎意料：那个大家公认的大力士手中的铁棒被力气小的同学给拔了过去。大家都纳闷了，这时老师让大力士告诉大家为什么今天拔不过别人的原因：他那端的棒上涂了油。当大家哈哈大笑的时候老师引入涂了油的铁棒就不容易用力的原因，趁机引入摩擦力的大小与哪些因素有关的问题。[1]

正所谓实践出真知。在教学《摩擦力的影响因素》过程中，学生比比谁的力气大，展现了真实的生活情境。学生在生活中发现问题，解决问题，气氛轻松，思维活跃，大大提高了学习效果。

---

① 郑仙琴. 创设生活情境让科学学习多姿多彩 [J]. 中小学教学研究，2012 (5)：36.

第三节　创设问题情境，激发学生探究的欲望

问题情境，把学生的求知欲一点一点地激发出来，提升了学生的求知欲。

创意提问，提升思考层次①

师：大家都有这样的生活经验，削皮后的苹果颜色就会变锈，谁知道其中的奥秘呢？

（生思考、困惑，引起认知矛盾）

这一提问就如同在学生平静的脑海中投下一颗石子，立即激起了疑问的浪花，大家议论纷纷。正当学生处于"心愤愤，口悱悱"的时候……

师：Fe^{2+} 与 Fe^{3+} 在溶液中各显何种颜色，有哪些化学性质？

这一点拨，开启了学生的思维之门，使他们得知：苹果中的二价铁离子被空气中的氧原子氧化成呈黄色的三价铁离子。所以，市场上出售的苹果汁中常掺入维生素 C 等还原剂，以防止二价铁离子被氧化。

师：这些问题，就是本节课要探究的问题。化学与生活联系紧密，生活中处处涉及化学，从化学在实际生活中的应用入手来创设情境，既可以让学生体会到学习化学的重要性，又有助于学生利用所学的化学知识解决实际问题。

创设问题情境，可以让学生在探究的氛围中，积极地去解决问题，从而顺利地完成课堂的教学目标。问题犹如一条线索，让学生在它的牵引下一步一步地走向目的地，教师也能顺利地完成教学目标。

日常生活都在细微的地方渗透着化学的学科知识。教师用一个"削皮后的苹果颜色就会变锈，谁知道其中的奥秘呢"的问题，让学生议论纷纷。学生积极开动脑筋，调动他们的生活经验，尝试寻找答案。教师一个又一个的问题有着严密的逻辑性，一环扣一环，让学生在问题的导引下层层深入，到达知识的深层。

---

① 王后雄. 高中化学新课程教学中问题情境创设策略研究 [J]. 课程改革，2008 (7)：28.

一、问题情境的内涵与意义

（一）问题情境的内涵

何谓问题？《现代汉语词典》将"问题"释意为，要求回答和解释的题目；须要研究和讨论并加以解决的矛盾、疑难；关键、重要点。

何谓情境？《现代汉语词典》中解释的"情境"是指具体场合的情形、景象或境地。

苏联心理学家马丘斯金认为，问题情境是主体与客体思维上相互作用的一种特殊类型。它的特点首先是当主体完成要求发现（揭示或掌握）新的，主体所尚未具备的知识或动作方式的作业时产生的一种心理状态。他认为问题情境包含三方面的要素：未知的事物、对未知事物的需要、学生的可能性，其中未知的事物是核心。冯忠良认为：问题情境是学习者不能够完全了解的，但是对学习者来说有一定的难度，想完成这样的任务既不容易也不是没有可能。①

问题情境的含义是指在学生与问题之间形成了这样一种情境：具有一定概括性的问题与学生已有的认知结构之间产生了内部矛盾冲突，学生拥有足够的知识、技能来独立理解这一矛盾冲突，但仅凭现有的知识、技能却又无法解决之，结果"认知冲突"形成了，学生的求知欲望被激发起来了；再在教师的帮助下，经过学生主动分析、探究问题并提出解决问题的方法、检验这种方法等思维活动，达到掌握知识、发展能力的教学目的。②

问题情境教学是指在课堂教学中，教师或学生通过提出要求解答的问题，激发学生的求知欲，促进师生交流，使得学生在一定的氛围中通过自主探究或合作交流的形式，积极思考问题，最终解决问题的教学方式。

（二）问题情境的意义

1. 激发学生兴趣

如果课堂形式单一沉闷，学习对于学生来说是一件苦差事。教师在课堂上，应该为学生带来快乐，带来知识。创设问题情境，激发学生的学习兴趣，

---

① 冯忠良. 结构：定向教学的理论与实践（上）［M］. 北京：北京师范大学出版社，1993：132.

② 章建跃. 关于课堂教学中设置问题情境的几个问题［J］. 数学通报. 1994（6）：2.

让学生从学习中获得快乐，是一个不错的选择。

教师的首要任务是激发学生的学习兴趣。在数学课上，教师一个又一个的问题，充分调动了学生的好奇因子，让学生在问题的牵引下顺利地达成教学目标。学生在问题情境中学习，不但获得了新知识，而且获得了快乐。

2. 培养问题意识

陶行知说："发明千千万，起点是一问。禽兽不如人，过在不会问。智者问得巧，愚者问得笨。人力胜天工，只在每事问。"郑燮认为："读书好问，一问不得，不妨再问。"会问问题的学生是思维活跃的好学生，更能够获得进步。创设问题情境可以让学生的认知产生冲突，激发学生解决问题的动力，让学生积极主动地解决问题，掌握新知识。学生在问题情境中，锻炼自己的思维，逐渐形成提问的意识，并开始尝试提出问题、思考问题、解决问题。创设问题情境可以促使学生养成问题意识，发挥学生的主体地位，让学生会问、会学。

3. 主动解决问题

奥苏贝尔提出先行组织者的概念，要求组织者提早做好准备，根据学习任务为学生呈现一种比学习内容更抽象、更概括的材料，让学生在新旧知识间进行辨别。作为组织者的教师，有责任创设问题情境，让学生对自己原有的认知结构进行重新组合，在相似的情境中实现知识的迁移。当学生习惯了问题情境的氛围，就会习惯于开动自己的脑筋，从被动变为主动，自觉、积极地解决问题，学习新知识，做一个爱动脑筋的学生。

二、创设问题情境的原则

在教学中创设问题情境可以激发学生的学习兴趣，问题情境的创设必须遵循针对性、悬疑性、发展性和科学性等原则。

（一）针对性原则

针对性原则就是根据一些情况有目的地采取行动，创设合适的问题情境，为教学目标服务。

1. 针对教学内容

课堂教学的实际操作都要根据课程标准、教材要求和学生情况来制订相应的教学目标。创设问题情境必须根据教学内容，有针对性地设计问题，真

正帮助学生有效地学习，从情境中收获学习的乐趣。我们来看看一个"银镜反应"实验：①

"银镜反应"实验成功的关键因素之一是溶液必须为碱性，但是学生易忽视这一知识点。为此，教师可在课堂上补充实验：取淀粉在硫酸催化作用下的水解产物，直接加银氨溶液，结果没有银镜生成。然后引导学生分析实验失败的原因。这样创设的问题情境有针对性，能更好地达到预期的目的。

教师补充实验不是无中生有，而是有的放矢，是为了解疑："银镜反应"实验成功的关键因素之一是溶液必须为碱性。操作较复杂，但是目的很明确，不蔓不枝。

2. 针对教学对象

学生是学习活动的主体，教师作为主导者应该给予不同的导引，以让他们顺利完成学习任务。具体而言，教师创设问题情境应该根据学生的实际情况，科学设计问题，所设计的问题要做到明确、具体、具有针对性，并且能够引导学生积极思考，帮助他们逐步掌握学习内容。比如，同样的教师教同样的内容，在创设问题情境的时候，面对成绩优秀的班级，教师提出的问题可以难度稍大。成绩优秀的学生面对与他们能力相对应的问题，越发觉得有挑战性，学习兴趣也就越高；若面对基础相对薄弱的班级，教师应该创设相对简单的问题情境，引导学生由浅入深，一步一个脚印，扎实地往前走。同样是创设问题情境，但是问题应该根据教学对象——学生进行相应设计。

（二）悬疑性原则

美国社会心理学家费斯汀格于1957年创立的认知失调理论是一种用认知来阐释态度改变原因的社会心理学理论。该理论认为，在对待任何问题和事件上，人总有一种要保持其各种认知协调的倾向，产生要保持自身态度与行为协调一致的动机；如果不协调，就会产生矛盾和冲突，人为了减少或消除这种不协调，会产生内在动力，克制自己紧张不安的情绪，以获得内心的平衡，从而达到知识、信念、态度或行为的改变。② 教师创设问题情境是为了产

---

① 王丽红. 高中化学教学中问题情境的创设. [D]. 长春：东北师范大学，2005：14.
② 陈丹丹. 初中信息技术教学中问题情境的创设研究 [D]. 石家庄：河北大学，2009：30.

生悬疑，吸引学生的注意力，激发学生的学习兴趣，从而促使学生逐步进入学习状态。教师创设问题情境，应该选择具有相应难度、充满悬疑性的问题，以充分调动学生的兴趣。例如：

教师在教学"文件和文件夹的管理"。

动画演示：小明非常爱读书，但是，看完书后，他总是乱放，再看就找不到了，书房里杂乱无章地堆积着各种书籍。小明正满头大汗地在书堆里找课外读物《图说天下》。地上的书越找越乱，到最后还是没找到。

师：同学们，你们有什么好办法帮帮小明吗？

生：先把地上的书分类整理到书橱里，然后到课外书类别中去找。

师：今天我们一起来学习文件和文件夹的管理吧！①

教师以悬念入手，趁机引入文件、文件夹和子文件夹等概念，书橱可以比作文件夹，书橱的每一层可以比作子文件夹，图书比作文件，步步为营，直指教学目标。

（三）发展性原则

教师无论采取什么教学行为，都是为了更好地完成教学任务，促进学生发展。创设问题情境也不例外。教师创设问题情境，眼光不能仅仅停留在让学生掌握本节课的内容，而应该放得更远，以发展学生综合能力为目标。比如问题可以是开放的，让学生摆脱传统的思维禁锢，走向多样的思维方式，发展创新思维。因此，教师创设问题情境应该立足学生的未来，让学生的思维、品质、意志和个性得到更好的发展。

（四）科学性原则

创设问题情境要遵循科学性原则，这体现在问题要适度和有层次性两方面。

1. 问题要适度

孔子曰："不偏不倚，恰到好处。"问题情境要根据学生的具体情况来创设。一是要根据教学目标设置问题数量，问题太多，学生无法消化，而问题太少，则无法满足学习需求；二是根据学生情况设计难度，简单的问题无法让学生的小脑袋快速运转，而难度过大的问题则会让学生丧失信心，减退学习的热情。

---

① 陈丹丹. 初中信息技术教学中问题情境的创设研究 ［D］. 石家庄：河北大学，2009：31.

2. 问题要有层次

人类认识事物是一个从简单到复杂、从表面到内部的过程，不可能一蹴而就。教师创设问题情境时不应该随心所欲地设计没有意义的问题。在创设问题情境之前，教师应该有目的、有计划地设计问题。这些问题应该从浅到深，一环扣一环，层层递进。问题的层次性要求教师下足功夫，引领学生逐渐攀登有梯度的问题高峰，形成系统性的知识结构，达成教学目标。

三、创设问题情境的方法

（一）创设问题情境的手段

1. 借助多媒体手段

多媒体的出现打破了教师"孤立无援"的局面，减轻了教师的负担，开阔了学生的视野，提高了教学的进度。创设问题情境应该积极发挥多媒体的"超能力"，激发学生学习的兴趣。

声情并茂①

在介绍"环境保护"时，教师通过多媒体图片展示出自然的优美，让学生融入自然的和谐中，接着又播放出一副环境被污染后的地理图片，美丽的山水画与污染的环境画两相对比，给人强烈的视觉冲击，同时也给人强烈的心灵震撼，这为问题情境的创设奠定了感情基调。

2. 发挥教师的提问技能

多媒体在现代教学中发挥了巨大的作用，但它最多只是辅助教学的手段，真正的引领者还是教师。教师应该是问题情境中的"主持人"，善于提问题，注重提问的方法和技巧。

抬起眉毛，扬起双手，语调往上走是提问时常见的"套路"。教师提问要注意发音准确，表达清晰，还要依靠丰富的表现力，让学生的双眼紧紧地盯着教师，认真听课。

---

① 张勇军. 高中地理问题情境教学策略研究探究［D］. 南昌：江西师范大学，2007：10-11. 题目为作者所加。

（二）创设问题情境的策略

1. 通过生活问题创设情境

课本离不开生活，教学离不开生活，创设问题情境要联系生活。当外部刺激唤起主题的情感活动时，就容易成为注意的中心，就能在大脑皮层上形成优势兴奋中心，从而强化理解和记忆。创设问题情境应该根据生活设计问题，以"旧"带"新"。[①]

朱秀兰老师根据花卉市场上流行水培植物的现象，设计了这样的问题情境：

教师出示玻璃瓶中的水培植物，问学生：瓶中栽培植物的液体是否是清水？学生会结合实际回答："不是，是营养液。"然后教师再问："你们知道营养液中含有哪些成分吗？"

在学生难以回答或回答不完整的情境下教师通过实物投影营养液的成分让学生知道营养液中含有的矿物质元素的种类，引出学习的内容。

教育家赞可夫说："教学法一旦触及学生的情绪和意志领域，触及学生的精神需要，这种教学方法就能发挥高度有效的作用。"朱秀兰老师创设的问题情境，很好地触发了学生的情绪和意志，激发了学生的学习兴趣，并帮助他们顺利地进入新课的学习。

2. 通过已有知识创设情境

皮亚杰关于接受新知识过程提到了两种方式，一种是同化，一种是顺应。而布鲁纳认为创设问题情境就是学生利用旧知识同化和顺应新知识的外部条件。在教学新课时，教师可以创设问题情境，让学生开动脑筋，重新构建自己的认知结构，激发学生学习新课的热情。例如潘莉霞老师创设初中数学问题情境：

在讲多边形的内角和公式时，学生已经掌握了三角形的内角和为 180 度，这时可以从四边形和五边形的内角和创设问题情境，由学生自己思考、讨论并猜想多边形的内角和有多少度，教师再趁热打铁，对公式进行验证和合理的说明。[②]

---

① 朱秀兰. 高中生物问题情境教学的行动研究 [D]. 昆明：云南师范大学，2006：17.

② 潘莉霞. 初中数学课堂问题情境的创设研究 [D]. 南京：南京师范大学，2007：21.

潘莉霞老师创设的问题情境很有趣味性，学生跃跃欲试，学习的积极性高，从而顺利进入新课学习。

3. 通过故事形式创设情境

著名教育家赫尔巴特认为："教育应当贯穿在学生的学习兴趣当中，使学生的兴趣在教学的每个阶段都能连贯地表现为注意、等待、探究和行动。兴趣既是教学的手段，又是教学的目的。"教师如果在教学中创设问题情境，不妨通过故事形式激发学生的学习兴趣，让学生在故事的带动下探究新知。比如，教学语文课《称赞》，教师为学生讲述《称赞》这篇故事，让学生一边听故事，一边思考几个问题：这篇课文的主人公是谁？故事里面谁称赞了谁？等等。学生被故事所吸引，求知欲被一连串的问题所激发，探究问题自然会充满热情。

第四节　实战案例：如何创设情境，追求形象

一、实战案例

认识长方体和正方体[①]

1. 复习准备，引出课题

（1）多媒体展现书籍、箱子、魔方等实物。

学生从看见的实物，感知它们的形状是长方体、正方体，知道几何形体来源生活实际。

（2）学生分组，动手操作，触摸长方体、正方体形状的物品，按不同形状进行分类。

（3）做摸彩游戏。从百宝箱中摸出长方体、正方体模型，初步感知这两种形体的异同。

2. 电脑显示，帮助新授

（1）认识长方体和正方体的面、棱和顶点。

---

① 杨莲菁，王钢. 情景创设［M］. 上海：上海教育出版社，2004：84. 题目为作者所加。

A. 初步感知。

师生共同操作，触摸长方体的面、棱和顶点，在闪动的直观形象中加深认识，形成表象。

B. 认识正方体的面、棱和顶点。

让学生自己去触摸，找出线索发现正方体的面、棱和顶点，使学生主动参与到学习中去。再在屏幕上让学生观察正方体各部分所在的位置，形成表象。加深、巩固对正方体面、棱和顶点的认识。

C. 强化练习。

让学生分别扮成面、棱、顶点三种角色，当多媒体展现出长方体或正方体闪光的面、棱和顶点时，相应的角色起立。

（2）认识长、正方体的特征。

A. 长方体特征，让学生在长方体实物上按顺序数出 6 个面，同时指出相对的两个面，并知道长方体前后、左右、上下两个面是相对的，再观察相对两个面的形状是怎样的？

让学生边观察边思考，学生二人合作比较、发现长方体相对两个面的大小是相等的。随后以媒体展示证实结论。

B. 用同样的方法让学生自己观察正方体的特征，比较、思考正方体的六个面是大小相等的正方形，再用多媒体演示证实结论。

二、实战经验

俗话说，授之以鱼，不如授之以渔。一个会教的教师善于创设生活情境，激发学生的学习兴趣，让学生不仅学会，而且会学。

（一）真实触碰，实物展示

认识长方体和正方体是小学数学的教学内容。小学生以形象思维为主，实物展示让学生亲眼所见、触手可碰。教师和学生亲自动手操作，触碰正方体和长方体的面、棱和顶点，产生不一样的触觉体验，使学生掌握长方体和正方体的概念。

（二）生活情境，积极创设

学生的思维并不是轻易就能被激发出来的，它需要积极轻松的学习氛围。学生在相关情境刺激下，开动脑筋，迸发求异思维。生活经验蕴藏着课本知识，课本知识概括着生活经验。教学应善于通过生活创设情境，促进学生深入理解课本知识，以形成能力。教师让学生在长方体实物上按顺序数出 6 个面，同时指出相对的两个面，并知道长方体前后、左右、上下两个面是相对的，再观察相对两个面的形状是怎样的。这就是通过创设生活情境获得对长方体和正方体的认识，可谓学以致用。

（三）媒体设备，与时俱进

我们提倡将生活中的实物带进课堂，但是无法将世间万物搬进课堂。多媒体的出现让更多远离我们身边的实物走进课堂，走进学生，让学生深切认识到生活中有数学，数学中有生活。

课本和生活总离着一段距离，教师应该在两者之间架起一座桥梁，让学生可以在两者间畅通无阻。创设生活情境，是为了更好地激发学生的学习兴趣，并将所学知识运用于生活。教师教学学生认识正方体和长方体，并不是"空口无凭"，而是展示实物，让学生在自己熟悉的实物中寻找与新知识的联系，产生更深刻的内心体验，促进新知识的学习。

三、实战策略

（一）创设情境，有据可依

捷克教育家夸美纽斯说："一切知识都是从感官开始的。"在教学过程中，学生如果能在问题情境中获得多个感官的刺激，就有利于学生逐渐形成感性认识，把抽象的知识形象化。问题情境让学生从感官开始感知知识，使学生有一种身临其境的感觉，沉醉其中。

1. 建构主义学习理论

建构主义学习理论认为，知识总是在一定的环境中产生，学习总是与一定的背景即情境相联系的，所以教师应该把学习看成学生在特定的情境下的主动建构活动。在实际问题情境下学习，就是学生利用自己原有知识经验，将问题情境同化到已有的知识结构中去，通过同化和顺应达到对知识的重构，并对原有知识经验做一定的调整和改变，使原有知识和经验顺应当前情境，从而解决问题、建构知识。这样获取的知识，不但便于保持，而且易于迁移到陌生的问题情境中。[1] 所以，创设问题情境有助于学生建构当前所学知识的意义，让学生将已有知识迁移到当前所学知识中，并促进新知识的学习。

2. 认知学习理论

认知学习理论认为，面对问题或者事件的时候，人们经常会保持各种认知的协调，产生让态度和行为一致的动机。当认知间存在着矛盾和差异时，人们的心理会产生"不舒服"的感受，所以我们必须尝试解决这些不协调。创设情境，就是让学生在产生"不舒服"的感受后积极调动自己的思维，快速地行动起来解决问题，进而达到熟悉新知识的效果。

（二）创设情境，以生为本

教师想方设法创设教学情境，目的是为了让学生轻松快乐地掌握知识。适合学生的，学生需要的，才是最恰当的教学情境。教师在创设情境之前，应该"调查"学生的认知水平和性格特点，以学生的实际情况为出发点，创设学生需要的情境。另外，教师应该相信学生，适当放手，让学生学会自己"走路"。

（三）创设情境，逐步引导

创设情境不可能一蹴而就，需要循序渐进地营造气氛。生动的语言、感人的音乐、丰富的表情……这些都是创设情境的手段和方式。教师通过多种途径，把学生带进情境中，引导学生深入情境内部，感受知识的形象化和生动化。

（四）创设情境，联系生活

知识是经过提炼的生活经验的精华，抽象、深刻，一时难以认识。情境带着生活的影子，生活丰富着情境的模样，教师应该在课本与生活之间架起一座桥梁，让学生可以在两者间畅通无阻。情境依赖生活本来的面貌，这就要求教师所创设的情境必须联系生活，让学生在"真实"中学习新知识，并利用所学知识回归生活。

---

[1] 柯炳四. 初中数学问题情境创设的探究 [D]. 武汉：华中师范大学，2008：16.

后　记

真知总在砥砺后

如何提高教学的效率？如何激活沉寂的课堂？如何激发学生的热情？2011 年 10 月，教育部颁布了《教师教育课程标准（试行）》，要求改进教学方法和手段，强化教育实践环节等。我们编著《课堂激趣：魅力课堂的内在动力》，响应教师教育改革。

学生是教学活动的主体。教师作为引导者，必须唤醒作为教学主体的学生。激发学生学习的兴趣是推动魅力课堂形成的有效动力。课堂激趣，提醒教师进德修业，推动课堂卓有成效，带领学生展翅飞翔，促使师生教学相长。我们可以发现，制造悬念可以创生智慧，精心导入可以吸引注意，活动教学可以寓教于乐，科学评价可以鼓舞人心，鼓励比赛可以激活思维，创设情境可以追求卓越……

读者将从《课堂激趣：魅力课堂的内在动力》看到先进的教学理念，掌握丰富多彩的激趣方法，借鉴典型的激趣案例，参照成功的激趣方法。为了达到目的，我们在编写时着重突出几个特色：

一是角度的多元。充满魅力的课堂往往富有多面性。本书从制造悬念、精心导入、活动教学、科学评价、鼓励比赛以及创设情境等六个方面展开全面而深刻的阐述。希望一线教师通过多元的角度提升课堂魅力。

二是语言的通俗。本书用浅显的语言，诉说着深刻的道理。理论与实践、阐述与案例的完美结合，让读者深入感受课堂激趣的魅力。读者可以从轻松的文字中感受增强课堂魅力的因素，收获富有成效的课堂激趣的方法。

三是编写的系统。每一个章节以小故事开篇，然后提出激趣方法，再用优秀案例加以阐述，帮助读者掌握激趣方法。一环扣一环，层层递进，读者在本书的带领下，将品尝到魅力课堂的芬芳。

历时数月的研究成果，终于呈现在读者面前。忘不了多少夜深人静的夜晚，只有一台电脑，一台"发烧"的电脑；忘不了多少千奇百怪的书籍，只有一个信念，一个"狂读"的信念；忘不了多少前路迷茫的恐惧，只有一个坚持，一个不悔的坚持！非常感谢一路上给予我微笑的伙伴。《课堂激趣：魅力课堂的内在动力》不仅是一本教人如何上一堂富有魅力的课的参考书，还是人生历练的真实写照！"有喜有忧，有笑有泪，有花有果，有香有色，既需劳动，又长见识，这就是写作的乐趣。"从刚开始写作时心情的焦虑、文笔的粗糙，到后来写作时心情的稳静、文笔的顺畅，这于夜深人静时敲击文字的过程既印记了我们多年教育教学的经验，更沉淀了我们的心灵。感谢人生中这一段辛苦并快乐着、劳累并充实着的美好时光。历时半年多的研究虽然结束，但我们相信，我们的教育之路将越走越远，越走越宽……

在编写本书的过程中，我们参阅了许多专家的研究成果并引用了大量优秀教师的教学案例，在此对他们表示衷心的谢意！我们殚精竭虑，精益求精，力图让本书具有更高的质量和品位。不过，由于受时间、资料、水平等因素的限制，本书的疏漏错失在所难免。如有发现，敬请广大热心读者谅解，并提出宝贵的建议，以期再版时加以勘正。敬请致邮王林发（wanglinfa999@126.com），我们将随时聆听您的批评指正。

最后，衷心感谢亲爱的您阅读了本书！

编　者

2015 年 11 月 19 日